职业教育课程改革规划创新教材

会计基础与技能实训

主　编　刘长林　苏慧萍　彭小琳
副主编　谢晓玲　陈海星　谭建平

中国石化出版社
HTTP://WWW.SINOPEC-PRESS.COM
中国经济出版社
CHINA ECONOMIC PUBLISHING HOUSE

内 容 提 要

《会计基础与技能实训》从会计实际工作出发，依据《企业会计准则》、内部会计控制规范、税务、公司法等法律法规，结合学校财经商贸群建设需要和实际，串联公司创立经营过程中涉及的常规业务，分入门篇、操作篇、综合篇三大部分介绍，创造性地引入相关的真实业务单据。通过实训项目，学生不出校门就能掌握会计数码书写、凭证填制、审核、建账、记账、更正错账、凭证装订、会计报表编制的技能和方法。

《会计基础与技能实训》适合中等专业财经商贸类专业学生及会计从业人员参考学习。

图书在版编目(CIP)数据

会计基础与技能实训 / 刘长林，苏慧萍，彭小琳主编. — 北京：中国石化出版社，2020.1(2025.1 重印)
ISBN 978-7-5114-5640-3

Ⅰ. ①会… Ⅱ. ①刘… ②苏… ③彭… Ⅲ. ①会计学 Ⅳ. ①F230

中国版本图书馆 CIP 数据核字(2020)第 001843 号

中国石化出版社出版发行

地址：北京市东城区安定门外大街 58 号
邮编：100011 电话：(010)57512500
发行部电话：(010)57512575
http://www.sinopec-press.com
E-mail：press@sinopec.com
北京科信印刷有限公司印刷
全国各地新华书店经销

*

787×1092 毫米 16 开本 16 印张 383 千字
2020 年 3 月第 1 版 2025 年 1 月第 3 次印刷
定价：56.00 元

前 言

Preface

《会计基础与技能实训》是一本实践性较强的教材，要求学生在学习时不仅要掌握会计核算的各种基本原理和基本方法，而且还要掌握会计核算的基本程序、会计工作基本操作规范和各种实际操作技能。本教材在使用过程中，通过“教”与“学”、“学”与“练”的完美结合，旨在实现以下目的：(1)以就业为导向，培养出不需要再培训就能上岗顶用的人才，实现毕业与上岗零过渡；(2)模拟现场实际，提高会计技能实训效果；(3)全过程的项目教学，不断提高学生的实际工作能力；(4)严格训练，使学生掌握和提高专业基本技能；(5)培养学生良好的工作作风和职业道德，形成专业素养。

本教材将学习内容划分为7个项目，每个项目又细分为若干个任务，总计18个任务。主要包括“项目一公司创建二三事”“项目二原始凭证的填制和审核”“项目三记账凭证的填制与审核”“项目四会计账簿”“项目五财产清查”“项目六会计报表的编制”“项目七会计技能实训”。

本教材由晋江市晋兴职业中专学校刘长林、苏慧萍以及湖南省常德财经中等专业学校彭小琳担任主编，厦门科云信息科技有限公司谢晓玲、陈海星，晋江市华侨职业中专学校谭建平担任副主编，全书由刘长林和彭小琳负责审定。其中，项目一、项目七由刘长林撰写，项目二、项目三、项目四由苏慧萍、谭建平撰写，项目五、项目六由彭小琳撰写，各项目的实训资料均由厦门科云信息科技有限公司谢晓玲、陈海星提供。在编写过程中，融入了所有参与编写本教材老师多年的教学心得和体会，注重会计实务操作，力求能达到培养学生的独立思考、创新意识和实践动手能力的目的。

由于编写时间、水平所限，书中难免有疏漏和不妥之处，望广大教师和学生对本书中存在的问题提出批评和建议，以便更正。

编 者

目 录

Contents

项目一
公司创建二三事

任务一 公司登记

能力目标：

能够按照《中华人民共和国公司法》的相关规定，了解如何选取公司名称，掌握公司注册、申报流程等。

知识点1 法定依据、申报条件及材料

一、法定依据

（一）《中华人民共和国公司法》规定

第六条第一款 设立公司，应当依法向公司登记机关申请设立登记。符合本法规定的设立条件的，由公司登记机关分别登记为有限责任公司或者股份有限公司；不符合本法规定的设立条件的，不得登记为有限责任公司或者股份有限公司。

第七条第一款 依法设立的公司，由公司登记机关发给公司营业执照。公司营业执照签发日期为公司成立日期。

第七条第二款 公司营业执照应当载明公司的名称、住所、注册资本、经营范围、法定代表人姓名等事项。

（二）《中华人民共和国公司登记管理条例》规定

第二条第一款 有限责任公司和股份有限公司（以下统称公司）设立、变更、终止，应当依照本条例办理公司登记。

第三条 公司经公司登记机关依法登记，领取《企业法人营业执照》，方取得企业法人资格。自本条例施行之日起设立公司，未经公司登记机关登记的，不得以公司名义从事经

营活动。

第四条第一款 工商行政管理机关是公司登记机关。

第七条 省、自治区、直辖市工商行政管理局负责本辖区内下列公司的登记：

1. 省、自治区、直辖市人民政府国有资产监督管理机构履行出资人职责的公司以及该公司投资设立并持有50%以上股份的公司；

2. 省、自治区、直辖市工商行政管理局规定由其登记的自然人投资设立的公司；

3. 依照法律、行政法规或者国务院决定的规定，应当由省、自治区、直辖市工商行政管理局登记的公司；

4. 国家工商行政管理总局授权登记的其他公司。

第八条 设区的市(地区)工商行政管理局、县工商行政管理局，以及直辖市的工商行政管理分局、设区的市工商行政管理局的区分局，负责本辖区内下列公司的登记：

1. 本条例第六条和第七条所列公司以外的其他公司；

2. 国家工商行政管理总局和省、自治区、直辖市工商行政管理局授权登记的公司。

前款规定的具体登记管辖由省、自治区、直辖市工商行政管理局规定。但是，其中的股份有限公司由设区的市(地区)工商行政管理局负责登记。

二、申报条件

(一)一人有限责任公司

由股东指定的代表或者委托的代理人向公司登记机关提出申请，且满足以下条件：

1. 股东为一个自然人或一个法人的有限责任公司；

2. 股东制定公司章程；

3. 有公司名称，建立符合一人有限公司要求的组织机构；

4. 有公司住所。

(二)国有独资有限责任公司

由国务院或者省人民政府授权的本级人民政府国有资产监督管理机构作为申请人，且满足以下条件：

1. 国有独资公司是指国家单独出资、由国务院或者地方人民政府授权本级人民政府国有资产监督管理机构履行出资人职责的有限责任公司；

2. 有符合公司章程规定的股东认缴的出资额；

3. 公司章程由国有资产监督管理机构制定，或者由董事会制定报国有资产监督管理机构批准；

4. 有公司名称，建立符合国有独资公司要求的组织机构；

5. 有公司住所。

(三)股份有限公司

由董事会向公司登记机关申请，且满足以下条件：

1. 发起人符合法定人数(2~200个)；

2. 有符合公司章程规定的全体发起人认购的股本总额或者募集的实收股本总额；

3. 股份发行、筹办事项符合法律规定；

4. 发起人制定公司章程，采用募集方式设立的经创立大会通过；

5. 有公司名称，建立符合股份有限公司要求的组织机构；

6. 有公司住所。

(四)有限责任公司

由全体股东指定的代表或者委托的代理人向公司登记机关提出申请，且满足以下条件：

1. 股东符合法定人数(50个以下)；

2. 有符合公司章程规定的全体股东认缴的出资额；

3. 股东共同制定公司章程；

4. 有公司名称，建立符合有限公司要求的组织机构；

5. 有公司住所。

三、申报材料

1.《公司登记(备案)申请书》。

2. 公司章程(有限责任公司由全体股东签署，股份有限公司由全体发起人签署)。

3. 股东、发起人的主体资格证明或自然人身份证明。

(1)股东、发起人为企业的，提交营业执照复印件。

(2)股东、发起人为事业法人的，提交事业法人登记证书复印件。

(3)股东、发起人为社团法人的，提交社团法人登记证复印件。

(4)股东、发起人为民办非企业单位的，提交民办非企业单位证书复印件。

(5)股东、发起人为自然人的，提交身份证件复印件。

(6)其他股东、发起人的，提交有关法律法规规定的资格证明复印件。

4. 法定代表人、董事、监事和经理的任职文件。

根据《中华人民共和国公司法》和公司章程的规定，有限责任公司提交股东决定或股东会决议，发起设立的股份有限公司提交股东大会会议记录(募集设立的股份有限公司提交创立大会会议记录)。对《中华人民共和国公司法》和章程规定公司组织机构人员任职须经董事会、监事会等形式产生的，还需提交董事签字的董事会决议、监事签字的监事会决议等相关材料。

5. 住所使用证明。

6. 募集设立的股份有限公司提交依法设立的验资机构出具的验资证明。涉及发起人首次出资是非货币财产的，提交已办理财产权转移手续的证明文件。

7. 募集设立的股份有限公司公开发行股票的应提交国务院证券监督管理机构的核准文件。

8. 法律、行政法规和国务院决定规定设立公司必须报经批准的或公司申请登记的经营范围中有法律、行政法规和国务院决定规定必须在登记前报经批准的项目，提交有关批准文件或者许可证件的复印件。

备注：

1. 依照《中华人民共和国公司法》《中华人民共和国公司登记管理条例》设立的有限责任公司(含一人有限责任公司和国有独资公司)、股份有限公司适用本规范。

2. 以上凡是涉及本部门颁发的证照复印件和批文复印件不再要求提交；凡是可通过电子证照库查询共享到的证照，不再要求提交相关纸质证照复印件。上述申请材料由登记机关自行打印并存档。

知识点 2　办理流程及知识链接

一、办理流程

公司创建需要办理的流程见图 1-1-1。

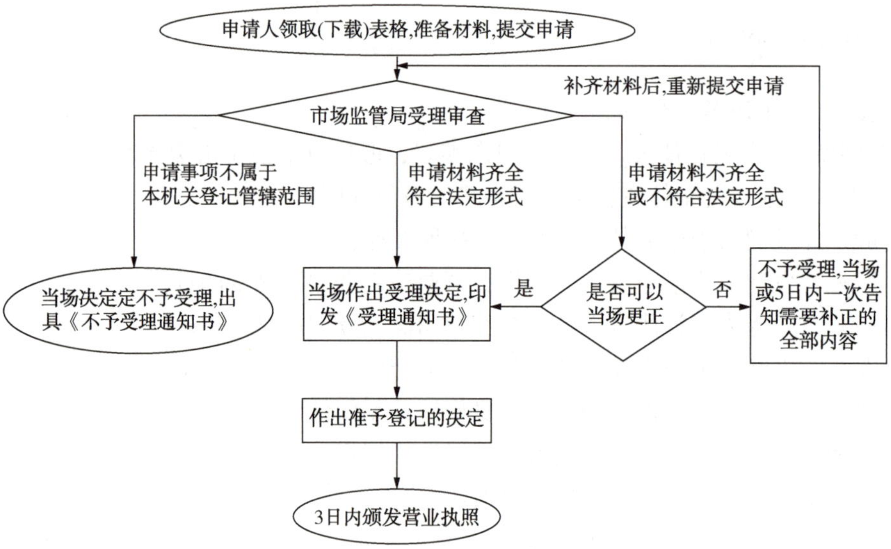

图 1-1-1　公司创建需要办理的流程

二、知识链接

链接一：注册资本金规定

《中华人民共和国公司法》取消了有限责任公司最低注册资本 3 万元、一人有限责任公司最低注册资本 10 万元、股份有限公司最低注册资本 500 万元的限制，(理论上可以“一元钱办公司”)，但对有特殊要求的企业类型作了最低注册资本规定：

(1)咨询服务类公司最低注册资本 10 万元；

(2)投资管理咨询公司最低注册资本 10 万元；

(3)贸易类(商贸、物贸、经贸)公司最低注册资本零售 30 万元；

(4)贸易类(商贸、物贸、经贸)公司最低注册资本批零 50 万元；

(5)工贸公司最低注册资本50万元以上(必须是加工生产型);

(6)实业公司最低注册资本500万元;

(7)企业发展公司最低注册资本500万元(必须跨5个行业);

(8)科技投资管理公司最低注册资本1000万元;

(9)集团公司注册资本最低注册资本5000万元;

(10)特殊行业的注册资本有明确规定，比如国际货运代理最低注册资本为500万元，二级建筑工程公司要求为2000万元。

链接二：有限责任公司和股份公司异同之处

1. 相同之处：两者都是公司制企业，公司股东都对公司债务承担有限责任。“有限责任公司”6个字和“股份有限公司”6个字都是一体的、不可拆分的，拆开了就不是公司制企业。

2. 不同之处：

(1)有限责任公司由2个以上50个以下股东共同出资设立；股份有限公司由5人以上为发起人，股东无人数限制，全部资本分为等额股份。

(2)发生债务清偿问题时，有限责任公司每个股东以其所认缴的出资额对公司承担有限责任；股份有限公司每个股东以其认购的股份为限对公司承担责任。出资额分为实际出资额和认缴的出资额，实际出资额和认缴的出资额往往是不相等的，存在虚假出资或出资不到位的情况。

(3)有限责任公司是非上市公司；股份有限公司一般为上市公司。

有限责任公司的名称可以变更为股份有限公司，股份有限公司的名称也可以变更为有限责任公司，但都要按照新《中华人民共和国公司法》的规定办理。

想一想：你有过开公司的想法吗？你认为如何成功创办一个企业？

任务二 银行结算账户的开设

能力目标：

了解企业银行账户的开设、各银行账户的特点及用途等。

知识点1 银行结算账户的概念、特点及种类

一、概念

人民币银行结算账户，是指银行为存款人开立的用于办理现金存取、转账结算等资金收付活动的人民币活期存款账户。

“存款人”，是指在中国境内开立银行结算账户的单位和个人。

“银行”，是指在中国境内经中国人民银行批准经营支付结算业务的银行业金融机构，如政策性银行、商业银行(含外资独资银行、中外合资银行、外国银行分行)、城市信用合作社、农村信用合作社。

二、特点

1. 办理人民币业务；
2. 办理资金收付结算业务；
3. 是活期存款账户。

三、分类

(一)按存款人不同，分为单位银行结算账户和个人银行结算账户

单位银行结算账户：存款人以单位名称开立的银行结算账户。

个体工商户凭营业执照以字号或经营者姓名开立的银行结算账户纳入单位银行结算账户管理。

个人银行结算账户：存款人凭个人身份证件以自然人名称开立的银行结算账户。

个人因使用借记卡、信用卡在银行或邮政储蓄机构开立的银行结算账户，纳入个人银行结算账户管理。

(二)单位银行结算账户按用途不同，分为基本存款账户、一般存款账户、专用存款账户和临时存款账户

知识点 2　基本存款账户

一、使用范围

基本存款账户，是指存款人因办理日常转账结算和现金收付需要开立的银行结算账户。基本存款账户是存款人的主办账户。

存款人日常经营活动的资金收付，以及存款人的工资、奖金和现金的支取。

二、开户要求

1. 开立基本存款账户的存款人资格：除个人以外；

2. 所需的文件——营业执照正本或批文或证明或登记证书，如有税务登记证也应出具(正本)。

三、开立程序

1. 存款人申请开立基本存款账户的，应填制开户申请书，提供规定的证件；

2. 开户银行审查；

3. 中国人民银行当地分支行依法核准(2 个工作日)；

4. 开立账户。

知识点 3　一般存款账户

一、使用范围

一般存款账户是指存款人因借款或其他结算需要，在基本存款账户开户银行以外的银行营业机构开立的银行结算账户。

一般存款账户用于办理存款人借款转存、借款归还和其他结算的资金收付。

该账户可以办理现金缴存，但不得办理现金支取。

二、开户要求

1. 开立一般存款账户存款人资格。

开立基本存款账户的存款人都可以开立一般存款账户。

存款人开立一般存款账户没有数量限制。

2. 开户证明文件。

(1)开立基本存款账户规定的证明文件；

(2)基本存款账户开户登记证；

(3)存款人因向银行借款需要，应出具借款合同；

(4)存款人因其他结算需要，应出具有关证明。

三、开立程序

开立一般存款账户，实行备案制，无须中国人民银行核准。

1. 存款人填交开户申请书；
2. 开户银行审查；
3. 开立一般存款账户，于开户之日起5个工作日内向中国人民银行当地分支行备案；
4. 自开立一般存款账户之日起3个工作日内书面通知基本存款账户开户银行。

知识点4　专用存款账户

一、使用范围

(一)定义

专用存款账户是指存款人按照法律、行政法规和规章，对其特定用途的资金进行专项管理和使用而开立的银行结算账户。

(二)范围

对下列资金的管理与使用，存款人可以申请开立专用存款账户：

(1)基本建设资金；(2)更新改造资金；(3)财政预算外资金；(4)粮、棉、油收购资金；(5)证券交易结算资金；(6)期货交易保证金；(7)信托基金；(8)金融机构存放同业资金；(9)政策性房地产开发资金；(10)单位银行卡备用金；(11)住房基金；(12)社会保障基金；(13)收入汇缴资金；(14)业务支出资金；(15)党、团、工会设在单位的组织机构经费；(16)其他需要专项管理和使用的资金。(注：收入汇缴和业务支出资金的两个账户应该分开。)

(三)使用规定

1. 单位银行卡账户的资金必须由其基本存款账户转账存入。该账户不得办理现金收付业务；

2. 财政预算外资金、证券交易结算资金、期货交易保证金和信托基金专用存款账户不得支取现金；

3. 基本建设资金、更新改造资金、政策性房地产开发资金、金融机构存放同业资金账户需要支取现金的，应在开户时报中国人民银行当地分支行批准；

4. 粮、棉、油收购资金、社会保障基金、住房基金和党、团、工会经费等专用存款账户支取现金应按照国家现金管理的规定办理；

5. 收入汇缴账户除向其基本存款账户或预算外资金财政专用存款账户划缴款项外，只收不付，不得支取现金；

6. 业务支出账户除从其基本存款账户拨入款项外，只付不收，其现金支取必须按照国家现金管理的规定办理。

二、开户要求

出具其开立基本存款账户规定的证明文件、基本存款账户开户登记证和各项专用资金的有关证明文件。

三、开设程序

填制开户申请书，提供相应的证明文件。

1. 预算单位专用存款账户经中国人民银行审核同意后，由开户行核发开户许可证，开立该账户；

2. 其他专用存款账户于开户之日起 5 个工作日内向中国人民银行当地分支行备案。

知识点 5　临时存款账户

一、使用范围

临时存款账户是指存款人因临时需要并在规定期限内使用而开立的银行结算账户。

1. 设立临时机构：如设立工程指挥部、摄制组、筹备领导小组等。

2. 异地临时经营活动：如建筑施工及安装单位等在异地的临时经营活动。

3. 注册验资。

二、开户要求

1. 临时机构，应出具其驻在地主管部门同意设立临时机构的批文；

2. 异地建筑施工及安装单位，应出具其营业执照正本或其隶属单位的营业执照正本，以及施工及安装地建设主管部门核发的许可证或建筑施工及安装合同；

3. 异地从事临时经营活动的单位，应出具其营业执照正本以及临时经营地工商行政管理部门的批文；

4. 注册验资资金，应出具工商行政管理部门核发的企业名称预先核准通知书或有关部门的批文。

其中，第 2、第 3 项还应当出具其基本存款账户开户登记证。

三、开立程序

银行自开立临时存款账户之日起 3 个工作日内应书面通知基本存款账户开户银行。

四、注意问题

1. 临时存款账户的有效期最长不得超过 2 年；

2. 临时存款账户支取现金，应按照国家现金管理的规定办理；

3. 注册验资的临时存款账户在验资期间只收不付，注册验资的资金汇缴人应与出资人的名称一致；

4. 增资验资临时存款账户的使用和撤销比照注册验资开立的临时存款账户管理。

银行结算账户的开立与使用详情见表 1-2-1。

表 1-2-1　银行结算账户的开立与使用一览表

账 户	是否需经中国人民银行核准	能否存入现金	能否支取现金
基本存款账户	核准	可以	可以
一般存款账户	备案	可以	不能
专用存款账户	预算单位专用存款账户、QFII（合格的境外机构投资者）专用存款账户：核准。其他专用存款账户：备案	不同账户规定不同	不同账户规定不同
临时存款账户	核准（注册验资和增资的除外）	可以	可以

想一想：如果你想开公司，你的注册资金应先存放在哪个银行账户？如果在公司经营活动中，出现资金周转不足，应该向哪个银行申请借贷业务？

任务三 税务登记管理

能力目标：

了解税务登记的概念、种类，并掌握如何进行开业登记等。

知识点1 税务登记的概念、范围及种类

税务登记是税务机关依据税法规定，对纳税人的生产、经营活动进行登记管理的一项法定制度，也是纳税人依法履行纳税义务的法定手续。

《税务登记管理办法》规定，凡有法律、法规规定的应税收入、应税财产或应税行为的各类纳税人，均应当依照《税务登记管理办法》的有关规定办理税务登记；扣缴义务人应当在发生扣缴义务时，到税务机关申报登记，领取扣缴税款凭证。

税务登记种类包括：开业登记，变更登记，停业、复业登记，注销税务登记，外出经营报验登记等。本节只讲解开业登记。

知识点2 开业登记

开业登记是指从事生产、经营的纳税人，经国家工商行政管理部门批准开业后办理的纳税登记。

1. 对象。

(1)领取营业执照从事生产、经营的纳税人。包括企业，企业在外地设立的分支机构和从事生产、经营的场所，个体工商户和从事生产、经营的事业单位。

(2)其他纳税人。除国家机关、个人和无固定生产、经营场所的流动性农村小商贩外，应当按照规定办理税务登记。负有扣缴税款义务的扣缴义务人(国家机关除外)应当办理扣缴税款登记。

2. 地点：生产经营所在地。

税务机关对纳税人税务登记地点发生争议的，由其共同的上级税务机关指定管辖。

3. 时间：领取工商营业执照的，自领取工商营业执照起30日内办理开业登记。

4. 提供的证明文件。

(1)营业执照或其他核准执业证件；

(2)有关合同、章程、协议书；

(3)组织机构统一代码证书；

(4)法定代表人或负责人或业主的居民身份证、护照或者其他合法证件；

(5)其他。

5. 税务登记证的作用。办理下列事项必须持税务登记证件：

(1)开立银行账户；

(2)申请减税、免税、退税；

(3)申请办理延期申报、延期缴纳税款；

(4)领购发票；

(5)申请开具外出经营活动税收管理证明；

(6)办理停业、歇业；

(7)其他有关税务事项。

想一想：你认为哪些对象应该办理税务登记？企业为何要办理税务登记证？

任务四 发票管理

能力目标：

了解发票的概念、种类，并掌握如何开具和使用发票等。

知识点1 发票的类型和适用范围

发票，是指在购销商品、提供或者接受服务以及从事其他经营活动中，开具、收取的收付款凭证。它是确定经济收支行为发生的法定凭证，是会计核算的原始依据，也是税务稽查的重要依据。

税务机关是发票的主管机关，负责发票印制、领购、开具、取得、保管、缴销的管理和监督。财政、审计、工商行政管理、公安等有关部门在各自职权范围内，配合税务机关做好发票管理工作。

我国发票按行业特点和纳税人的生产经营项目不同，可以分为增值税专用发票、普通发票和专业发票。

1. 增值税专用发票。增值税专用发票的样式和印制及管理均由国家税务总局制定。

增值税专用发票只限于增值税一般纳税人领购使用，增值税小规模纳税人不得领购使用，一般纳税人如有法定情形出现也不得领购使用。

基本联次：一式三联，即记账联、抵扣联、发票联(没有存根联)。

2. 普通发票。普通发票主要由增值税小规模纳税人使用，增值税一般纳税人在不能开具专用发票的情况下也可使用普通发票。

普通发票由行业发票和专用发票组成。前者适用于某个行业的经营业务，如商业零售统一发票、商业批发统一发票、工业企业产品销售统一发票等；后者仅适用于某一经营项目，如广告费用结算发票、商品房销售发票等。

3. 专业发票(国有)。专业发票是指国有金融、保险企业的存贷、汇兑、转账凭证、保险凭证；国有邮政、电信企业的邮票、邮单、话务、电报收据；国有铁路、国有航空企业和交通部门、国有公路、水上运输企业的客票、货票等。

知识点2 发票的开具和使用

一、开具和使用

1. 单位和个人只有在发生经营业务、确认营业收入时，才能开具发票，未发生经营业务一律不得开具发票。

2. 开具发票，应按号码顺序填开，全部联次一次性复写或打印，并在发票联和抵扣联加盖发票专用章。

3. 填写发票应当使用中文。民族自治地区可以同时使用当地通用的一种民族文字；外商投资企业和外资企业可以同时使用一种外国文字。

4. 使用电子计算机开具发票必须报主管税务机关批准，并使用税务机关统一监制的机打发票。开具后的存根联应当按照顺序号装订成册，以备税务机关检查。

5. 发票开票时限和地点应符合规定。

6. 任何单位和个人不得转借、转让、代开发票，未经税务机关批准，不得拆本使用发票，不得自行扩大专业发票的使用范围。

7. 发票限于领购单位和个人在本省、自治区、直辖市内开具。省、自治区、直辖市税务机关可以规定跨市、县开具发票的办法。任何单位和个人未经批准，不得跨规定的使用区域携带、邮寄、运输空白发票。禁止携带、邮寄或者运输空白发票出入境。

8. 开具发票的单位和个人应当建立发票使用登记制度，设置发票登记簿，并定期向主管税务机关报告发票使用情况。开具发票的单位和个人应当按照税务机关的规定存放和保管发票，不得擅自销毁。已开具的发票存根联和发票登记簿，应当保存 5 年。保存期满，报经税务机关查验后销毁。

9. 使用发票的单位和个人应当妥善保管发票，不得丢失。发票丢失，应于丢失(发现丢失)当日书面报告主管税务机关，并在报刊和电视等传播媒介上公告声明作废。

二、知识链接：一般纳税人和小规模纳税人

(一)认定标准

1. 小规模纳税人。

一个标准：年应征增值税销售额≤500 万元。

两个不能：不能正确核算增值税的三大对象(销项、进项和应纳税额)；不能按规定报送有关税务资料。

2. 一般纳税人。

一个标准：年应征增值税销售额>500 万元。

两个能够：能进行健全的会计核算；能按规定报送有关税务资料。

(二)几点区别

一般纳税人与小规模纳税人的区别之处见表 1-4-1。

表 1-4-1　一般纳税人与小规模纳税人的区别

对比项	一般纳税人	小规模纳税人
税率	适用 13%、9%、6%、0 几档税率	适用 3%征收率
发票使用	销售货物可以开具增值税发票，购进货物可以取得增值税专用发票	购进货物不予抵扣进项税额

续表

对比项	一般纳税人	小规模纳税人
账务处理	按价款部分计入成本，税款部分计入“应交税费-应交增值税-进项税额”账户	按金额计入成本
应交税费计算	按销项税额和进项税额的差额纳税	按销售额乘以增值税征收率
申报期	以月为纳税期限申报纳税	以季度为纳税期申报纳税
计税方法	一般计税方法(提供公共交通运输服务等特定应税行为的也可选择简易计税方法)	简易计税方法

想一想：你认为不同的纳税人，应该使用哪种发票？在发票的开具和使用中，应该注意哪些事项？

项目二
原始凭证的填制和审核

任务一 会计数字的书写

能力目标：

能够按照标准正确书写阿拉伯数字、数字汉字大写、大小写金额等。

知识点1 阿拉伯数字的标准写法

1. 各数字自成体型，大小匀称，笔顺清晰，合乎手写体习惯，流畅、自然、不刻版。

2. 书写时字迹工整，排列整齐有序且有一定的倾斜度（数字与底线成60度的倾斜）并以向左下方倾斜为好。

3. 书写数字时，应使每位数字（7、9除外）紧靠底线且不要顶满格（行）。

一般来讲，每位数字约占预留格子（或空行）的1/2空格位置，每位数字之间一般不要连结，但不可预留间隔（以不增加数字为好）；每位数字上方预留1/2空格位置，可以订正错误记录时使用。

4. 对一组数字的正确书写是，应按照自左向右的顺序进行，不可逆方向书写；在没有印刷数字格的会计书写中，同一行相邻数字之间应空出半个数字的位置。

5. 除4、5以外的各单数字，均应一笔写成，不能人为地增加数字的笔画。但注意整个数字要书写规范、流利、工整、清晰、易认不易改。

6. 在会计运算或会计工作底稿中，运用上下几行数额累计加减时，应尽可能地保证纵行累计数字的位数对应，以免产生计算错误。

7. 对于不易写好、容易混淆且笔顺相近的数字书写，尽可能地按标准字体书写，区分笔顺，避免混同，以防涂改。

如："1"不能写短，且要合乎斜度要求，防止改为"4""6""7""9"；书写"6"字时可适当扩大其字体，使起笔上伸到数码格的1/4处，下圆要明显，以防改为"8"；"7""9"两字的落笔可下伸到底线外，约占下格的1/4位置；"6""8""9""0"都必须把圆圈笔划写顺，并一定要封口；"2""3""5""8"应各自成体，避免混同。

8. 除采用电子计算机处理会计业务外，会计数字应该使用规范的手写体书写，不适用其他字体。只有这样，会计数字的书写才能规范、流利、清晰，合乎会计工作的书写要求。

阿拉伯数字1、2、3、4、5、6、7、8、9、0的标准书写如图2-1-1所示。

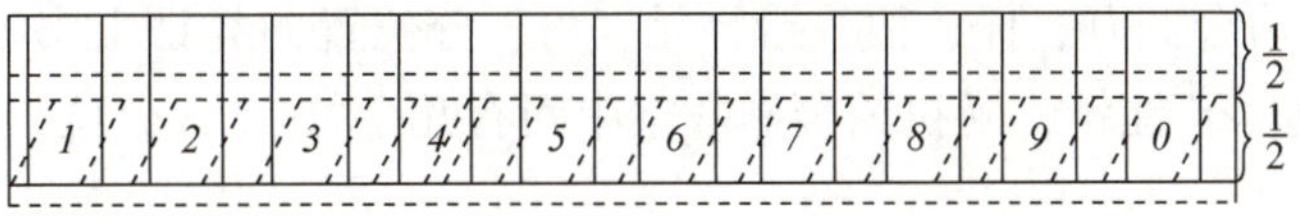

图2-1-1　阿拉伯数字的标准书写格式

知识点2　大写金额的标准写法

1. 汉字大写数字要以正楷或行书字体书写，要做到规范、流畅、清晰，字体要各自成形，不得用连笔。

2. 不允许使用非国务院公布的简化字、谐音字、自造符号等不规范用字。如不得用"毛"代替"角"，用"另"代替"零"。

数字的汉字大写标准书写如下：壹、贰、叁、肆、伍、陆、柒、捌、玖、拾、佰、仟、万、元、角、分、零、整(正)。

3. 大写金额要紧靠"人民币"三个字书写，不得留有空白，如果大写数字前没有印"人民币"字样的，应加填"人民币"三个字。

4. 大写金额数字到"元"，在"元"后要写"整(正)"字；大写金额数字到"角"，在"角"后可写"整(正)"字；大写金额有"分"的，"分"后面不写"整(正)"字。

【示例1】　¥12 000.00　人民币壹万贰仟元整

¥48 651.80　　人民币肆万捌仟陆佰伍拾壹元捌角整

或　　　　　　人民币肆万捌仟陆佰伍拾壹元捌角

¥486.56　　　人民币肆佰捌拾陆元伍角陆分

5. 分位是"0"可不写"零分"字样。

【示例2】　¥4.60　人民币肆元陆角整

6. 阿拉伯金额数字中间有"0"时，汉字大写金额要写"零"字。

【示例3】　¥1 409.50　人民币壹仟肆佰零玖元伍角整

7. 阿拉伯金额数字元位是"0"的，或者数字中间连续有几个"0"，元位也是"0"，但角位不是"0"时，汉字大写金额可以只写一个"零"字，也可以不写"零"字。

【示例4】　¥1 680.32　人民币壹仟陆佰捌拾元零叁角贰分

人民币壹仟陆佰捌拾元叁角贰分

¥97 000. 53　　人民币玖万柒仟元零伍角叁分

人民币玖万柒仟元伍角叁分

8. 阿拉伯金额数字角位是“0”，而分位不是“0”时，汉字大写金额“元”后应写“零”字。

【示例5】 ¥6 409. 02　　人民币陆仟肆佰零玖元零贰分

9. 阿拉伯金额数字最高是“1”的，汉字大写金额加写“壹”字。

【示例6】 ¥15. 80　　人民币壹拾伍元捌角整

¥135 800. 00　　人民币壹拾叁万伍仟捌佰元整

10. 在印有大写金额万、仟、佰、拾、元、角、分位置的凭证上书写大写时，金额前面如有空位，可划“⊗”注销，阿拉伯金额数字中间有几个“0”(含分位)，汉字大写金额就写几个“零”字。

【示例7】 ¥100. 05　　人民币⊗万⊗仟壹佰零拾零元伍角零分

知识点3　小写金额的标准写法

1. 没有位数分割线的凭证账表上的标准写法。

(1)阿拉伯数字金额数字前应当书写货币的币种符号或货币名称简写，币种符号和阿拉伯数字之间不得留有空白，凡阿拉伯数字之前写出货币币种符号的，数字后面不再写货币单位。

(2)以元为单位的阿拉伯数字，除表示单价之外一律写到角分；没有角分的角位和分位可写出“00”或“-”；有角无分的，分位应当写出“0”，不能用“-”代替。

(3)只有分位有金额的，在元和角位上各写一个“0”，并在元和角之间点一个小数点。

【示例8】 ¥0. 06

元以上每三位要留出半个阿拉伯数字的位置书写，也可以三位一节用“分位号”分开。

【示例9】 ¥5 647 108. 92　　或　¥5，647，108. 92

2. 有位数分割线的凭证账表上的标准写法。

对应固定的位数填写，不得错位。

只有分位金额的，在元和角位上均不能写“0”字。

只有角位和分位金额的，在元位上不写“0”字。

分位是“0”的，在分位上写“0”，角、分位都是“0”的，在角、分位上分别写一个“0”字。

知识点4　银行票据的出票日期书写规范

1.“月”的书写：月为壹、贰和壹拾的，应在其前加“零”。具体如表2-1-1所示。

表 2-1-1 “月”的书写规范

1 月	2 月	3 月	4 月	5 月	6 月
零壹月	零贰月	叁月	肆月	伍月	陆月
7 月	8 月	9 月	10 月	11 月	12 月
柒月	捌月	玖月	零壹拾月	壹拾壹月	壹拾贰月

2.“日”的书写：日为壹至玖，以及整拾日的，应在其前加“零”，日为拾壹至拾玖的，应在其前加“壹”。具体如表 2-1-2 所示。

表 2-1-2 “日”的书写规范

1 日	2 日	3 日	4 日	5 日	6 日	7 日	8 日	9 日	10 日	20 日	30 日
零壹日	零贰日	零叁日	零肆日	零伍日	零陆日	零柒日	零捌日	零玖日	零壹拾日	零贰拾日	零叁拾日
11 日	12 日	13 日	14 日	15 日	16 日	17 日	18 日	19 日			
壹拾壹日	壹拾贰日	壹拾叁日	壹拾肆日	壹拾伍日	壹拾陆日	壹拾柒日	壹拾捌日	壹拾玖日			

【示例 10】

2019 年 1 月 1 日：贰零壹玖年零壹月零壹日。

2019 年 2 月 14 日：贰零壹玖年零贰月壹拾肆日。

2019 年 3 月 15 日：贰零壹玖年叁月壹拾伍日。

2019 年 4 月 30 日：贰零壹玖年肆月零叁拾日。

2019 年 5 月 12 日：贰零壹玖年伍月壹拾贰日。

2019 年 6 月 1 日：贰零壹玖年陆月零壹日。

2019 年 7 月 7 日：贰零壹玖年柒月零柒日。

2019 年 8 月 10 日：贰零壹玖年捌月零壹拾日。

2019 年 9 月 20 日：贰零壹玖年玖月零贰拾日。

2019 年 10 月 2 日：贰零壹玖年零壹拾月零贰日。

2019 年 11 月 11 日：贰零壹玖年壹拾壹月壹拾壹日。

2019 年 12 月 25 日：贰零壹玖年壹拾贰月贰拾伍日。

练一练：会计书码字

1. 阿拉伯数字书写练习。

要求：在下列空格内(见表 2-1-3)进行阿拉伯数字书写练习，直至书写规范、流畅。

表 2-1-3　阿拉伯数字书写练习

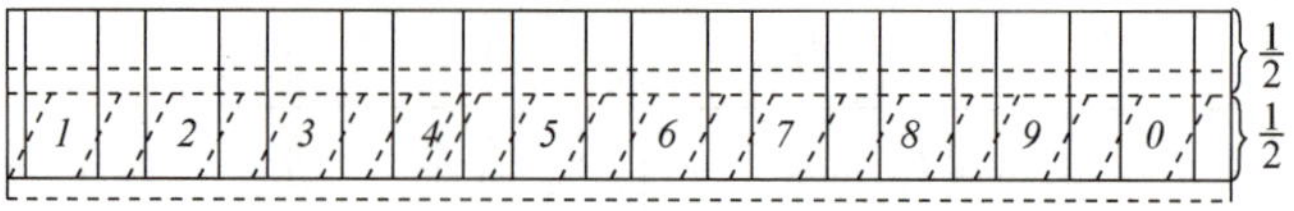

2. 汉字大写数字书写练习。

要求：在下列空格内(见表 2-1-4)进行阿拉伯数字书写练习，直至书写规范、流畅。

表 2-1-4　汉字大写数字书写练习

零	壹	贰	叁	肆	伍	陆	柒	捌	玖	拾	佰	仟	万	亿	元	角	分

3. 大小写金额书写练习(见表2-1-5)。

表2-1-5　大小写金额书写练习

会计凭证账表上的小写金额栏								原始凭证上的大写金额栏
没有数位分割线	有数位分割线							
	万	仟	百	十	元	角	分	
¥0.08								
¥0.50								
¥2.00								
¥17.08								
¥630.06								
¥4 020.70								
¥15 008.06								
¥89 000.50								
¥5250.60								
¥5 200.63								
¥105 000.00								
¥109 806.50								

任务二 填制和审核原始凭证

能力目标：

明确原始凭证应具备的基本要素，熟悉部分有代表性的原始凭证基本格式，能够按照《会计基础工作规范》的要求，正确、规范填写各种各样的原始凭证，并按要求对原始凭证进行审核。

知识点1 原始凭证的概述

一、原始凭证的概念

原始凭证是企业、行政事业单位在经济业务(企业在生产经营过程中发生的经济活动，也称为会计事项)发生或完成时取得或填制的，是进行会计核算、具有法律效力的原始书面证明。

二、原始凭证的分类

按来源不同，原始凭证可分为外来原始凭证和自制原始凭证；按其填制的手续和方法的不同，可分为一次凭证和累计凭证、汇总凭证；按其填制的手续和方法的不同，可分为一次凭证和累计凭证。外来原始凭证一般都是一次凭证，但一次凭证并不都是外来凭证。本节主要讲解外来的和自制的原始凭证。

1. 外来原始凭证。外来原始凭证是指本企业在同外单位或个人发生经济业务往来过程中，当经济业务发生或完成时，从外单位或个人手中取得的原始凭证。如购物时收到的普通发票、增值税专用发票(见图2-2-1)、提货单；企业送交款时，收到的收款收据；银行开出的收款、付款的结算凭证(见图2-2-2)；各种车票、船票、机票等。

2. 自制原始凭证。自制原始凭证是指在经济业务发生或完成时，由本单位业务经办部门或个人自行填制的原始凭证。如购入材料验收入库时，由仓库保管人员按照规定手续填制的收料单；车间或部门向仓库领用材料时，按要求填写的领料单；还有产品出库单(见图2-2-3)、出差人员填报的差旅费报销单(见图2-2-4)、转账支票(见图2-2-5)等。

1100092620　　**北京增值税专用发票**　　№ 78650943

发票联

开票日期：2019 年 02 月 20 日

购买方	名　　称：北京科云股份有限公司 纳税人识别号：91110908045615075X 地 址、电 话：北京高新园创新路55号010-88227854 开户行及账号：中国工商银行北京分行110007609048708091012				密码区	1*6<+81+574+9*2+/>0-39063/* -*0/968*624582>91*3/*1<6*42 2477</42**0+7-2</24-630-391 611+>/51433*124*5-+44><9/94		
货物或应税劳务、服务名称	规格型号	单位	数量	单价	金额	税率	税额	
*家具*办公桌	MX-PFBGZ-014	张	100	280.00	28000.00	13%	3640.00	
合　　计					¥28000.00		¥3640.00	
价税合计（大写）	⊗叁万壹仟陆佰肆拾圆整				（小写）¥31640.00			
销售方	名　　称：北京佳美股份有限公司 纳税人识别号：91110270590544369X 地 址、电 话：北京电信园甄姬路56号010-65135897 开户行及账号：中国工商银行北京西城支行110007632313001075545				备注			

收款人：　　复核：　　开票人：洪峥嵘　　销售方：（章）

（印章：北京佳美股份有限公司 91110270590544369X 发票专用章）

税总函[2016]117号海南华森实业公司

第三联：发票联　购买方记账凭证

图 2-2-1　增值税专用发票

中国工商银行 进 账 单（回　单）　　1

2019年　02　月　20　日

出票人	全　称	北京蓝天实业有限公司	收款人	全　称	北京科云股份有限公司
	账　号	110007632313001078967		账　号	110007609048708091012
	开户银行	中国工商银行北京西城支行		开户银行	中国工商银行北京分行
金额	人民币（大写）	叁万贰仟肆佰捌拾圆整			
票据种类	转账支票	票据张数	壹张		
票据号码	64654335				
	复核：　　记账：			开户银行签章	

亿	千	百	十	万	千	百	十	元	角	分
			¥	3	2	4	8	0	0	0

此联是开户银行交给持票人的回单

图 2-2-2　银行进账单

物资类别：库存商品

出　库　单　　No. 95048806

2019年　02月　11日

提货单位或部门	石家庄亿达股份有限公司	发票号码或销售单号	89765467	发出仓库	第一仓库	出库日期	2019-02-11
编号	名称及规格	单位	数量 要数	数量 实发	单价	金额	
001	办公桌	张	70	70			
合　　计							

部门主管：陈霖　　会计：陈飞　　仓库：岳嘉禾　　制表：岳嘉禾

第二联　记账

图 2-2-3　出库单

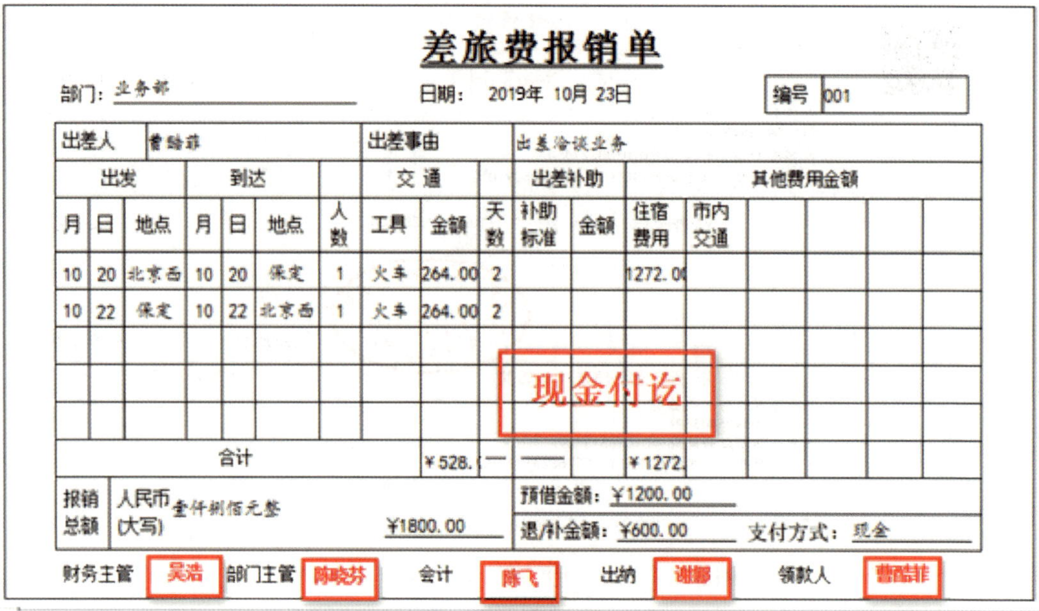

差旅费报销单

部门：业务部　　日期：2019年 10月 23日　　编号 001

出差人	曹酷菲				出差事由	出差洽谈业务							
出发			到达				交通			出差补助		其他费用金额	
月	日	地点	月	日	地点	人数	工具	金额	天数	补助标准	金额	住宿费用	市内交通
10	20	北京西	10	20	保定	1	火车	264.00	2			1272.0	
10	22	保定	10	22	北京西	1	火车	264.00	2				
合计								¥528.	—	——		¥1272.	
报销总额	人民币(大写) 壹仟捌佰元整 ¥1800.00								预借金额：¥1200.00		退/补金额：¥600.00	支付方式：现金	

现金付讫

财务主管 吴浩　部门主管 陈晓芬　会计 陈飞　出纳 谢娜　领款人 曹酷菲

图 2-2-4　差旅费报销单

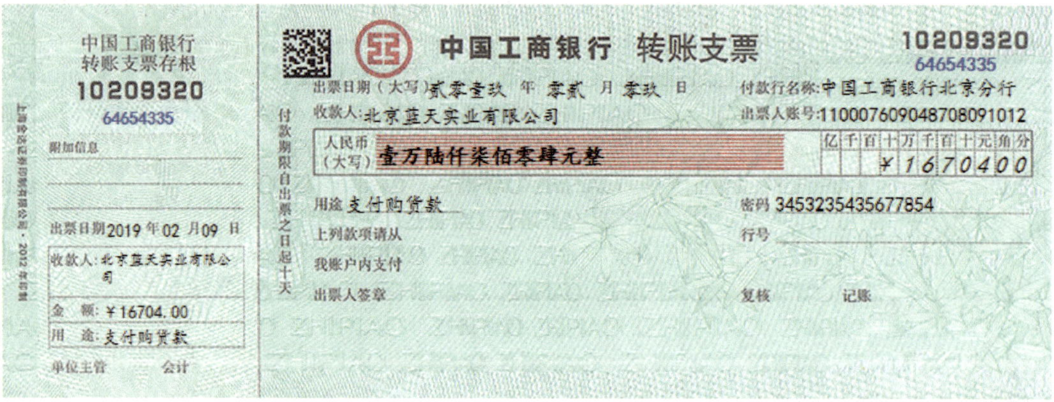

中国工商银行
转账支票存根
10209320
64654335
附加信息
出票日期 2019 年 02 月 09 日
收款人：北京蓝天实业有限公司
金　额：¥16704.00
用　途：支付购货款
单位主管　　会计

中国工商银行　转账支票　10209320　64654335
出票日期（大写）贰零壹玖 年 零贰 月 零玖 日　付款行名称：中国工商银行北京分行
收款人：北京蓝天实业有限公司　出票人账号：110007609048708091012
付款期限自出票之日起十天
人民币（大写）壹万陆仟柒佰零肆元整　亿千百十万千百十元角分　¥1670400
用途 支付购货款　密码 3453235435677854
上列款项请从　行号
我账户内支付
出票人签章　复核　记账

图 2-2-5　转账支票

三、原始凭证的基本内容

原始凭证是会计核算的起点和基础，是记账的原始依据。任何一张原始凭证都必须同时具备一些相同的内容，这些内容被称为原始凭证的基本内容或基本要素。原始凭证包括的基本内容如表 2-2-1 所示。

表 2-2-1　原始凭证包括的基本内容

原始凭证的基本内容	单据中对应项目
名称及编号	增值税专用发票，No78650943；差旅费报销单
填制日期	2019 年 2 月 20 日；2019 年 10 月 23 日

续表

原始凭证的基本内容	单据中对应项目
单位名称或个人名称	北京科云股份限公司；曹酷菲
经济业务内容	购买办公桌；报销差旅费
经济业务的计量单位、单价、数量和金额	办公桌 100 张，单价 280 元，金额 28000 元
填制单位名称或填制人姓名	北京佳美股份有限公司；曹酷菲
经办人员或责任人签名或盖章	开票人洪峥嵘，会计主管吴浩，出纳员谢娜等

特殊情况见表 2-2-2。

表 2-2-2　原始凭证中的特殊内容

<table>
<tr><th colspan="2">原始凭证的内容</th><th>举　例</th></tr>
<tr><td>从外单位取得</td><td>填制单位公章</td><td rowspan="2">火车票、飞机票、轮船票</td></tr>
<tr><td>从个人取得</td><td>填制人员的签名或盖章</td></tr>
<tr><td colspan="2">税务专用章</td><td>统一发票</td></tr>
<tr><td colspan="2">单位根据管理需要增加的内容</td><td></td></tr>
</table>

知识点 2　原始凭证的填制

一、填制要求

原始凭证的填制应遵守的填制要求如图 2-2-6 所示：

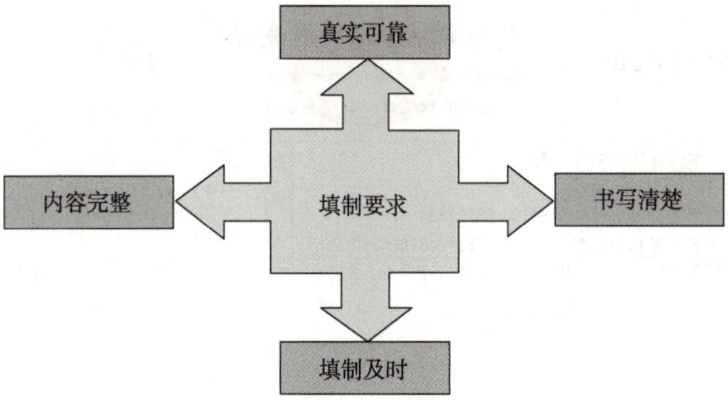

图 2-2-6　原始凭证的填制要求

二、填制有关原始凭证

【示例 11】　增值税专用发票的填制

【资料】2019 年 2 月 20 日，北京科云股份有限公司向北京佳美股份有限公司购入办公桌 100 张，单价 280 元，增值税率 13%，货款已付。北京科云股份有限公司纳税人识别号为 9110908045615075X，地址为北京高新园创新路 55 号，电话为 010-88227854，开户行为中国工商银行北京分行，开户账号为 1100076090487080910l2；北京佳美股份有限公司纳税人识别号为 91110270590544369X，地址为北京电信园甄姬路 56 号，电话为 010-665135897，开户行为中国工商银行北京西城支行分行，开户账号为 110007632313001075545，开票人洪峥嵘。

【要求】填制增值税专用发票。

【样张】增值税专用发票样张见图 2-2-7。

北京增值税专用发票

1100092620　　№ 78650943

此联不作报销、扣税凭证使用　　开票日期：　年　月　日

购买方	名　称： 纳税人识别号： 地　址、电　话： 开户行及账号：				密码区	1*6<+81+574+9*2+/>0-39063/* -*0/968*624582>91*3/*1<6*42 2477</42**0+7-2</24-630-391 611+>/51433*124*5-+44><9/94	
货物或应税劳务、服务名称	规格型号	单位	数　量	单　价	金　额	税率	税　额
合　计							
价税合计（大写）	⊗				（小写）		
销售方	名　称： 纳税人识别号： 地　址、电　话： 开户行及账号：				备注		

收款人：　复核：　开票人：　销售方：（章）

税总函〔2016〕117号海南华森实业公司

第一联：记账联　销售方记账凭证

图 2-2-7　增值税专用发票样张

【答案】增值税专用发票的填制见图 2-2-8。

北京增值税专用发票

1100092620　　№ 78650943

此联不作报销、扣税凭证使用　　开票日期：2019 年 02 月 20 日

购买方	名　称：北京科云股份有限公司 纳税人识别号：9111090804561 5075X 地　址、电　话：北京高新园创新路55号010-88227854 开户行及账号：中国工商银行北京分行110007609048708091012				密码区	1*6<+81+574+9*2+/>0-39063/* -*0/968*624582>91*3/*1<6*42 2477</42**0+7-2</24-630-391 611+>/51433*124*5-+44><9/94	
货物或应税劳务、服务名称	规格型号	单位	数　量	单　价	金　额	税率	税　额
*家具*办公桌	MX-PFBGZ-014	张	100	280.00	28000.00	16%	4480.00
合　计					¥28000.00		¥4480.00
价税合计（大写）	⊗ 叁万贰仟肆佰捌拾圆整				（小写）¥32480.00		
销售方	名　称：北京佳美股份有限公司 纳税人识别号：91110270590544369X 地　址、电　话：北京电信园甄姬路56号010-65135897 开户行及账号：中国工商银行北京西城支行110007632313001075545				备注		

收款人：　复核：　开票人：洪峥嵘　销售方：（章）

北京佳美股份有限公司 91110270590544369X 发票专用章

税总函〔2016〕117号海南华森实业公司

第一联：记账联　销售方记账凭证

图 2-2-8　增值税专用发票的填制

【示例 12】 借款单的填制

【资料】2019 年 2 月 10 日，北京科云股份有限公司市场部业务员曹酷菲准备出差到石家庄洽谈业务，向公司借款 3000 元。

【要求】填制借款单(见图 2-2-9)。

借款单

年 月 日

借款人		部门		职务	
借款事由				支付方式	
借款金额	人民币(大写)			¥	
财务经理:	出纳:		部门审核:	借款人:	

白联财务联 红联款人联

图 2-2-9 借款单样张

【答案】借款单的填制见图 2-2-10。

借 款 单

2019 年 02 月 10 日

借款人	曹酷菲	部门	市场部	职务	业务员
借款事由	出差到石家庄洽谈业务			支付方式	
借款金额	人民币（大写）叁仟元整			¥3000.00	
财务经理：	出纳：		部门审核：	借款人：曹酷菲	

白联财务联 红联借款人联

图 2-2-10 借款单的填制

【示例 13】 差旅费报销单的填制

【资料】2019 年 2 月 15 日，北京科云股份有限公司市场部业务人员曹酷菲于 2 月 12 日到石家庄洽谈业务，出差归来，报销差旅费，火车票如图 2-2-11 所示，住宿 2 天发票 1 张金额 780，餐饮发票 1 张金额 1800，原先预借款 3000.00 元，请代曹酷菲填写差旅费报销单。(车程都是当天到达；出差天数，算头不算尾。)

图 2-2-11 出差往返火车票

【要求】填制差旅费报销单。

【样张】差旅费报销单样张见图 2-2-12。

差旅费报销单

部门：__________ 日期：　年　月　日 编号 60342166

出差人							出差事由										
出发			到达				交通			出差补助		其他费用金额					
月	日	地点	月	日	地点	人数	工具	金额	天数	补助标准	金额	住宿费用	市内交通	餐饮费			
合计									—	——							

报销总额 人民币(大写)　　¥________　　预借金额：¥________

退/补金额：¥________　支付方式：________

财务主管　　部门主管　　会计　　出纳　　领款人

图 2-2-12　差旅费报销单样张

【答案】差旅费报销单的填制见图 2-2-13。

差旅费报销单

部门：市场部　日期：2019年 02月 15日　编号 60342166

出差人	曹酷菲						出差事由	到石家庄洽谈业务									
出发			到达				交通			出差补助		其他费用金额					
月	日	地点	月	日	地点	人数	工具	金额	天数	补助标准	金额	住宿费用	市内交通	餐饮费			
02	12	北京	02	12	石家庄	1	火车	118.00	2			780.00		1800.0			
02	14	石家庄	02	14	北京	1	火车	118.00									
合计								¥236.	—	——		¥780.		¥1800			

现金收讫

报销总额 人民币(大写) 贰仟捌佰壹拾陆元整　¥2816.00　预借金额：¥3000.00

退/补金额：¥184.00　支付方式：________

财务主管 吴浩　部门主管 陈晓芬　会计 陈飞　出纳 谢娜　领款人 曹酷菲

图 2-2-13　差旅费报销单的填制

【示例 14】　转账付款的支票填制

【资料】2019 年 2 月 9 日，北京科云股份有限公司出纳人员准备到银行转账付款，请根据背景单据代出纳人员填写转账支票(支票密码为3453235435677854)。

【要求】填制支票。

【样张】转账支票的样张正面见图2-2-14。

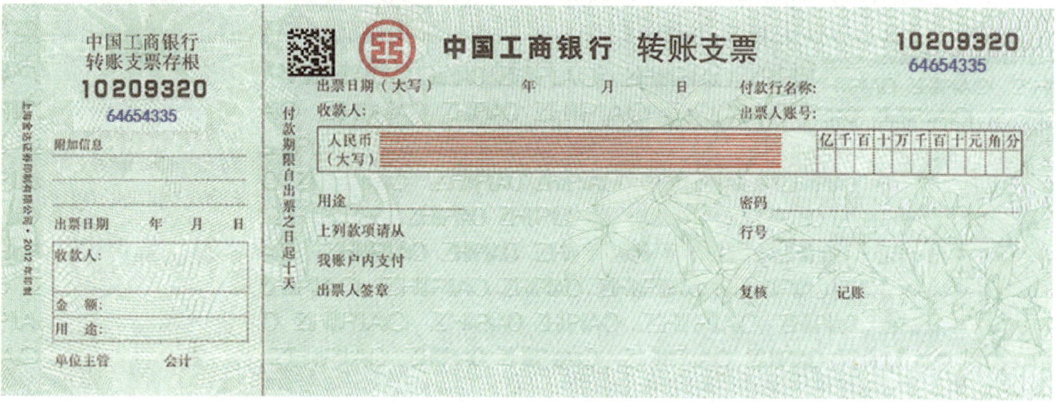
中国工商银行
转账支票存根
10209320
64654335
附加信息
出票日期 年 月 日
收款人:
金 额:
用 途:
单位主管 会计

中国工商银行 转账支票 10209320 64654335
出票日期(大写) 年 月 日 付款行名称:
收款人: 出票人账号:
人民币(大写) 亿 千 百 十 万 千 百 十 元 角 分
付款期限自出票之日起十天
用途 密码
上列款项请从 行号
我账户内支付
出票人签章 复核 记账

图2-2-14 转账支票正面

支票背面如图2-2-15所示。

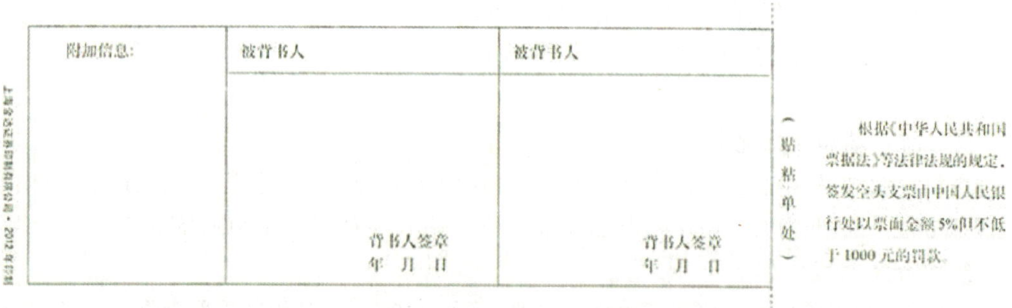
附加信息:
被背书人
背书人签章
年 月 日
被背书人
背书人签章
年 月 日
(贴粘单处)
根据《中华人民共和国票据法》等法律法规的规定,签发空头支票由中国人民银行处以票面金额5%但不低于1000元的罚款。

图2-2-15 转账支票背面

【答案】转账支票的填写见图2-2-16。

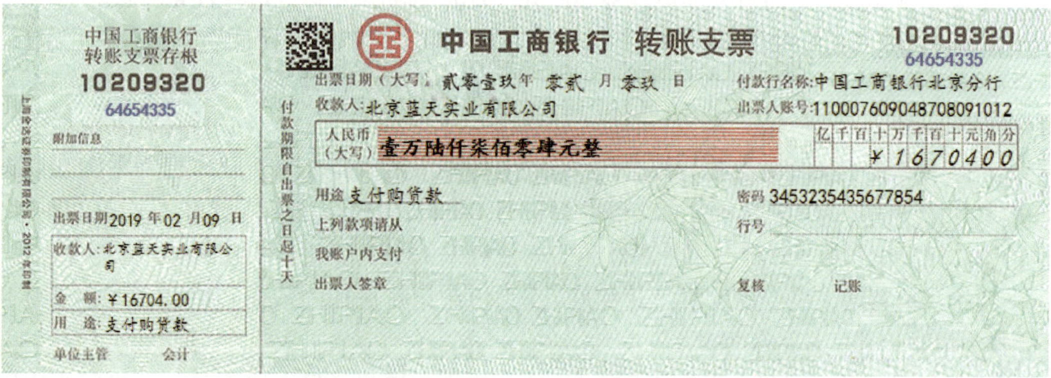
中国工商银行
转账支票存根
10209320
64654335
附加信息
出票日期2019年02月09日
收款人:北京蓝天实业有限公司
金 额:¥16704.00
用 途:支付购货款
单位主管 会计

中国工商银行 转账支票 10209320 64654335
出票日期(大写) 贰零壹玖年 零贰 月 零玖 日 付款行名称:中国工商银行北京分行
收款人:北京蓝天实业有限公司 出票人账号:1100076090487080910l2
人民币(大写) 壹万陆仟柒佰零肆元整 ¥1670400
付款期限自出票之日起十天
用途 支付购货款 密码 3453235435677854
上列款项请从 行号
我账户内支付
出票人签章 复核 记账

图2-2-16 转账支票的填写

知识点3　原始凭证的审核

原始凭证是正确编制记账凭证的前提，是账簿记录的质量保证。《中华人民共和国会计法》规定：原始凭证记载的各项内容均不得涂改；原始凭证有错误的，应当由出具单位重开或更正，更正处应加盖出具单位印章；原始凭证金额有错误的，应当由出具单位重开，不得在原始凭证上更正。具体审核如下：

1. 审核原始凭证的真实性：日期、内容和金额，外来的要检查签章，自制的要检查经办人员的签名和盖章。

2. 审核原始凭证的合法性：内容是否合法，是否符合规定审核权限，是否履行规定的凭证传递和审查程序，是否存在舞弊。

3. 审核原始凭证的合理性：是否符合经济活动需要，是否符合计划、预算和合同。

4. 审核原始凭证的完整性：基本要素是否齐全，有关人员签章是否齐全，凭证联次是否齐全。

5. 审核原始凭证的正确性：各项计算部分是否正确；阿拉伯数字要分开写，小写数字前面要标明“￥”字样，中间不留空位；金额要标至“分”，无角分的要以“0”补位，大写金额前要加“人民币”字样，大小写金额要一致。

6. 审核原始凭证的及时性。

练一练：填制原始凭证

资料：大丰飞翔科贸有限公司（开户银行为中国工商银行大丰分行，账号为01033886622，地址为大丰市幸福路268号，税务登记号为112366005083388）。

2019年1月发生如下经济业务：

1. 1日，财务部出纳员张凤开出现金支票一张，1000元，从银行提取现金，以备零用。

要求：填写现金支票，存根留存作编制记账凭证的依据。

2. 5日，供商部王明因采购材料去南京，经供商部李强批准。

要求：填写借款单向财务部借现金500元。复核人陈凤、财务部经理张万宏。

3. 7日，收到山东经济贸易公司前欠的货款80000元。收到转账支票一张并转存银行。

要求：填写“进账单”一份。开户银行为中国工商银行山东分行，账号为01033886622。

4. 12日，向盐城亨威股份有限公司（地址为盐城市解放路8号，开户行为中国工商银行盐城分行，账号为10025436753，税务登记号为112254568936586）销售A产品200件，单价400元，B产品200件，单价300元，增值税率13%，货款暂未收到。

要求：填写增值税专用发票（“记账联”作为填制记账凭证的依据）和“出库单”（“财务联”作为填制记账凭证的依据）。

5. 13日，向北京兴隆有限责任公司（地址为北京市通州区复兴路9号，开户行为中国工商银行北京分行，账号为10023568468，税务登记号为112234568736435）购进甲材料

200 千克，单价 90 元，乙材料 400 千克，单价 75 元，材料已验收入库，增值税率 13%；货款开出转账支票支付（直接计入“原材料”账户，下同）。

要求：代北京兴隆有限公司填制增值税专用发票（发票联、抵扣联作为我方的记账依据）、收料单（记账联）、转账支票（存根留存作为记账的依据），

6. 13 日，加工车间生产 A 产品领用甲材料 800 千克，单价 90 元，乙材料 1300 千克，单价 75 元，生产 B 产品领用甲材料 500 千克，乙材料 600 千克。

要求：填制领料单（财务联）。

附：所需原始凭证（见图 2-2-17～图 2-2-28）。

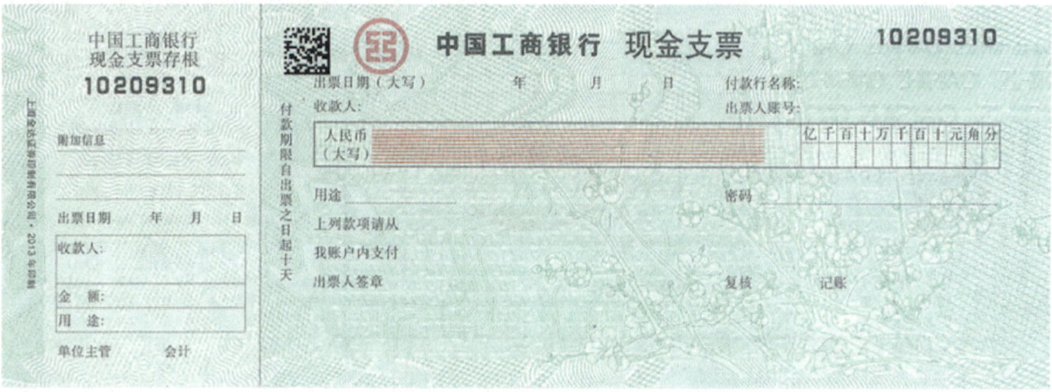

图 2-2-17 原始凭证——现金支票（正面）

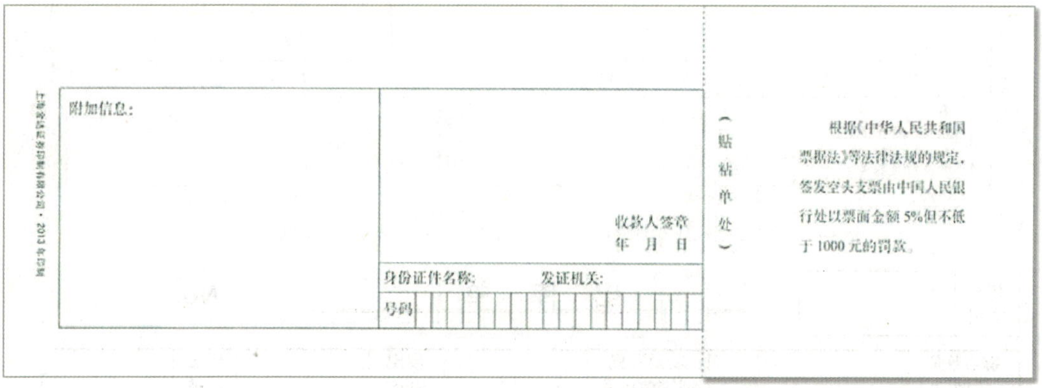

图 2-2-18 原始凭证——现金支票（背面）

借 款 单

年 月 日

借款人		部门		职务	
借款事由				支付方式	
借款金额	人民币（大写）			¥	
财务经理：	出纳：		部门审核：	借款人：	

白联财务联 红联借款人联

图 2-2-19 原始凭证——借款单

中国工商银行 进 账 单（收账通知） 3

年 月 日

出票人	全 称		收款人	全 称	
	账 号			账 号	
	开户银行			开户银行	
金额	人民币（大写）				亿 千 百 十 万 千 百 十 元 角 分
票据种类		票据张数			
票据号码					
	复核： 记账：			收款人开户银行签章	

此联是收款人开户银行交给收款人的收账通知

图 2-2-20 原始凭证——进账单

1100092620 增值税专用发票 №

此联不作报销、扣税凭证使用

开票日期： 年 月 日

购买方	名 称： 纳税人识别号： 地 址、电 话： 开户行及账号：				密码区	1*6<+81+574+9*2+/>0-39063/* -*0/968*624582>91*3/*1<6*42 2477</42**0+7-2</24-630-391 611+>/51433*124*5-+44><9/94		
货物或应税劳务、服务名称	规格型号	单位	数 量	单 价	金 额	税率	税 额	
合 计								
价税合计（大写）	⊗				（小写）			
销售方	名 称： 纳税人识别号： 地 址、电 话： 开户行及账号：				备注			

收款人： 复核： 开票人： 销售方：（章）

税总函［2016］117号海南华森实业公司

第一联：记账联 销售方记账凭证

图 2-2-21 原始凭证——增值税专用发票记账联

物资类别	

出 库 单 No.

年 月 日

提货单位或部门		发票号码或销售单号		发出仓库		出库日期	
编号	名称及规格	单位	数量		单价	金额	
			要数	实发			
合 计							

部门主管： 会计： 仓库： 制表：

第二联 记账

图 2-2-22 原始凭证——出库单

税总函〔2016〕117号海南华森实业公司

增值税专用发票

1100092620　　No

发票联

开票日期：　　年　月　日

购买方	名　　称： 纳税人识别号： 地 址、电 话： 开户行及账号：	密码区	1*6<+81+574+9*2+/>0-39063/* -*0/968*624582>91*3/*1<6*42 2477</42**0+7-2</24-630-391 611+>/51433*124*5-+44><9/94

货物或应税劳务、服务名称	规格型号	单位	数　量	单　价	金　额	税率	税　额
合　　计							
价税合计（大写）	⊗			（小写）			

销售方	名　　称： 纳税人识别号： 地 址、电 话： 开户行及账号：	备注	

收款人：　　复核：　　开票人：　　销售方：（章）

第三联：发票联　购买方记账凭证

图 2-2-23　原始凭证——增值税专用发票发票联

税总函〔2016〕117号海南华森实业公司

增值税专用发票

1100092620　　No

抵扣联

开票日期：　　年　月　日

购买方	名　　称： 纳税人识别号： 地 址、电 话： 开户行及账号：	密码区	1*6<+81+574+9*2+/>0-39063/* -*0/968*624582>91*3/*1<6*42 2477</42**0+7-2</24-630-391 611+>/51433*124*5-+44><9/94

货物或应税劳务、服务名称	规格型号	单位	数　量	单　价	金　额	税率	税　额
合　　计							
价税合计（大写）	⊗			（小写）			

销售方	名　　称： 纳税人识别号： 地 址、电 话： 开户行及账号：	备注	

收款人：　　复核：　　开票人：　　销售方：（章）

第二联：抵扣联　购买方扣税凭证

图 2-2-24　原始凭证——增值税专用发票抵扣联

收料单														
NO														
供料单位：										年 月 日				
编号	名称	规格	单位	数量	单价	金额								备注
						十	万	千	百	十	元	角	分	
合计人民币（大写）						¥:								
部门负责人			保管员						收料员					

第二联记账联

图 2-2-25 原始凭证——收料单

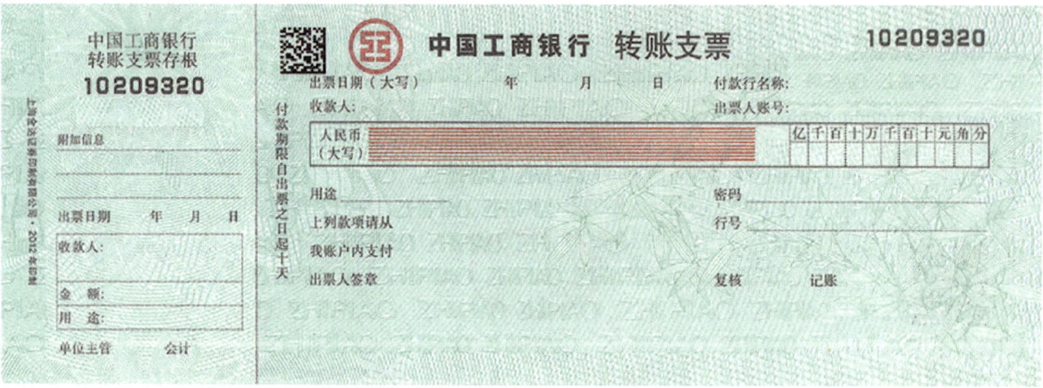

图 2-2-26 原始凭证——转账支票

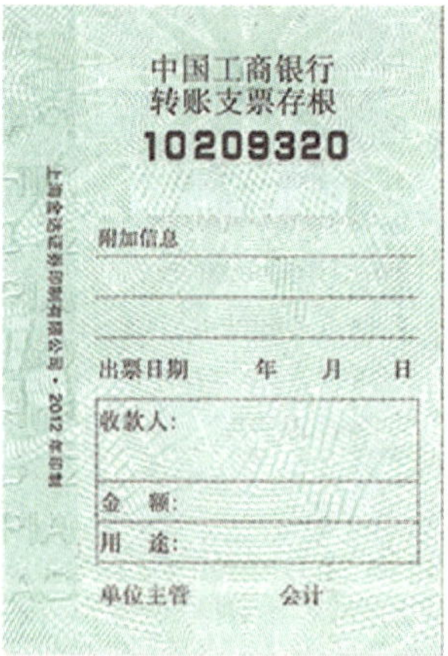

图 2-2-27 原始凭证——转账支票存根

领　料　单　　　　No.

领料部门：
用　　途：　　　　　　　　　　　　年　　月　　日

编号	品名	规格及型号	单位	数量		计划价格	
				请领	实发	单价	总价
合　计							

第二联　记账

记账：　　　　　　　　发料：　　　　　　　　领料：

图 2-2-28　原始凭证——领料单

项目三
记账凭证的填制和审核

任务一　会计要素的概念及分类

能力目标：

能够正确分析经济业务中涉及的会计要素，并能掌握会计要素的应用。

知识点1　会计要素的概念

一、企业的经济活动

在日常经营中，企业沿着供应、生产、销售三个经营过程，会发生一系列与现金、银行存款有关的经济活动(见图3-1-1)。其中，现金或银行存款都是货币资金，从货币资金开始，又回到货币资金，这是一个资金循环过程(见图3-1-2)。

图3-1-1　企业的经营过程

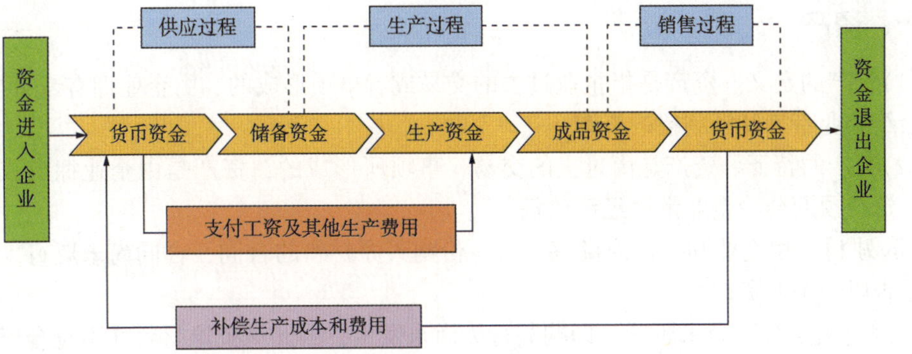

图 3-1-2　资金循环过程

二、企业的经济业务

经济业务是指通过会计来核算和监督的经营活动和财务收支的具体事项，又称会计事项（见图 3-1-3）。

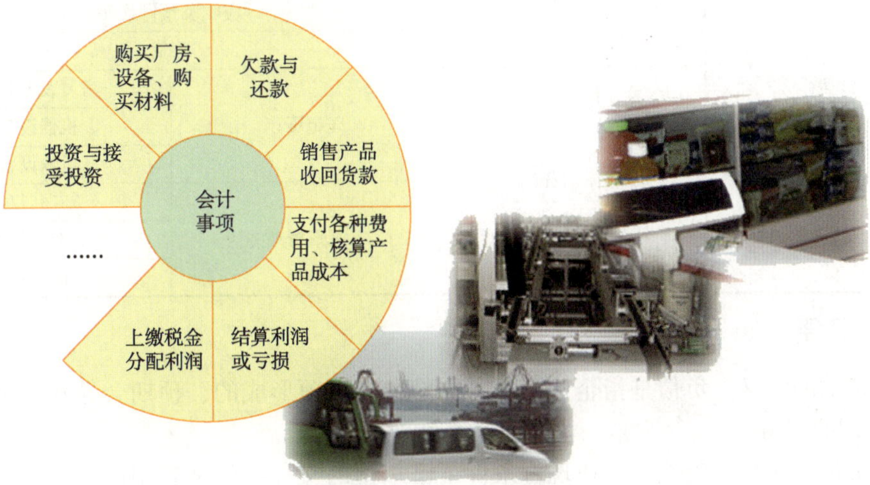

图 3-1-3　会计事项

三、会计要素的概念

会计要素是会计对象要素的简称。会计要素是指按照交易或者事项的经济特征所做的基本分类，是会计对象的组成部分，是会计报表内容的基本框架，也是账户的归并和概括。

知识点 2　会计要素的分类及特征

会计要素分为反映企业财务状况和反映企业经营成果的会计要素。

我国企业会计的基本要素分为资产、负债、所有者权益、收入、费用和利润六个方面。其中，资产、负债、所有者权益要素侧重于反映企业的财务状况，收入、费用和利润要素侧重于反映企业的经营成果。

一、资产

(1)资产的定义。资产是指企业过去的交易或者事项形成的、由企业拥有或者控制的、预期会给企业带来经济利益的资源。

(2)资产的特征。资产是由过去的交易、事项所形成的，资产是由企业拥有或控制的资源，资产预期会给企业带来经济效益。

【示例 1】 甲企业和乙供应商签订了一份购买原材料的合同，合同尚未履行。该批原材料是否属于企业资产？

【分析】由于合同尚未履行，即购买行为尚未发生，因此该批原材料并不符合资产的定义，甲企业不能因此而确认存货资产。

(3)资产的组成内容见表 3-1-1。

表 3-1-1　资产的组成内容

资产（按流动性分）	流动资产	库存现金	
		银行存款	
		应收及预付款项	
		存货	
	非流动资产	固定资产	房屋及建筑物
			机器设备
			运输设备
		无形资产	专利权
			非专利技术
			商标权

二、负债

(1)负债的定义。负债是指企业过去的交易或者事项形成的、预期会导致经济利益流出企业的现时义务。

(2)负债的特征。负债是企业现行条件下已承担的义务；将来要用库存现金、银行存款或商品偿还，或通过为债权人提供劳务抵偿。

(3)负债的组成内容(见表 3-1-2)。

表 3-1-2　负债的组成内容

负债（按偿还期长短分）	流动负债	短期借款
		应付票据
		应付账款
		预收账款
		应付职工薪酬
		应付股利
		应交税费
		其他应付款
	非流动负债	长期借款
		应付债券

三、所有者权益

（1）所有者权益的定义。所有者权益，又称为股东权益，是指企业资产扣除负债后由所有者享有的剩余权益，其金额为资产减去负债后的余额，即投资者对企业净资产的所有权。

所有者权益的来源包括所有者投入的资本、直接计入所有者权益的利得和损失、留存收益等。

（2）所有者权益的组成内容。所有者权益具体表现为实收资本（或股本）、资本公积、盈余公积和未分配利润等（见表 3–1–3）。

表 3–1–3　所有者权益的组成内容

<table>
<tr><td rowspan="4">所有者权益
的组成内容</td><td colspan="2">实收资本</td></tr>
<tr><td colspan="2">资本公积</td></tr>
<tr><td>盈余公积</td><td rowspan="2">留存收益</td></tr>
<tr><td>未分配利润</td></tr>
</table>

四、收入

（1）收入的定义。收入是指企业在日常活动中形成的、会导致所有者权益增加的、与所有者投入资本无关的经济利益的总流入。

（2）收入的特征。收入是从企业的日常活动中产生的；收入的取得必定会导致经济利益的流入，它可以表现为资产增加，也可以表现为负债减少，还可能是两者兼而有之；收入只包括本企业经济利益的流入，不包括为第三方或客户代收的款项；收入能导致企业所有者权益的增加。

（3）收入的组成内容（见表 3–1–4）。

表 3–1–4　收入的组成内容

<table>
<tr><td rowspan="3">收入的组成内容
（按性质分）</td><td>销售商品收入</td></tr>
<tr><td>提供劳务收入</td></tr>
<tr><td>让渡资产使用权取得的收入</td></tr>
</table>

五、费用

（1）费用的概念。费用是指企业在日常活动发生的、会导致所有者权益减少的、与向所有者分配利润无关的经济利益的总流出。

（2）费用的组成内容（见表 3–1–5）。

表 3–1–5　费用的组成内容

<table>
<tr><td rowspan="4">费用的组成内容
（按功能分）</td><td>从事经营业务发生的成本</td></tr>
<tr><td>管理费用</td></tr>
<tr><td>销售费用</td></tr>
<tr><td>财务费用</td></tr>
</table>

六、利润

(1)利润的概念。利润是指企业在一定会计期间的经营成果，包括收入减去费用后的净额、直接计入当期利润的利得和损失等。

(2)利润的组成内容(见表3-1-6)。

表3-1-6 利润的组成内容

<table>
<tr><td rowspan="3">利润的分类</td><td colspan="2">收入减去费用后的净额</td></tr>
<tr><td rowspan="2">直接计入当期利润的利得和损失</td><td>投资收益</td></tr>
<tr><td>营业外收支净额</td></tr>
</table>

七、六大要素之间的关系(见表3-1-7)

表3-1-7 六大要素之间的关系

资产=负债+所有者权益	收入-费用=利润
资金运动的静态表现	资金运动的动态表现
表明资产的来源与归属	表明经营成果与相应期间收入和费用的关系
编制资产负债表的依据	编制利润表的基础

【示例2】 指出下列资料所属的会计要素类型。

车间使用的机器设备——(资产/固定资产)；

存放在银行的款项——(资产/银行存款)；

应付光明工厂的款项——(负债/应付账款)；

尚未缴纳的税费——(负债/应交税费)；

投资者投入的资本——(所有者权益/实收资本)；

向银行借入的两年期借款——(负债/长期借款)；

向银行借入半年期的借款——(负债/短期借款)；

销售商品取得的收入——(收入/主营业务收入)；

出租固定资产取得的收入——(收入/其他业务收入)；

出售固定资产取得的收入——(利润/营业外收入)；

销售商品时结转的已售商品的成本——(费用/主营业务成本)；

发生的投资损失——(利润/投资收益)；

库存商品因自然灾害发生的损失——(利润/营业外支出)；

知识点3 会计要素的相互关系

一、会计等式

会计等式是指运用数学方程的原理来描述会计对象具体内容(会计要素)之间相互关系的一种表达式(见图3-1-4)。

资产与权益的关系：资产=权益。

由于企业的资产主要来源于企业的债权人和投资者，所以权益由债权人权益和所有者权益两部分组成。债权人权益在会计上称为负债，因此这个公式可以进一步表述为：

资产=负债+所有者权益——静态等式关系(见图3-1-4)

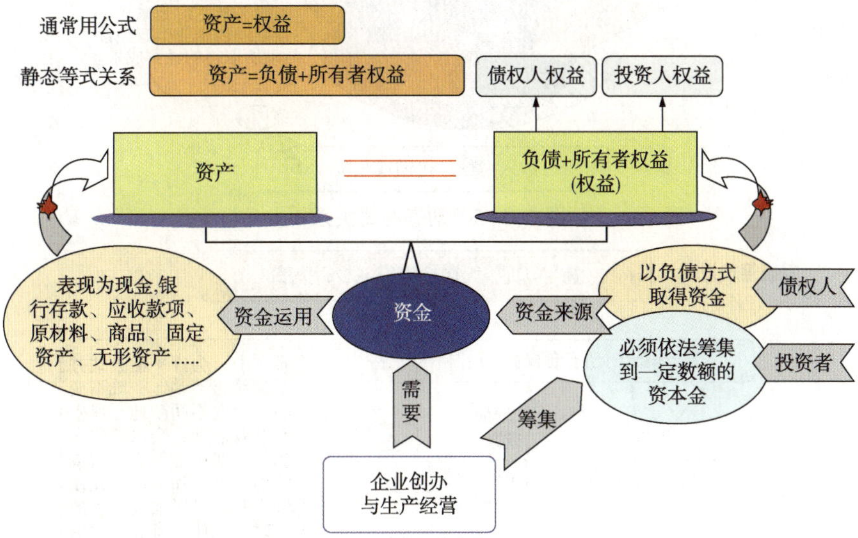

图3-1-4 静态等式关系

以上这种关系是企业的创办日或经营中的某一天的情况，可以说这是一种静态的平衡关系。但必须指出，事实上它们并不是静止不动、一成不变的。因为任何企业只要想谋求自下而上的发展，都必然不间断地开展生产经营活动。随着生产经营活动的进行，企业一方面要发生各种费用，另一方面又要取得各种收入。收入减去费用，其剩余部分就是利润；反之，如果费用超过了收入，其差额部分就是亏损。用公式表述为：收入-费用=利润(或亏损)。

收入、费用和利润之间的平衡关系，反映了一定期间内企业生产经营活动所取得的经营成果。企业若取得了收入，则会导致资产增加或负债减少，或者两者兼而有之。而费用正好相反，企业若发生费用，则会导致资产减少或负债增加，或者两个兼而有之。同样，收入和费用在使资产和负债增加或减少的同时，也使所有者权益随之增加或减少。因此将以上两公式结合起来，则可以得到如下公式：

资产=负债+所有者权益+(收入-费用)——动态等式关系(见图3-1-5)

到年度末，企业将实现的利润按照国家有关规定进行分配，利润归入所有者权益。这时，上述动态等式又恢复到最基本的形式，即：

资产=负债+所有者权益——会计基本等式、会计平衡公式、会计恒等式、会计方程式、资产负债表等式(见图3-1-6)

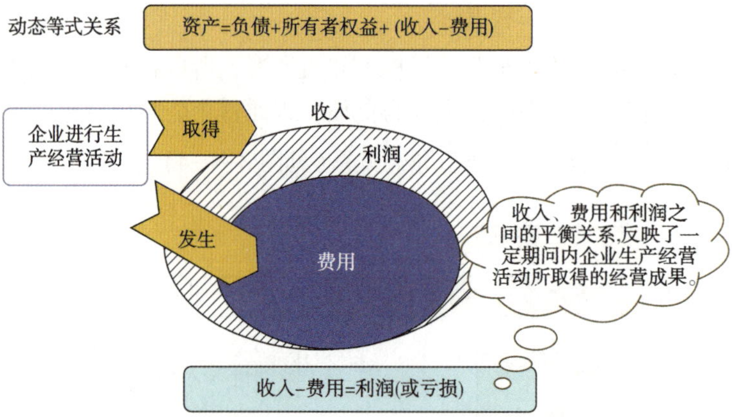

图 3–1–5　动态等式关系 1

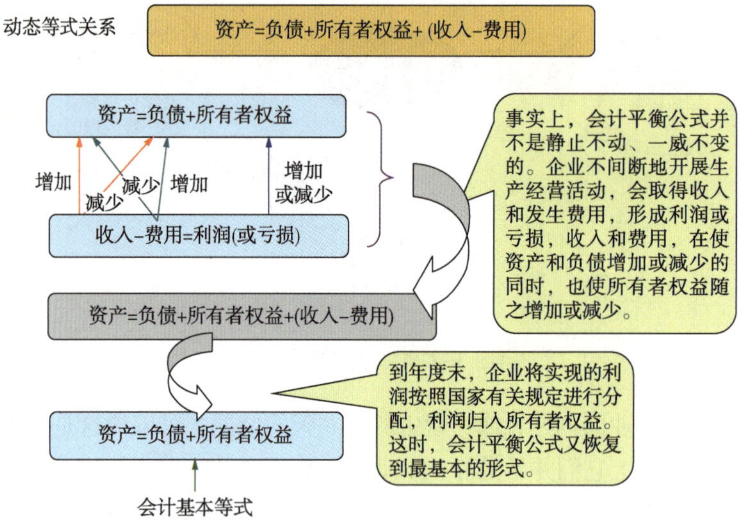

图 3–1–6　动态等式关系 2

二、会计基本等式的运用

某公司 2019 年 1 月 1 日资产负债表如表 3–1–8 所示。

表 3–1–8　资产负债表

2019 年 1 月 1 日　　　　金额单位：元

资　　产		权益（所债+所有者权益）	
项　　目	金　　额	项　　目	金　　额
银行存款	350000	短期借款	500000
应收账款	200000	应付账款	200000
存　　货	650000	实收资本	1300000
固定资产	800000		
总　　计	2000000	总　　计	2000000

该公司1月份发生以下经济业务：

【示例3】 1月5日，公司接受投资单位投入大型设备一台，价值200000元。

分析：资产——固定资产(增加200000元)；所有者权益——实收资本(增加200000元)。资产与权益总额同时增加200000元，仍然保持平衡关系。

【示例4】 1月10日，公司以银行存款100000元偿还短期借款。

分析：资产——银行存款(减少100000元)；负债——短期借款(减少100000元)。资产与权益总额同时减少100000元，仍然保持平衡关系。

【示例5】 1月14日，公司以银行存款购入原材料100000元。

分析：资产——原材料(增加100000元)；资产——银行存款(减少100000元)。资产一增一减，资产与权益总额不变，仍然保持平衡关系。

【示例6】 1月20日，公司开出商业承兑汇票一张，金额为50000元，以抵付前欠应付账款。

分析：负债——应付票据(增加50000元)；负债——应付账款(减少50000元)。权益一增一减，资产与权益总额不变，仍然保持平衡关系。

由以上示例可知，任何企业发生的任何经济业务所引起的资产与权益的变化关系无非是这样的四种类型，即：

(1)资产与权益同时增加；

(2)资产与权益同时减少；

(3)资产之间有增有减；

(4)权益之间有增有减。

三、经济业务对会计基本等式的影响

以上四种类型的经济业务对会计基本等式的影响如图3-1-7所示。

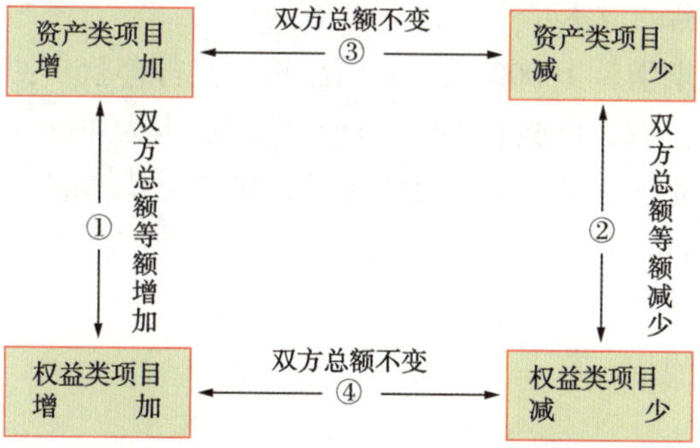

图3-1-7 四类业务对会计基本等式的影响

任何经济业务的发生不会破坏资产、负债及所有者权益的平衡关系，这一平衡关系是复式记账、账户试算平衡和编制资产负债表的理论依据，也是会计核算方法体系的理论基础。

练一练：分析会计要素

1. 资料：

(1) 厂部办公大楼 (　　　　)(　　　　)

(2) 向银行借入的短期贷款。 (　　　　)(　　　　)

(3) 欠供应单位的货款 (　　　　)(　　　　)

(4) 仓库储存的待销完工工产品 (　　　　)(　　　　)

(5) 应向购买单位收回的货款 (　　　　)(　　　　)

(6) 出售产品取得的收入 (　　　　)(　　　　)

(7) 所有者投入的资本 (　　　　)(　　　　)

(8) 企业欠内部职工的工资 (　　　　)(　　　　)

要求：据上述资料，指出哪些是资产项目，哪些是负债项目，哪些是所有者权益项目，哪些是收入、费用或利润项目，填入括号内，并写出其会计科目的名称。(参考表 3-2-3“简明会计科目表”完成。)

2. 某企业 6 月份发生下列经济业务：

(1) 收到国家追加投资 50000 元，存入银行存款户；

(2) 以银行存款 30000 元付讫前欠东方工厂的购料款；

(3) 提取现金 10000 元，以备发工资；

(4) 收回南方公司的应收账款 50000 元，款项已存入银行；

(5) 购入原材料 20000 元，款项未付，原材料已验收入库；

(6) 收到其他单位投资转入的全新机器设备一台，价值 80000 元；

(7) 以银行存款 20000 元归还已到期的短期借款；

(8) 以资本公积 16000 元转增资本；

(9) 以现金 10000 元支付本月职工工资；

(10) 销售产品一批，售价为 40000 元，其库存商品成本为 26000 元，货款已收到并存入银行，结转已销售产品的成本；

(11) 向银行借入短期借款 10000 元，款项已转入银行存款户；

(12) 生产完工产品一批，已验收入库，产品生产成本为 40000 元。

要求：指出上述经济业务中涉及的会计要素，并分析其增减情况，并说明该经济业务的发生对资产、权益总额的影响。

任务二 会计科目和会计账户

能力目标：

能够根据经济业务准确分析涉及的账户，掌握账户的结构。

知识点1 会计科目的概述

一、会计科目的概念

会计科目是对会计要素按照不同的经济内容和管理需要进行分类的项目。通常，在实际工作中，会计科目也可简称为科目。

二、会计科目设置的原则

1. 既要符合企业会计准则的规定，又要适合企业的特点；
2. 既要便于反映会计要素的总括情况，又要便于反映经济业务的具体内容；
3. 既要满足本单位经济管理的需要，又要满足国民经济宏观调控对会计信息的要求；
4. 既要适应经济业务发展的需要，又要保持相对稳定。

三、会计科目的分类

1. 会计科目按其所反映的经济内容分类如表3-2-1所示。

表3-2-1 会计科目按其所反映的经济内容分类

按经济内容分类	资产类科目
	负债类科目
	共同类科目(暂不介绍)
	所有者权益类科目
	成本类科目
	损益类科目

2. 会计科目按其所提供信息的详细程度分类如表3-2-2所示。

表 3-2-2　会计科目按其所提供信息的详细程度分类

按会计科目所提供信息的详细程度分类	总账科目
	明细科目

四、简明会计科目表

简明会计科目表见表 3-2-3。

表 3-2-3　简明企业会计科目表

顺序号	编号	会计科目名称	顺序号	编号	会计科目名称
		一、资产类	25	2241	其他应付款
1	1001	库存现金	26	2501	长期借款
2	1002	银行存款	27	2502	应付债款
3	1121	应收票据			三、共同类(略)
4	1122	应收账款			四、所有者权益类
5	1123	预付账款	28	4001	实收资本
6	1131	应收股利	29	4002	资本公积
7	1221	其他应收款	30	4101	盈余公积
8	1231	坏账准备	31	4103	本年利润
9	1401	材料采购	32	4104	利润分配
10	1402	在途物资			五、成本类
11	1403	原材料	33	5001	生产成本
12	1405	库存商品	34	5101	制造费用
13	1601	固定资产			六、损益类
14	1602	累计折旧	35	6001	主营业务收入
15	1701	无形资产	36	6051	其他业务收入
16	1901	待处理财产损益	37	6111	投资收益
		二、负债类	38	6301	营业外收入
17	2001	短期借款	39	6401	主营业务成本
18	2201	应付票据	40	6402	其他业务成本
19	2202	应付账款	41	6403	税金及附加
20	2203	预收账款	42	6601	销售费用
21	2211	应付职工薪酬	43	6602	管理费用
22	2221	应交税费	44	6603	财务费用
23	2231	应付利息	45	6711	营业外支出
24	2232	应付股利	46	6801	所得税费用

知识点2　会计账户的概述

一、账户的概念

设置会计科目只是对会计要素的分类结果规定一个名称。要把发生的经济业务系统、完整、连续地记录下来，还需借助于一定的记账簿，即必须开设账户。

账户是根据会计科目开设的，具有一定格式和结构，用于分类反映会计要素增减变动及其结果的一种载体。它由账户的名称(会计科目)和账户的结构两部分组成。

二、账户的分类

1. 按经济内容分类。

按经济内容对账户进行分类是账户分类的基础，是其他各种账户分类方法的前提。以企业为例，会计所要反映的具体经济内容是资产、负债、所有者权益、收入、费用和利润。因此，账户按经济内容分类如下：

(1)反映资产的账户；

(2)反映负债的账户；

(3)反映所有者权益的账户；

(4)反映收入的账户；

(5)反映费用(成本)的账户；

(6)反映利润的账户。

由于企业在一定期间所取得的收入和发生的费用最终都体现在当期的损益的计算中，因而也可以将那些与损益计算相关的收入、费用账户归为损益类账户。另外，工业企业为了进行产品成本计算，需要专门设置用来核算产品成本的账户。所以，工业企业的账户按经济内容分类，可以分为资产类、负债类、所有者权益类、成本类和损益类五大类。

2. 按提供核算指标的详细程度分类。

账户按提供核算指标的详细程度可以分为总分类账户和明细分类账户。

总分类账户是按照总账科目开设，提供资产、权益、收入和费用的总括资料；明细分类账户是按照明细科目开设，提供资产、权益、收入和费用的详细资料。

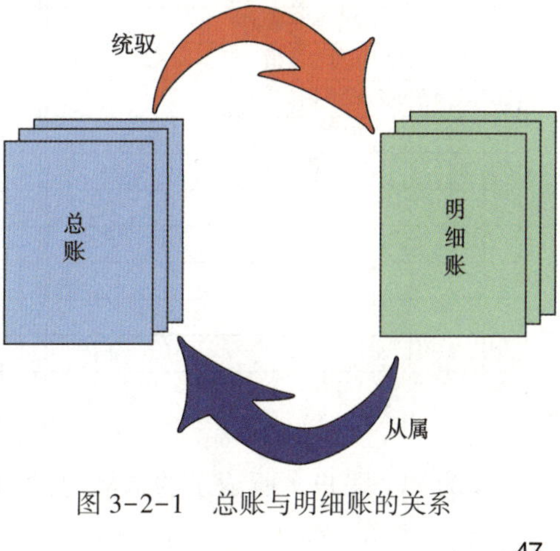

图3-2-1　总账与明细账的关系

总分类账户与明细分类账户之间的关系是：总分类账户对其所属的明细分类账户起着控制、统驭的作用；明细分类账户对其归属的总分类账户则起着补充、具体说明的作用(见图3-2-1)。二者相辅相成，只是反映经济业务的详细程度不同，但是二者登记的原始依据是相同的，核算的内容也是相同的。

三、账户的基本结构

所谓账户的结构，是指账户应由哪几部分组成，以及如何在账户中记录会计要素的增加、减少及其余额等情况。由于企业经济业务的发生必然会引起会计要素发生变动，而这种变动从数量上来看，只有增加和减少两种情况。因此，为了清晰反映和便于计算经济业务引起的会计要素的增减变动，通常相应地将账户的结构分为两个基本部分，即左右两方，一方登记增加额，一方登记减少额，增减相抵后的差额为余额。账户哪一方登记数额的增加，哪一方登记数额的减少，取决于所记录经济业务和账户的性质。

1. 账户的正规格式。

作为账户的基本结构，一般应包括账户名称(会计科目)、记录经济业务的日期、记账凭证的编号、经济业务摘要、增加额和减少额及余额等(见表 3-2-4、图 3-2-2)。

表 3-2-4　账户的基本组成部分

账户的基本栏目	账户名称	会计科目
	日期栏	用以说明记录经济业务的日期(年、月、日)
	凭证编号栏	表明记录经济业务的凭证号
	摘要栏	经济业务内容的简要说明
	增加(或借贷)金额栏	表明经济业务增减变动情况
	增或减(借或贷)方向栏	用以说明经济业务增减变动后结果的当前方向
	余额栏	表明经济业务增减变动后的结果

总分类账

会计科目：主营业务收入　　　　第 2 页 共 12 页

2019年 月	日	凭证 种类	号数	摘要	借方	贷方	借或贷	余额
01	31			承前页	24206000	24206000	平	000
02	07	记	011	销售办公桌		21000000	贷	21000000
02	11	记	021	销售家用餐桌		10800000	贷	31800000
02	19	记	031	销售办公椅		1160000	贷	32960000
02	28	记	043	结转本期损益	32960000		平	000
02	28			本月合计	32960000	32960000	平	000
02	28			本年累计	57166000	57166000	平	000

图 3-2-2　总分类账

作为一个账户，所记录的金额提供的四项核算指标，即期初余额、本期增加额、本期减少额和期末余额。四个核算指标之间的数量关系，可以用公式表示为：期末余额＝期初余额+本期增加发生额－本期减少发生额。

2. 账户的简单格式。

为了简化起见，常用"T"形账户代替实际账户，其结构如图 3-2-3 所示。

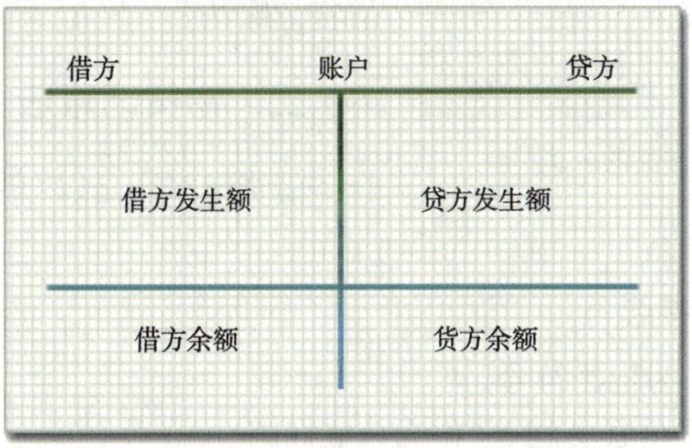

图 3-2-3　账户的"T"形格式

四、会计科目与账户的关系

会计科目和账户在会计学中是两个不同的概念，两者之间既有联系又有区别（见表 3-2-5）。

表 3-2-5　会计科目与账户的关系

联系	会计科目是设置账户的依据 会计科目是账户的名称 账户是会计科目的具体运用 会计科目所要反映情况的经济内容，就是账户所要登记的内容。
区别	账户既有名称又有一定的格式和结构，可以记录和反映某类经济内容的增减变动情况及其结果 会计科目是国家通过制定企业会计准则而统一规定的 账户是由企业单位根据会计科目的设置和自身经营管理的需要在账簿中开设的

知识点 3　复式记账与借贷记账法

一、复式记账

为了核算和监督会计对象的具体内容，除了应根据规定的会计科目设置账户外，还必须采用一定的记账方法。所谓记账方法，是指对发生的经济业务根据一定的原理，运用一定的记账符号和记账规则在账户中予以登记的方法。

复式记账法，是指对发生的每一项经济业务，都要以相等的金额，同时在两个或两个以上相互联系的账户中进行记录的方法。

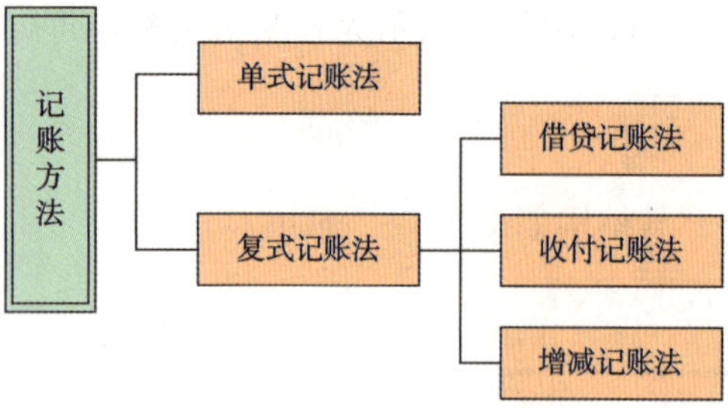

图 3-2-4　记账方法的分类

按照记账符号、记账规则、试算平衡的不同，复式记账法可分为借贷记账法、收付记账法和增减记账法(见图 3-2-4)。我国财政部颁布的《企业会计准则》明确规定，会计记账采用借贷记账法。

二、借贷记账法

借贷记账法是以“借”和“贷”作为记账符号的一种复式记账法。

(一)借贷记账法的特点

1. 以“借”和“贷”作为记账符号。
2. 以“有借必有贷，借贷必相等”作为记账规则。
3. 对账户不要求固定分类。
4. 以“借方金额等于贷方金额”作为试算平衡公式。

全部账户本期借方发生额合计 = 全部账户本期贷方发生额合计

全部账户借方期末余额合计 = 全部账户贷方期末余额合计

(二)借贷记账法的账户结构

1. 资产和权益的账户结构和格式 。

(1)资产账户：以借方登记资产的增加，贷方登记资产的减少，余额一般在借方，表示资产的结存额。

资产账户的结构如图 3-2-5 所示。

资产账户的期末借方余额与本期发生额之间的关系，可用下列公式表示：

期末余额(借方) = 期初余额(借方) + 本期借方发生额 - 本期贷方发生额

(2)权益账户：以贷方登记权益的增加，借方登记权益的减少，余额一般在贷方，表示权益的实际数额。

权益账户的结构如图 3-2-6 所示。

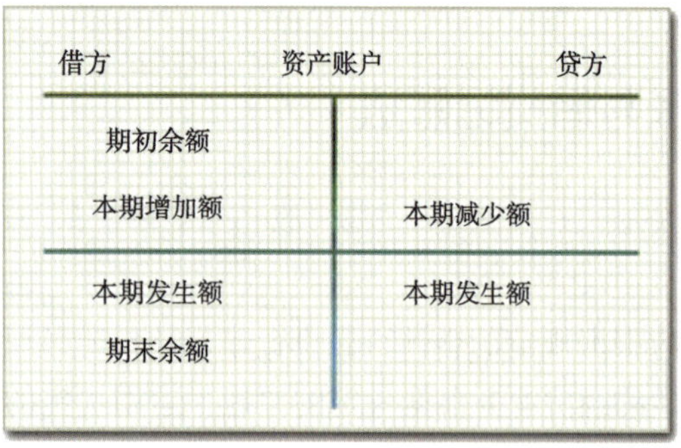

图 3-2-5　资产账户的结构

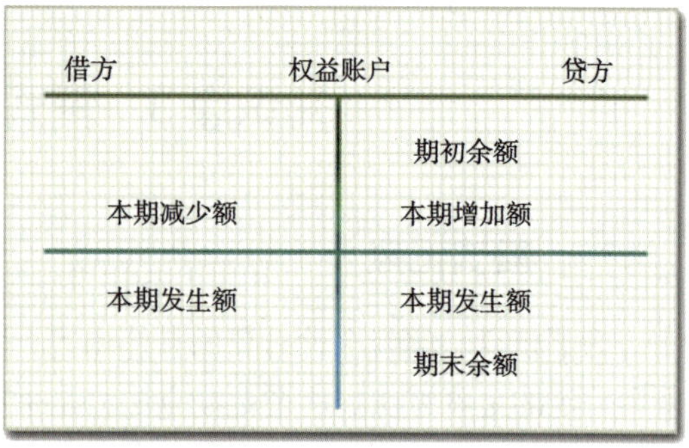

图 3-2-6　权益账户的结构

权益账户的期末贷方余额与本期发生额之间的关系，可用下列公式表示：

期末余额(贷方)=期初余额(贷方)+本期贷方发生额-本期借方发生额

2. 收入和成本、费用类账户的结构和格式。

(1)收入类账户的结构和格式。收入账户的结构与权益账户基本相同，贷方登记收入的增加额，借方登记收入的减少额和结转额，期末一般没有余额。

收入账户的结构如图 3-2-7 所示。

(2)成本、费用类账户的结构与格式。成本、费用类账户的结构与资产账户基本相同，借方登记费用的增加额，贷方登记费用的减少额和结转额，期末一般没有余额。

费用账户的结构如图 3-2-8 所示。

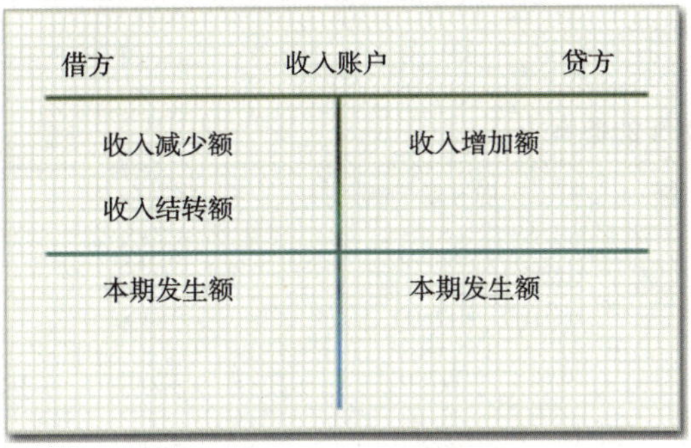

图 3-2-7　收入账户的结构

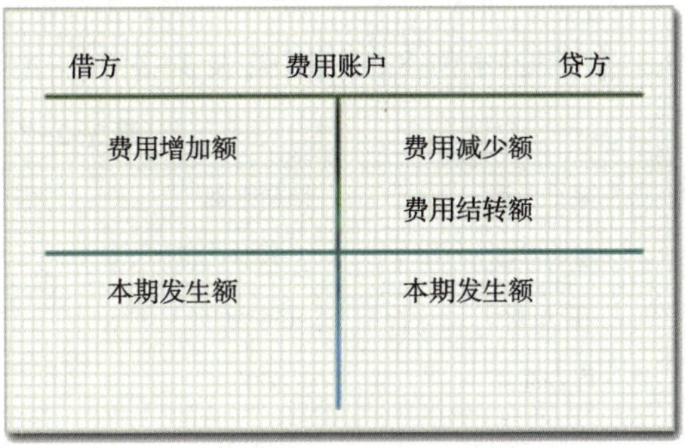

图 3-2-8　费用账户的结构

【示例 7】

(1)收回应向购货单位收取的货款 52000 元存入银行。

分析：借方——银行存款，贷方——应收账款。本业务中银行存款增加(资产增加记借方)，应收账款减少(资产减少记贷方)。

(2)用银行存款归还欠供应单位的货款 10000 元。

分析：借方——应付账款，贷方——银行存款。本业务中银行存款减少(资产减少记贷方)，应付账款减少(负债减少记借方)。

(3)外单位投资给该企业一台新车床，价值 2000 元。

分析：借方——固定资产，贷方——实收资本。本业务中固定资产增加(资产增加记借方)，实收资本增加(所有者权益增加记贷方)。

(4)结转已售商品的成本 5000 元。

分析：借方——主营业务成本，贷方——库存商品。本业务中主营业务成本增加(费用增加记借方)，库存商品减少(资产减少记贷方)。

【示例 8】　将表 3-2-6 补充完整。

表 3-2-6　记账练习表

账户名称	期初余额	借方发生额	贷方发生额	期末余额
银行存款	16000	70000	24000	

续表

账户名称	期初余额	借方发生额	贷方发生额	期末余额
原材料	156700		142600	38400
库存商品		75800	39700	42600
应收账款	750000	108000		48500
短期借款		117000	138000	61000
应付账款	85000	64200	84400	
应交税费	0		24500	24500
实收资本	800000	0		1000000

【答案】示例 8 的答案见表 3-2-7。

表 3-2-7 示例 8 的答案

账户名称	期初余额	借方发生额	贷方发生额	期末余额
银行存款	16000	70000	24000	62000
原材料	156700	24300	142600	38400
库存商品	6500	75800	39700	42600
应收账款	750000	108000	809500	48500
短期借款	40000	117000	138000	61000
应付账款	85000	64200	84400	105200
应交税费	0	0	24500	24500
实收资本	800000	0	200000	1000000

练一练：下面是某企业部分账户的部分资料，要求将表 3-2-8 中不完整的空格填列齐全。

表 3-2-8 补充账户资料练习

账户名称	期初余额	借方发生额	贷方发生额	期末余额
银行存款	16000	70000	24000	（ ）
原材料	156700	（ ）	142600	38400
库存商品	（ ）	75800	39700	42600
应收账款	750000	108000	（ ）	48500
短期借款	（ ）	117000	138000	61000
应付账款	85000	64200	84400	（ ）
应交税费	0	（ ）	24500	24500
实收资本	800000	0	（ ）	1000000

三、借贷记账法的运用

为了准确地将经济业务及时地登记到相应账户中去，一项经济业务发生以后，在运用借贷记账法时，需要先确定会计分录。

所谓会计分录，就是按照借贷记账法的规则，确定某项经济业务应借、应贷账户的名称及其金额的一种记录。它是构成记账凭证的基本内容。换言之，会计分录的格式化就是记账凭证。

在编制会计分录时，应注意考虑以下三个方面：

第一，先分析经济业务涉及哪几个账户，再判断其数额是增加还是减少。

第二，根据账户的性质，确定哪个账户应记借方，哪个账户应记贷方。

第三，应记借贷双方的金额是否相等。

以上三方面即会计分录的三个要素(见图 3-2-9)。

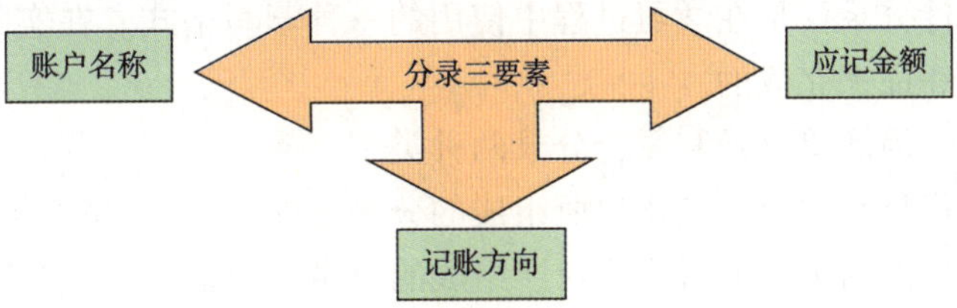

图 3-2-9　会计分录的三个要素

【示例 9】 以银行存款归还到期的长期借款 150000 元。

借：长期借款	150000	
贷：银行存款		150000

【示例 10】 从 B 公司购进甲材料一批，已验收入库，货款 60000 元尚未支付。

借：原材料——甲材料	60000	
贷：应付账款——B 公司		60000

【示例 11】 接受外单位投入的设备一台，价值 135000 元。

借：固定资产	135000	
贷：实收资本		135000

【示例 12】 将资本公积 100000 元转作资本金。

借：资本公积	100000	
贷：实收资本		100000

【示例 13】 收到投资者的投资 1000000 元，其中 300000 元为设备，700000 元为货币资金。

借：固定资产	300000	
银行存款	700000	
贷：实收资本		1000000

此例为一贷多借的会计分录。

【示例 14】 销售一批商品，价款 10000 元，增值税 1300 元，已经收到 11000 元存入银行，余款尚欠。

借：银行存款　　11000
　　应收账款　　300
　　贷：主营业务收入　　10000
　　　　应交税费——应交增值税(销项税额)　　1300

此例为多借多贷的会计分录。

会计分录的书写格式(以简单分录为例)

借：××科目　　××金额
　贷：××科目　　××金额

借方写在上面，贷方写在借方的下面，上下错开两个字。

注明应记的会计科目，如需注明明细科目的，应在一级科目后面加一破折号，写上明细科目；金额用阿拉伯数字，数字后不写元，借方和贷方的金额应各自对齐。

这种格式的会计分录仅是在学习过程中使用的一种草写格式。在实际工作中，会计分录是通过填制记账凭证来完成的。

会计分录可以分为简单分录和复合分录两种类型。

简单分录，是指只有两个对应账户所组成的分录，即"一借一贷"的分录。

复合分录，是指由两个以上对应账户所组成的分录，包括"一借多贷""多借一贷""多借多贷"的分录。

任务三 填制和审核记账凭证

能力目标：

能够熟练运用借贷记账法填制记账凭证并进行正确审核，能够正确进行企业经营过程中主要经济业务的核算。

知识点1 记账凭证概述

一、记账凭证的概念

在实际工作中，会计分录是以记账凭证作为载体的。所谓记账凭证，是由会计部门根据审核无误的原始凭证或原始凭证汇总表编制的，作为登记明细分类账和总分类账的依据的会计凭证。记账凭证亦称“分录凭证”“记账凭单”“传票”。

与原始凭证相比，记账凭证有两点不同：

1. 记账凭证是企业内部所填写的，并作为登记账簿的直接依据，它不能用来证明经济业务的发生，不具备法律的证明效力。

2. 记账凭证上一定要列明如何对经济业务进行处理的会计分录，这是对原始凭证进行处理的第一步。

二、记账凭证的分类

记账凭证按照其记录反映的经济业务内容的不同，可采用收款凭证、付款凭证和转账凭证三种形式(见图3-3-1)。在实际工作中，一些企业、行政事业单位，由于平时收付款业务量较少或全部业务量不多，一般不使用上述三种记账凭证的形式，而使用格式统一的通用记账凭证(如图3-3-2所示)。

收款凭证：用于现金及银行存款收入业务的记账凭证。

付款凭证：用于现金及银行存款付出业务的记账凭证。

转账凭证：用于不涉及现金和银行存款收付业务的其他转账业务所用的记账凭证。

注意：对于一笔经济业务既涉及库存现金又涉及银行存款的，即将现金存入银行和从银行提取现金的业务，统一编制付款凭证。

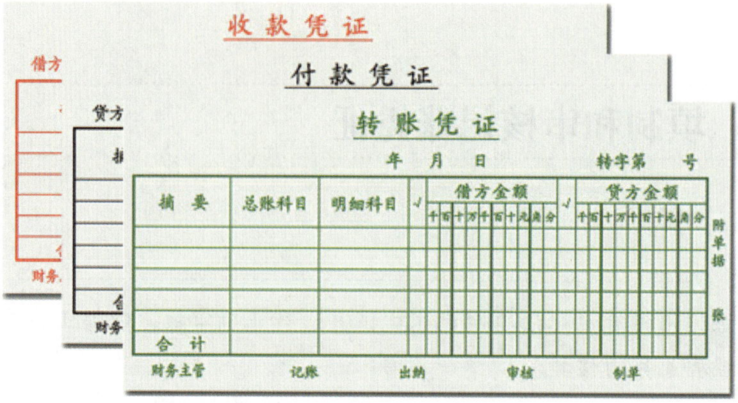

图 3-3-1 几种记账凭证

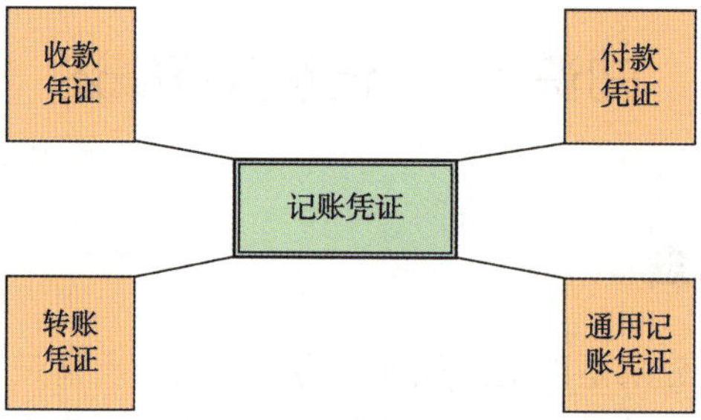

图 3-3-2 通用记账凭证

【示例 15】 前示例 9，以银行存款归还到期的长期借款 150000 元。

借：长期借款 150000

　　贷：银行存款 150000

此例涉及银行存款付出业务，所以填制付款凭证。

【示例 16】 前示例 10，从 B 公司购进甲材料一批，已验收入库，货款 60000 元尚未支付。

借：原材料——甲材料 60000

　　贷：应付账款——B 公司 60000

此例不涉及现金和银行存款收付业务，所以填制转账凭证。

【示例 17】 前示例 13，收到投资者的投资 1000000 元，其中 300000 元为设备，700000 元为货币资金。

借：固定资产 300000

　　银行存款 700000

　　贷：实收资本 1000000

此例可分解为两个简单分录，即：

借：固定资产 300000

　　贷：实收资本 300000

借：银行存款 700000

贷：实收资本　　700000

所以填制一张转账凭证和一张收款凭证。

【示例 18】 将现金 20000 元存入银行。

借：银行存款　　2000

　　贷：库存现金　　2000

此例填制一张付款凭证。

三、记账凭证的内容

按照会计核算的要求，通过记账凭证来确定所发生的每项经济业务应登记的账户的名称、应借应贷的金额等，因此记账凭证也是用来确定会计分录的一种核算形式。所以，不论采用何种格式，记账凭证都必须具备相同的基本内容，如图 3-3-3 所示。

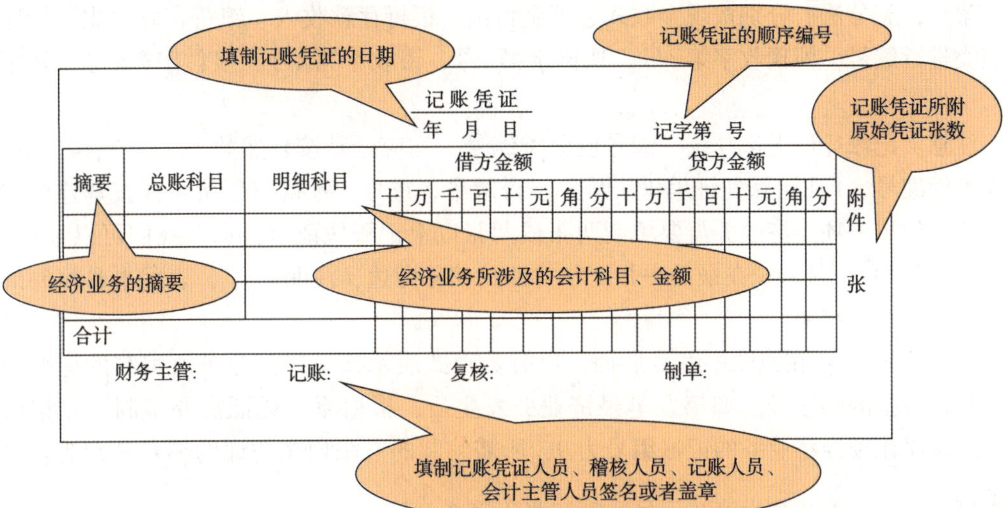

图 3-3-3 记账凭证必须具备的基本内容

企业若以自制的原始凭证或者原始凭证汇总表替代记账凭证的，则替代单证也必须具备记账凭证应有的项目。

四、记账凭证填制的要求

记账凭证是根据审核无误的原始凭证填制的，是登记账簿的直接依据。但记账凭证本身并不是原始单据，不完全具备法律效力，因此，一般不能用记账凭证来代替原始单据。作为进行下一步会计核算的依据，记账凭证的质量必须得到保证，以确保账簿记录的准确性。在填制记账凭证时，应注意以下几方面：

1. 审核原始凭证。记账凭证可以根据每一张原始凭证填制，或者根据若干张同类原始凭证汇总填制，也可以根据原始凭证汇总表填制。但不得将不同内容和类别的原始凭证汇总填制在一张记账凭证上。

2. 确定采用何种记账凭证。会计人员在接到经过复核的原始凭证后，应根据经济业务的性质，首先确定使用哪种记账凭证(收款凭证、付款凭证、转账凭证)来记录该项经济业务。收支业务不多的单位，可以使用通用的记账凭证。

3. 填写记账凭证的日期。填写日期一般是会计人员填制记账凭证的当天日期，也可以根据管理需要，填写经济业务发生的日期或月末日期。

4. 填写记账凭证编号。记账凭证必须按月连续编号，以便于记账、查账，防止散落、丢失。常用的编号方法有以下三种：

第一，统一法。将全部记账凭证统一编号，也就是按经济业务发生时间的先后顺序统一编号，即从本月的第一笔经济业务发生后填制的记账凭证第 1 号开始，至本月最后一张记账凭证第×号为止，即记字第×号。

第二，三分法。分别按现金和银行存款收入、现金和银行存款付出、转账业务三类进行编号，即收字第×号、付字第×号、转字第×号。

第三，五分法。分别按现金收入、现金付出、银行存款收入、银行存款付出、转账业务五类进行编号，即现收字第×号、现付字第×号、银收字第×号、银付字第×号、转字第×号。

注意：记账凭证无论是统一编号或分类编号，均应分月按自然数 1、2、3、4、5……顺序连续编号，1 张记账凭证编 1 个号，不得跳号、重号，不得采用按年或按季连续编号的方法。如果一项经济业务需要填制两张或两张以上记账凭证时，那么我们可以采用“分数编号法”编号。月末，在最后一张记账凭证的编号旁边，注明“全”，表示本月填制的记账凭证到此全部结束。

分数编号法：在原顺序编号后面，以分数形式表示该笔经济业务所编制的记账凭证的张数及该张的顺序号。如第九笔经济业务发生后，根据原始凭证需要编制三张记账凭证，按顺序该项经济业务的记账编号为 9，所需编制的三张记账凭证的编号分别为：第一张为第 $9\frac{1}{3}$ 号、第二张为第 $9\frac{2}{3}$ 号、第三张为第 $9\frac{3}{3}$ 号。

5. 填写记账凭证的内容摘要。记账凭证的摘要栏是用来简要填写经济业务内容的。填写摘要的要求：真实准确、简明扼要、完整清楚。

6. 填写会计科目和编制会计分录。对原始凭证的内容进行归类，正确填写所涉及的会计科目，会计科目应写全称，也可以用会计科目戳记代替书写，但不能用会计科目的统一编号代替会计科目的名称，不得简写或只写编号而不写名称。

不能把不同内容、不同类型的经济业务合并编制成一组会计分录，并填制在一张凭证上，这样会造成经济业务的具体内容不清楚，容易造成账簿的记录错误，给记账、算账带来困难。

7. 填写金额栏数字。记账凭证的金额必须与原始凭证的金额相符。在填写金额数字时，阿拉伯数字书写要符合规范，金额数字要填写至“分”位。每一项经济业务填入金额数字后，要在记账凭证的合计行上填写合计金额，并在合计金额前标明人民币符号“￥”。另外，合计金额要计算准确并保持借方与贷方之间的平衡，不是合计金额则不需填写人民币符号。

8. 注销记账凭证中的空行。记账凭证填制经济业务事项后，如有空行，应当自金额栏最后一笔金额数字下的空行处至合计数上的空行处画斜线或画一条“S”线注销。

9. 注明所附原始凭证的件(张)数。在记账凭证上，填制人员必须注明所附原始凭证的件(张)数，并将有关原始凭证整理后，附在该记账凭证的后面，以表明一项经济业务发生后所涉及的、填制的全部会计凭证。除结账和更正错误的记账凭证可以不附原始凭证外，其他记账凭证必须附有原始凭证。

如果一张原始凭证涉及几张记账凭证，可以把原始凭证附在一张主要的记账凭证后面，在摘要栏注明“本凭证附件包括××号记账凭证业务”字样，并且在其他记账凭证上注明“原始凭证附在××号记账凭证后面”的字样。对需经过上级批准的经济业务，应将批准文件作为原始凭证的附件。

知识链接

记账凭证附件张数的计算方法：记账凭证附件张数应用阿拉伯数字填写。其计算方法有两种：一种是按构成记账凭证金额的原始凭证(或原始凭证汇总表)计算张数；另一种以所附原始凭证的自然张数为准，即凡是与记账凭证中的经济业务内容有关的每一张凭据，都应作为记账凭证的附件，有一张算一张。

凡属转账业务的原始凭证张数的计算以构成记账凭证金额的张数为准，其他说明性质的资料均作为附件的附件处理；凡属收付款业务的原始凭证张数的计算，均以自然张数为准。

记账凭证附件是原始凭证汇总表的，属于转账业务的，其附件张数的计算以原始凭证汇总表的张数为准，汇总表所附的原始凭证只作为附件的附件处理；属于收付款业务的，其附件张数的计算，应把汇总表及所附的原始凭证或说明性质的资料均计入，但差旅费、市内交通费、医药费等报销单据可粘贴在一张纸上，作为一张原始凭证附件。

10. 记账凭证的签章。记账凭证填制完毕后，填制人员应签章，以明确经济责任。填制人员签章后，按照规定手续交由审核人员进行审核，其后交记账人员登记入账。另外，收付款凭证还必须由出纳人员签章，表明其是否对该款项进行了收付。

11. 过账符号栏。过账符号是在根据该记账凭证登记有关账簿以后，在该栏注明所记账簿的页数打“√”，表示已登记入账，避免重记、漏记。在没有登账之前，该栏没有记录。

知识点2　专用记账凭证的填制

一、收款凭证的填制

收款凭证(见图3-3-4)是根据有关反映现金和银行存款收款业务的原始凭证填制的。

收 款 凭 证

借方科目：银行存款　　　　2019 年 03 月 22 日　　　　收 字第 032 号

摘要	贷方科目		金额											记账
	总账科目	明细科目	亿	千	百	十	万	千	百	十	元	角	分	
收回前欠货款	应收账款	石家庄亿达股份有限公司				2	6	7	8	0	0	0	0	
人民币（大写）：贰拾陆万柒仟捌佰元整					¥	2	6	7	8	0	0	0	0	

附件 1 张

会计主管：　　记账：　　出纳：　　审核：　　制单：陈飞

图 3-3-4　收款凭证

1. 收款凭证的左上方“借方科目”应填写“库存现金”或“银行存款”科目。

2. 正上方“年、月、日”应按记账凭证的编制日期填写。

3. 右上方“字第号”是记账凭证的编号，应按记账凭证的填制顺序填写，如现金收款业务，应按其本期编制的收款凭证顺序填写“现收字第 1 号”“现收字第 2 号”；银行存款收款业务按顺序填写“银收字第 1 号”“银收字第 2 号”。依此类推，自成系统顺延编号，按月编制，并注意不要错号、重号、漏号。

4. “摘要”栏填写经济业务的内容，要求简洁明确。

5. “贷方会计科目”栏及“子目、细目”栏，应填写与“借方科目”(银行存款或现金)相对应的贷方的一级科目及其所属的子目或细目名称。

6. 在“金额”栏相对应行次填写贷方一级科目及其所属子目或细目的金额。

7. “合计”行金额表示借方科目“现金”或“银行存款”的总金额，金额计算要求准确无误。

8. “借或贷”（或“过账”）栏填写已记入有关的总分类账及其所属明细分类账；“现金(或银行存款)日记账”的页码，用“借”或“贷”或“√”表示已经入账(过账完毕)。

9. “附件”填写该编号记账凭证所依据的原始凭证的张数，以备查核。

10. 有关经手人员要在表格下面的相应项目后签章，以明确经济责任。

二、付款凭证的填制

付款凭证(见图 3-3-5)是根据有关反映现金和银行存款付款业务的原始凭证填制的。

付款凭证的格式和填制方法与收款凭证基本相同。

1. 付款凭证的左上方“贷方科目”填写“库存现金”或“银行存款”科目。

付 款 凭 证

贷方科目：银行存款　　2019年 03 月 01 日　　付 字第 001 号

摘要	借方科目		金额（亿千百十万千百十元角分）	记账
	总账科目	明细科目		
支付货款	应付账款	北京佳美股份有限公司	1240000	
人民币（大写）：壹万贰仟肆佰元整			¥1240000	

附件 1 张

会计主管：　　记账：　　出纳：　　审核：　　制单：陈飞

图 3-3-5　付款凭证

2. 右上方填写“现付字（现金付款凭证）第 x 号”或“银付字（银行存款付款凭证）第 y 号”，也是自成系统顺延编号。

3. “借方会计科目”栏及“子目、细目”栏填写与“贷方科目”（现金或银行存款）相对应的借方的一级科目及其所属子目或细目的名称。

三、转账凭证的填制

转账凭证（见图 3-3-6）是根据有关除现金及银行存款收付业务以外的转账类经济业务的原始凭证填制的。

转 账 凭 证

2019年 03 月 14 日　　转 字 第 021 号

摘要	总账科目	明细科目	借方金额（亿千百十万千百十元角分）	贷方金额（亿千百十万千百十元角分）	记账
销售家用餐桌	应收账款	北京宏达股份有限公司	85880000		
	主营业务收入	家用餐桌		76000000	
	应交税费	应交增值税-销项税额		9880000	
合计			¥85880000	¥85880000	

附件 3 张

会计主管：　　记账：　　审核：　　制单：陈飞

图 3-3-6　转账凭证

1. 转账凭证将填制的时间填写在“年、月、日”内。

2. 右上方的编号按转账业务的顺序填写。

3.“总账科目”栏、“明细科目”栏分别填写经济业务发生后所涉及的全部一级科目名称及其所属的明细科目名称。

4.“摘要”栏填书写经济业务的简要内容。

5. 在“借方金额”栏和“贷方金额”栏相应的行次内计算填列与前面会计科目及所属明细科目对应的应借或应贷的金额。

6. 最后一行“合计”填列借方会计科目金额合计和贷方会计科目金额合计，且二者应相等。

一般来说，若为收款业务应填制收款凭证，若为付款业务应填制付款凭证，若为转账业务应填制转账凭证。但是，对于现金和银行存款之间及各种银行存款之间相互划转的业务，如从银行提取现金或将现金存入银行，应填制付款凭证。

知识点 3　通用记账凭证填制

对于在日常经济业务中收款、付款业务较少的单位，可采用一种格式统一的通用记账凭证(见图 3-3-7)，替代收款凭证、付款凭证和转账凭证。

记　账　凭　证

2019 年 03 月 31 日　　　　记 字 041 号

摘要	总账科目	明细科目	借方金额（千百十万千百十元角分）	贷方金额（千百十万千百十元角分）	记账
计提折旧	管理费用	折旧费	68981		
	销售费用	折旧费	190000		
	累计折旧			258981	
合计		（附件 1 张）	¥258981	¥258981	

会计主管　　记账　　出纳　　审核　　制单 陈飞

图 3-3-7　记账凭证

通用记账凭证的填制方法与前述转账凭证基本相同。

练一练：填制记账凭证

学生根据填制并审核无误的原始凭证(见项目二任务 2 中的“练一练：填制原始凭证”)，填制相应的记账凭证。所需记账凭证如图 3-3-8～图 3-3-13 所示。

付 款 凭 证

贷方科目：____________ 年 月 日 ____字第____号

摘要	借方科目		金额											记账
	总账科目	明细科目	亿	千	百	十	万	千	百	十	元	角	分	
														□
														□
														□
														□
														□
														□
人民币（大写）：														

附件 张

会计主管： 记账： 出纳： 审核： 制单：

图 3-3-8 记账凭证 1

转 账 凭 证

年 月 日 转字第____号

摘要	总账科目	明细科目	借方金额											贷方金额											记账
			亿	千	百	十	万	千	百	十	元	角	分	亿	千	百	十	万	千	百	十	元	角	分	
																									□
																									□
																									□
																									□
																									□
																									□
合计																									

附件 张

会计主管： 记账： 审核： 制单：

图 3-3-9 记账凭证 2

收 款 凭 证

借方科目：____________ 年 月 日 ____字第____号

摘要	贷方科目		金额											记账
	总账科目	明细科目	亿	千	百	十	万	千	百	十	元	角	分	
														□
														□
														□
														□
														□
														□
人民币（大写）：														

附件 张

会计主管： 记账： 出纳： 审核： 制单：

图 3-3-10 记账凭证 3

转 账 凭 证

年 月 日

转 字 第____号

摘 要	总 账 科 目	明 细 科 目	借方金额											贷方金额											记账
			亿	千	百	十	万	千	百	十	元	角	分	亿	千	百	十	万	千	百	十	元	角	分	
																									□
																									□
																									□
																									□
																									□
																									□
合 计																									

附件 张

会计主管： 记账： 审核： 制单：

图 3-3-11 记账凭证 3

付 款 凭 证

贷方科目：________ 年 月 日

____字第____号

摘 要	借 方 科 目		金 额											记账
	总账科目	明细科目	亿	千	百	十	万	千	百	十	元	角	分	
														□
														□
														□
														□
														□
														□
人民币（大写）：														

附件 张

会计主管： 记账： 出纳： 审核： 制单：

图 3-3-12 记账凭证 4

转 账 凭 证

年 月 日

转 字 第____号

摘 要	总 账 科 目	明 细 科 目	借方金额											贷方金额											记账
			亿	千	百	十	万	千	百	十	元	角	分	亿	千	百	十	万	千	百	十	元	角	分	
																									□
																									□
																									□
																									□
																									□
																									□
合 计																									

附件 张

会计主管： 记账： 审核： 制单：

图 3-3-13 记账凭证 5

知识点 4　记账凭证的审核

一、记账凭证的审核内容

为了使记账凭证能够真实、准确地反映经济业务状况，保证账簿记录的质量，在依据记账凭证登记账簿之前，有关人员必须对已填制完毕的记账凭证进行认真、严格的审核。只有审核无误的记账凭证才能作为登记账簿的依据。

审核记账凭证的主要内容包括以下方面：

1. 审核记账凭证是否附有原始凭证，所附原始凭证的张数与记账凭证上填写的附件张数是否一致；记账凭证上填写的经济业务内容与原始凭证上记载的经济业务内容是否相符；记账凭证上的金额与所附原始凭证上的金额是否相等。审核时，必须注意：没有附原始凭证的记账凭证无效(除特殊情况外)，不能作为登记账簿的依据。

2. 审核记账凭证中确定的会计分录是否正确。其中：使用的会计科目是否准确，会计科目之间的对应关系是否清楚；借方金额与贷方金额的计算是否准确无误，二者的合计是否平衡相等；一级科目的金额与其所属明细科目的金额之和是否相符。

3. 审核记账凭证中所列示的各个项目是否已经填写齐全、完整，有关经办人员是否按照规定的手续和程序在记账凭证上签章。

4. 在期末结算转账和更正错账等类型的业务中，如果所填制的记账凭证没有原始凭证作为依据，那么会计主管人员必须在所填制的这些记账凭证上签章加以证明，然后才能作为登记账簿的依据。因此，相关人员还要审核记账凭证是否具备了规定的手续，并了解其是否真实。

二、试算平衡

借贷记账法的记账规则在账户上记录经济业务的过程中，有可能会出现各种错误，因此，科学、简便地用于检查和验证账户记录是否正确的方法便 不可或缺，以便找出错误及其原因，及时加以更正。试算平衡就是根据资产、权益之间的平衡关系和记账规则，检查和验证账户记录是否正确的方法。

由于在借贷记账法下，任何一笔经济业务都是按照“有借必有贷，借贷必相等”的记账规则来编制的，因此全部账户的借方发生额和贷方发生额也必然相等，从而全部账户的借方余额与贷方余额也必然相等。这就形成了账户之间的一系列平衡关系，这种平衡关系主要包括以下三个方面：

1. 全部账户的期初借方余额合计数等于全部账户的期初贷方余额合计数；
2. 全部账户的本期借方发生额合计数等于全部账户的本期贷方发生额合计数；
3. 全部账户的期末借方余额合计数等于全部账户的期末贷方余额合计数。

利用上述三个方面的平衡关系可进行试算平衡。

必须指出，试算平衡表只是通过借贷余额是否平衡来检查账户记录是否正确。如果借贷余额不平衡，可以肯定账户记录有误；如果借贷余额平衡，不能肯定账户记录没有错误。因为有些错误并不会影响借贷双方的平衡。

练一练：学生对记账凭证进行填制并审核，最后编制试算平衡表。

资料：兴华工厂 2019 年 5 月初各总分类账户的余额如表 3-3-1 所示。

表 3-3-1　兴华工厂账户余额表

2019 年 5 月 1 日

资产	余额/元	负债及所有者权益	余额/元
库存现金	400	短期借款	200000
银行存款	520000	应付票据	185000
其他应收款	1000	应付账款	115000
原材料	450000	实收资本	1700000
库存商品	368600		
生产成本	80000		
固定资产	980000		
累计折旧	-200000		
合计	2200000	合计	2200000

该企业 5 月份发生如下经济业务(暂不考虑增值税)：

1. 向银行申请三个月期限的临时周转借款金额为 100000 元，款已划入企业银行存款账户。

2. 出纳员向银行提取现金 800 元，备用。

3. 采购员张强预借差旅费 500 元，支出现金。

4. 购入材料一批，金额 160000 元，材料已验收入库，货款用银行存款付讫。

5. 向本市五金采购站购入大五金材料一批，金额 40000 元，材料已验收入库，货款尚未支付。

6. 生产车间为生产产品领用材料一批，金额 300000 元。

7. 某单位用人民币 200000 元，向本企业投资，款已送存开户银行。

8. 以银行存款偿还前欠宏达公司材料款 70000 元。

9. 以银行存款购入机床一台，买价 65000 元，机床已交有关部门验收使用。

10. 购入办公用品，金额 150 元，以现金付讫，已交管理部门使用。

11. 以银行存款偿还应付账款 45000 元，偿还应付票据 60000 元。

12. 厂长李宏持结算凭证向财务科报销，批准报销差旅费 740 元，交回现金余款 260 元，结清以前预借款项。

要求：

1. 根据以上经济业务填制记账凭证(见图 3-3-14～图 3-3-25)，学生完成空白凭证的填写并审核。

记 账 凭 证

年 月 日 ____字____号

摘 要	总 账 科 目	明 细 科 目	借方金额 千百十万千百十元角分	贷方金额 千百十万千百十元角分	记账
					□
					□
					□
					□
					□
					□
合计		（附件 张）			

会计主管 记账 出纳 审核 制单

图 3-3-14 填写记账凭证 1

记 账 凭 证

年 月 日 ____字____号

摘 要	总 账 科 目	明 细 科 目	借方金额 千百十万千百十元角分	贷方金额 千百十万千百十元角分	记账
					□
					□
					□
					□
					□
					□
合计		（附件 张）			

会计主管 记账 出纳 审核 制单

图 3-3-15 填写记账凭证 2

记 账 凭 证

年 月 日 ____字____号

摘 要	总 账 科 目	明 细 科 目	借方金额 千百十万千百十元角分	贷方金额 千百十万千百十元角分	记账
					□
					□
					□
					□
					□
					□
合计		（附件 张）			

会计主管 记账 出纳 审核 制单

图 3-3-16 填写记账凭证 3

记 账 凭 证

年 月 日　　____字____号

摘要	总账科目	明细科目	借方金额										贷方金额										记账
			千	百	十	万	千	百	十	元	角	分	千	百	十	万	千	百	十	元	角	分	
																							□
																							□
																							□
																							□
																							□
																							□
合计		（附件 张）																					

会计主管　　记账　　出纳　　审核　　制单

图 3-3-17　填写记账凭证 4

记 账 凭 证

年 月 日　　____字____号

摘要	总账科目	明细科目	借方金额										贷方金额										记账
			千	百	十	万	千	百	十	元	角	分	千	百	十	万	千	百	十	元	角	分	
																							□
																							□
																							□
																							□
																							□
																							□
合计		（附件 张）																					

会计主管　　记账　　出纳　　审核　　制单

图 3-3-18　填写记账凭证 5

记 账 凭 证

年 月 日　　____字____号

摘要	总账科目	明细科目	借方金额										贷方金额										记账
			千	百	十	万	千	百	十	元	角	分	千	百	十	万	千	百	十	元	角	分	
																							□
																							□
																							□
																							□
																							□
																							□
合计		（附件 张）																					

会计主管　　记账　　出纳　　审核　　制单

图 3-3-19　填写记账凭证 6

记　账　凭　证

年　　月　　日　　　　____字____号

摘　要	总 账 科 目	明 细 科 目	借方金额	贷方金额	记账
			千百十万千百十元角分	千百十万千百十元角分	
					□
					□
					□
					□
					□
					□
合计		（附件　　张）			

会计主管　　记账　　出纳　　审核　　制单

图 3-3-20　填写记账凭证 7

记　账　凭　证

年　　月　　日　　　　____字____号

摘　要	总 账 科 目	明 细 科 目	借方金额	贷方金额	记账
			千百十万千百十元角分	千百十万千百十元角分	
					□
					□
					□
					□
					□
					□
合计		（附件　　张）			

会计主管　　记账　　出纳　　审核　　制单

图 3-3-21　填写记账凭证 8

记　账　凭　证

年　　月　　日　　　　____字____号

摘　要	总 账 科 目	明 细 科 目	借方金额	贷方金额	记账
			千百十万千百十元角分	千百十万千百十元角分	
					□
					□
					□
					□
					□
					□
合计		（附件　　张）			

会计主管　　记账　　出纳　　审核　　制单

图 3-3-22　填写记账凭证 9

记　账　凭　证

年　　月　　日　　　　＿＿字＿＿号

摘要	总账科目	明细科目	借方金额										贷方金额										记账
			千	百	十	万	千	百	十	元	角	分	千	百	十	万	千	百	十	元	角	分	
																							□
																							□
																							□
																							□
																							□
																							□
合计	（附件　　张）																						

会计主管　　　　记账　　　　出纳　　　　审核　　　　制单

图 3-3-23　填写记账凭证 10

记　账　凭　证

年　　月　　日　　　　＿＿字＿＿号

摘要	总账科目	明细科目	借方金额										贷方金额										记账
			千	百	十	万	千	百	十	元	角	分	千	百	十	万	千	百	十	元	角	分	
																							□
																							□
																							□
																							□
																							□
																							□
合计	（附件　　张）																						

会计主管　　　　记账　　　　出纳　　　　审核　　　　制单

图 3-3-24　填写记账凭证 11

记　账　凭　证

年　　月　　日　　　　＿＿字＿＿号

摘要	总账科目	明细科目	借方金额										贷方金额										记账
			千	百	十	万	千	百	十	元	角	分	千	百	十	万	千	百	十	元	角	分	
																							□
																							□
																							□
																							□
																							□
																							□
合计	（附件　　张）																						

会计主管　　　　记账　　　　出纳　　　　审核　　　　制单

图 3-3-25　填写记账凭证 12

2. 根据5月1日的账户余额表开设“T”形总分类账户，并登记期初余额、本期发生额及期末余额(学生另附纸张完成)。

3. 编制试算平衡表(见表3-2-2)。

表3-3-2　试算平衡表

年　月　日　　　　单位：元

账户名称	期初余额		本期发生额		期末余额	
	借方	贷方	借方	贷方	借方	贷方
库存现金						
银行存款						
其他应收款						
原材料						
库存商品						
生产成本						
固定资产						
累计折旧						
管理费用						
短期借款						
应付票据						
应付账款						
实收资本						
合计						

项目四 会计账簿

任务一 会计账簿的设置和登记

能力目标：

能够选择合适的账簿进行正确的设置和登记。

知识点1 会计账簿的概述

会计账簿是以会计凭证为依据，对全部经济业务进行全面、系统、连续、分类地记录和核算的簿籍，是由专门格式并以一定形式连接在一起的账页所组成的。会计账簿的设置包括：确定账簿的种类、设计账页格式、内容和规定账簿登记的方法。

一、账簿的概念

账簿是由具有一定格式、按一定形式相互连接的账页组成的，以经过审核的会计凭证为依据，连续、系统、全面、综合地记录和反映各项经济业务的簿籍。

二、账簿的种类

(一)账簿按用途分类

账簿按照用途可以划分为序时账簿、分类账簿和备查账簿三种(见图4-1-1)。

1. 序时账簿。序时账簿亦称日记账，是按照经济业务发生的时间先后顺序，逐日逐笔顺序登记的账簿。

普通日记账，也称通用日记账，是用来登记各单位全部经济业务的发生完成情况的日记账。

特种日记账，是专门用来记录某一特定项目经济业务发生完成情况的日记账。

2. 分类账簿。分类账簿也称分类账，是对全部经济业务按照总分类账户和明细分类账户进行分类登记的账簿。分类账簿又可分为总分类账簿和明细分类账簿两种。总分类账簿(也称总分类账，简称总账)是按照总分类账户进行分类登记的账簿，明细分类账簿(也称明细分类账，简称明细账)是按照明细分类账户进行分类登记的账簿。

3. 备查账簿。备查账簿又称辅助账簿，是对某些在序时账簿和分类账簿中未能记载或记载不全的经济业务进行补充登记的账簿。

(二)账簿按外表形式分类

账簿按照外表形式可以划分为订本式账簿、活页式账簿、卡片式账簿三种(见图 4-1-2)。

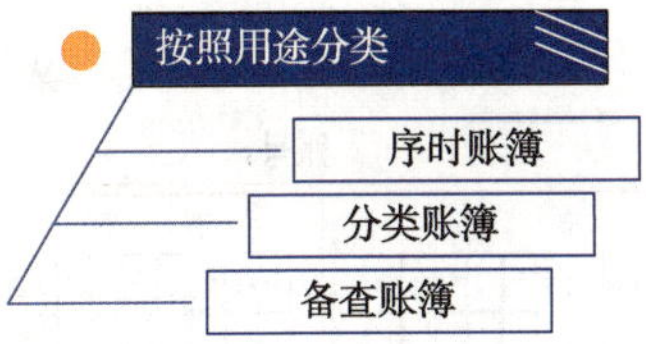

图 4-1-1　按照用途分类的账簿

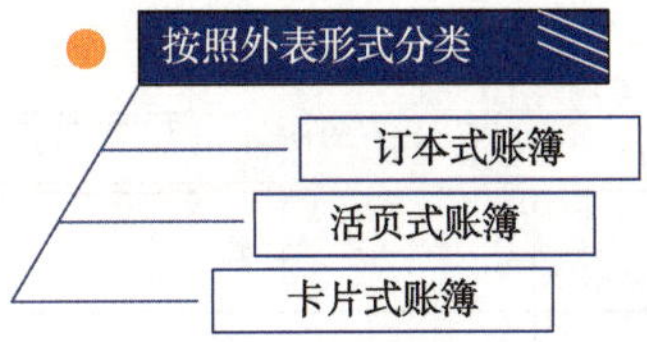

图 4-1-2　按照外表形式分类的账簿

1. 订本式账簿。订本式账簿亦称订本账，是在启用之前，就将若干账页固定地装订成册，并对账页进行连续编号的账簿。

2. 活页式账簿。活页式账簿亦称活页账，是指在启用之前和使用过程中，不把账页固定地装订成册的账簿。

3. 卡片式账簿。卡片式账簿亦称卡片账，是指用印有记账格式的卡片登记各项经济业务的账簿。

(三)账簿按照使用的账页格式分类

账簿按照所使用的账页的格式可以划分为三栏式账簿、多栏式账簿、数量金额式账簿、横线登记式账簿(见图 4-1-3)。

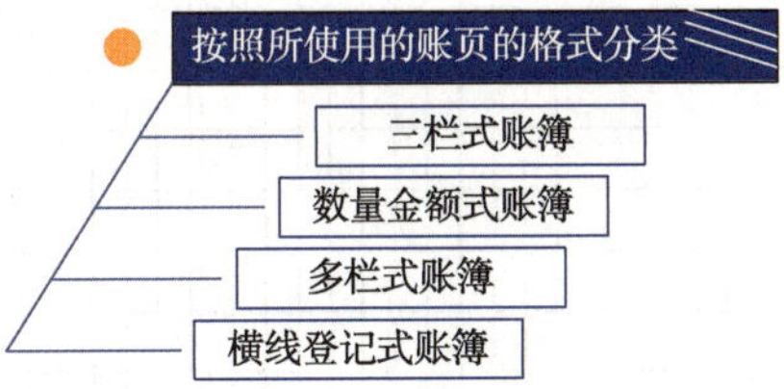

图 4-1-3　按照所使用的账页的格式分类的账簿

1. 三栏式账簿。三栏式账簿是指由设置借方、贷方和余额三个金额栏的账页组成的账簿(见图 4-1-4~图 4-1-6)。

2. 多栏式账簿。多栏式账簿是指由在借方、贷方两个基本栏次中按需要又分设若干专栏的账页所组成的账簿(见图 4-1-7)。

现金日记账

第　　页

年		凭证		摘要	借方											贷方											余额											核对
月	日	种类	号数		亿	千	百	十	万	千	百	十	元	角	分	亿	千	百	十	万	千	百	十	元	角	分	亿	千	百	十	万	千	百	十	元	角	分	
																																						□
																																						□
																																						□
																																						□
																																						□
																																						□
																																						□

图 4-1-4　三栏式账簿(一)

银行存款日记账

第　　页

开户银行：

账号：

年		凭证		摘要	借方											贷方											余额											核对
月	日	种类	号数		亿	千	百	十	万	千	百	十	元	角	分	亿	千	百	十	万	千	百	十	元	角	分	亿	千	百	十	万	千	百	十	元	角	分	
																																						□
																																						□
																																						□
																																						□
																																						□
																																						□
																																						□
																																						□
																																						□
																																						□

图 4-1-5　三栏式账簿(二)

明细科目：

第　　页共　　页

年		凭证		摘要	借方											贷方											借或贷	余额										
月	日	种类	号数		亿	千	百	十	万	千	百	十	元	角	分	亿	千	百	十	万	千	百	十	元	角	分		亿	千	百	十	万	千	百	十	元	角	分

图 4-1-6　三栏式账簿(三)

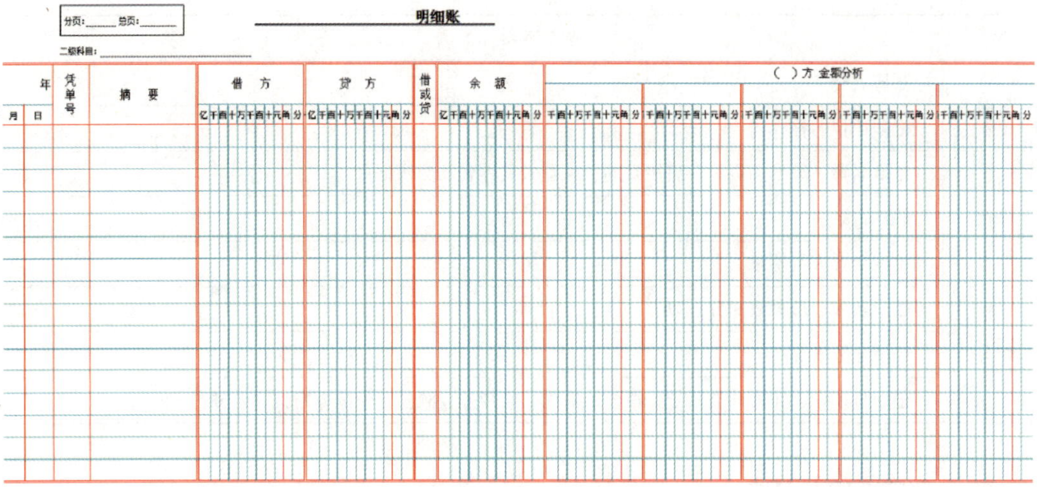

图 4-1-7　多栏式账簿

3. 数量金额式账簿。数量金额式账簿亦称三大栏式账簿，是指由在借方、贷方和余额三大栏内，又分设数量、单价、金额三个小栏目的账页组成的账簿(见图 4-1-8)。

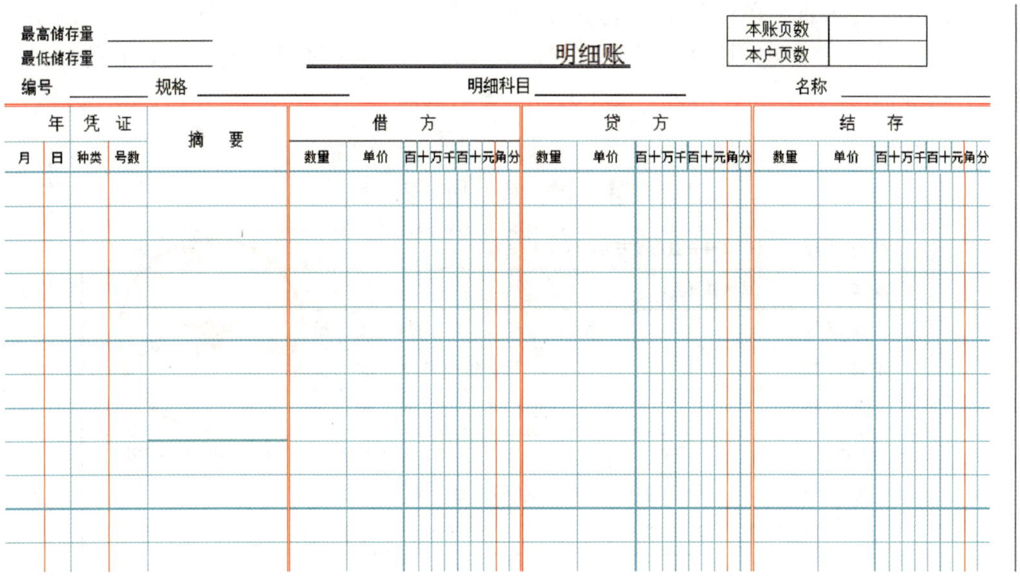

图 4-1-8　数量金额式账簿

三、账簿应具备的基本内容

登记账簿是会计核算的内容之一。为保证会计核算资料的及时提供和内在质量，企业、行政事业单位在使用账簿时必须遵循有关原则，认真地做好账簿登记工作。账簿应具备封面、扉页和账页三大基本内容(见表 4-1-1)。

表 4-1-1　账簿应具备的基本内容

基本内容	
封面	账簿名称
	记账单位名称
扉页	账簿名称、编号、页数、启用日期、经管人员姓名及交接记录
	账户目录
	主管会计人员签章
账页	账户名称、总页数和分页数
	经济业务内容
	记账日期栏、凭证种类及号数栏、摘要栏、借贷方金额栏、余额方向栏、余额栏

四、账簿启用规则

为了保证账簿记录的合法性和会计资料的完整性，明确记账责任，在启用会计账簿时，会计人员应在账簿封面上写明单位名称和账簿名称。在账簿扉页上附“账簿使用登记表”（见图 4-1-9），包括启用日期、账簿页数、记账人员和会计机构负责人、会计主管人员姓名，并加盖名章和单位公章。记账人员或者会计机构负责人、会计主管人员调动工作时，应当注明交接日期、接办人员或监交人员姓名，并由交接双方人员签名或盖章，以明确双方经济责任。

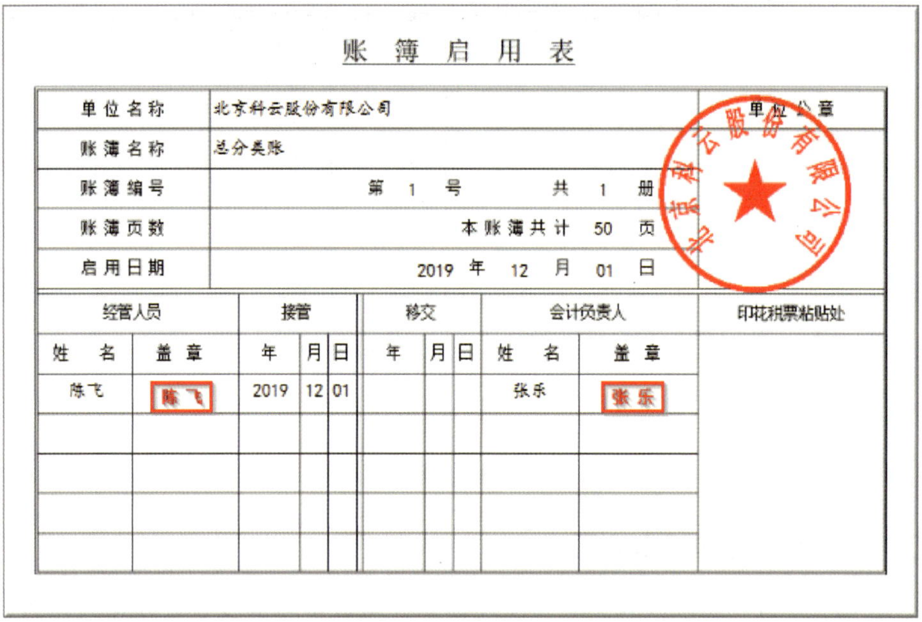
账簿启用表

单位名称	北京科云股份有限公司								单位公章
账簿名称	总分类账								
账簿编号	第 1 号　共 1 册								
账簿页数	本账簿共计 50 页								
启用日期	2019 年 12 月 01 日								
经管人员		接管			移交			会计负责人		印花税票粘贴处
姓名	盖章	年	月	日	年	月	日	姓名	盖章	
陈飞	陈飞	2019	12	01				张乐	张乐	

图 4-1-9　账簿使用登记表

启用订本式账簿，从第一页到最后一页应顺序编写页数，不得跳页、缺号。使用活页式账页，应按账户顺序编号，并须定期装订成册。装订后再按实际使用的账页顺序编定页码。另加目录，记明每个账户的名称和页次。

五、账簿登记规则

账簿记录是否客观、准确，内容是否清楚、完整，直接影响到会计核算的顺利进行和会计资料的质量，也影响到会计职能作用的正常发挥。因此，会计人员在登记账簿时必须遵循下面的规则：

1. 登记及时。会计人员必须根据审核无误的会计凭证，及时完成登账工作，不得拖延、迟办。

2. 内容准确、清楚、完整并标明记账符号。登记账簿时，会计人员必须将记账凭证的填写日期、种类和编号、经济业务内容摘要、金额和其他有关资料逐项填写入账。同时，每当一笔经济业务登账完毕，要在相应的记账凭证上签名或者盖章并注明账簿的页数或用“√”符号表示已登记入账，以防止重记、漏记，并便于查阅、核对。

3. 一般用蓝黑墨水笔填写，特殊记账用红墨水。登记账簿必须使用蓝黑或者碳素墨水书写，不得使用铅笔或圆珠笔(银行的复写账簿除外)。红色墨水必须按照规定使用。

4. 文字与数字间留空。账簿上记录的文字必须清晰、端正，摘要内容清楚、简洁明了；数字书写要规范化，并排列整齐，大小一致，上下位置对齐。文字、数字书写时，不占满格，紧靠本行底线，一般为行宽的二分之一。

5. 顺序、连续登记。各种账簿必须按照编定的页次，连续记录，不得隔页跳行。如不慎发生隔页、跳行时，应将空页或空行划线注销，或者注明“此行空白”“此页空白”字样，并由记账人员在空白处签名或盖章。

6. 结出余额。凡需结出余额的账户，结出余额后，应当在“借或贷”等栏内写明“借”或“贷”等字样。没有余额的账户，应当在“借或贷”等栏内写“平”字，并在余额栏内用“0”表示。

7. 过次承前。每一张账页记录结束，转入下一页登记，在本账页最末一行和下一张账页的第一行办理转页手续，即在本账页最末一行加计本页借方、贷方发生额合计并结出余额，在“摘要”栏内注明“过次页”，同时将计算出的借、贷方发生额合计和余额记入下一页的第一行内的“借方”“贷方”“余额”栏内，并在“摘要”栏注明“承前页”。办完转页手续后，再开始登记经济业务，以此保证账簿记录连续进行，相互衔接。

8. 按规定更正错账。账簿记录如果出错，会计人员不得随意涂改，更不能进行刮擦、挖补或用褪色药水更改消除字迹。发现错误后，会计人员应及时查找原因视错账的具体内容，按照规定的手续和更正错账的方法予以更正。

知识点 2　日记账的设置和登记方法

日记账即是序时账。日记账的分类如图 4-1-10 所示。

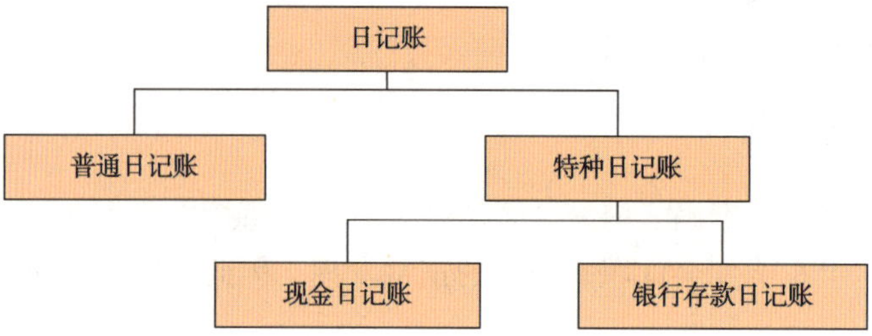

图 4-1-10　日记账的分类

一、现金日记账的设置和登记方法

现金日记账是由出纳人员按照经济业务发生的时间先后顺序，根据有关现金收款凭证和现金付款凭证或提取现金的银行存款付款凭证，逐日逐笔进行登记的账簿。

现金日记账通常使用订本式账簿，采用设有“借方(或收入)”“贷方(或支出)”“余额(或结余)”三栏式结构的账页(见图 4-1-11)。

现金日记账

币种：　　　　　　　　　　　　　　　　　　　　　　　　　　第　页

年		凭证		摘要	对方科目	收入									√	支出									√	结存								
月	日	种类	编号			百	十	万	千	百	十	元	角	分		百	十	万	千	百	十	元	角	分		百	十	万	千	百	十	元	角	分

图 4-1-11　现金日记账

每日，出纳人员依据审核无误的现金收款凭证、付款凭证逐笔登记现金日记账，并结出余额，每日终了应将余额数与库存现金进行核对，以检查账实是否相符，做到日清日结。

二、银行存款日记账的设置和登记方法

银行存款日记账是出纳人员根据有关银行存款的收款凭证、付款凭证，按照经济业务发生的时间顺序，逐日逐笔地记录和反映银行存款的增减变化及其结果的账簿。

按存款种类，开户银行和其他金融机构分别设置银行存款日记账。银行存款日记账格式与现金日记账基本相同，一般采用订本式账簿，使用设有“借方(或收入)”“贷方(或支出)”“余额(或结余)”三栏式基本结构的账页(见图4-1-12)。

银行存款日记账

开户：　　　　　　　　　　　　　　　　　　　　　　第　　页

年		凭证		摘要	结算方式		对方科目	收入								√	支出								√	结存							
月	日	种类	编号		种类	号数		十	万	千	百	十	元	角	分		十	万	千	百	十	元	角	分		十	万	千	百	十	元	角	分

图4-1-12　银行存款日记账

期末，应将本单位的银行存款日记账与开户银行转来的对账单进行逐笔核对，以检验企业银行存款日记账的记录是否正确。

为简化登账工作，清楚地表明账户之间的对应关系，了解货币资金的增减变化，“现金日记账”“银行存款日记账”可以采用多栏式账页。

知识点3　总分类账的设置和登记方法

总分类账简称总账。总账可以集中、全面地反映经济活动的总体状况，为进一步进行会计核算提供总括的信息资料。每个企业、行政事业单位都要根据本单位经济活动的实际

情况设置相关的总分类账。

一、总分类账账页格式

总分类账只采用货币计量单位进行登记，一般采用“三栏式账页”，其基本结构为：“借方”“贷方”和“余额”三栏(见图 4-1-13)。

总　分　类　账

科目名称____________

年		凭证编号	摘要	对方科目编码	借方										贷方										借或贷	余额									
月	日				千	百	十	万	千	百	十	元	角	分	千	百	十	万	千	百	十	元	角	分		千	百	十	万	千	百	十	元	角	分

图 4-1-13　总分类账账页

二、总分类账的登记方法

由于企业、行政事业单位采用的会计核算组织程序的不同，总分类账的登记方法有所差异。

会计人员可以直接根据记载经济业务的收款凭证、付款凭证、转账凭证及所附原始凭证逐日逐笔进行登记，也可以按不同的汇总方法，定期将有关的记账凭证进行归类汇总，编制成“记账凭证汇总表(科目汇总表)”，然后再根据记账凭证汇总表在相应的总分类账簿中进行登记。

知识点 4　明细分类账的设置和登记方法

一、明细分类账的设置

明细分类账简称明细账。它是企业、行政事业单位分类、连续记录经济活动具体情况的账簿。明细分类账提供详细、具体的会计核算资料，对总账中记载的总括资料起补充、辅助作用。通常，财产物资、债权、债务、收入、费用等总分类账按照经济活动的实际需要，需设置相应的明细分类账。

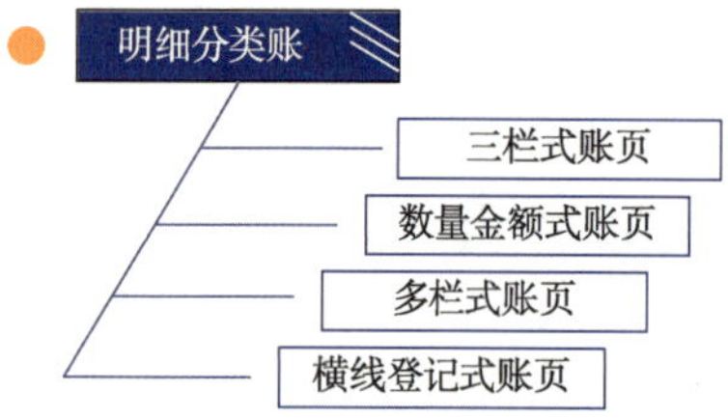

图 4-1-14　明细分类账的分类

根据经济活动的特点及记载反映的需要，明细分类账的账页格式有四种，如图 4-1-14 所示。

二、明细分类账的设置和登记

(一) 三栏式明细分类账

1. 三栏式明细分类账的格式。三栏式明细分类账的格式与总分类账的格式相同，也使用“借方”“贷方”“余额”三栏式账页。如图 4-1-15 所示。

应付账款明细账

科目 市金属材料公司

2019年 月	日	凭证编号	摘 要	对方科目	借方（千百十万千百十元角分）	贷方（千百十万千百十元角分）	借或贷	余额（千百十万千百十元角分）
3	5		购入材料			20000000	贷	20000000
3	12		偿还前欠货款		13000000		贷	7000000
3	20		支付货款		7000000		平	0

图 4-1-15 三栏式明细分类账

2. 三栏式明细分类账适用业务。三栏式明细分类账适用于如“应收账款”“应付账款”“短期借款”“长期借款”等只需要对金额进行核算分析的经济业务。

3. 三栏式明细分类账登记方法。会计人员应直接根据记载经济业务的收款凭证、付款凭证、转账凭证及所附原始凭证逐日逐笔进行登记。

(二) 多栏式明细分类账

1. 多栏式明细分类账的格式。多栏式明细分类账，一般在“借方”或“贷方”栏下设立若干专栏，也可在借、贷双方栏下分别设立若干栏，以便具体、详细地记录反映某项资金的增减变动情况。

多栏式明细分类账的格式多种多样，下面是其中的一种，如图 4-1-16 所示。

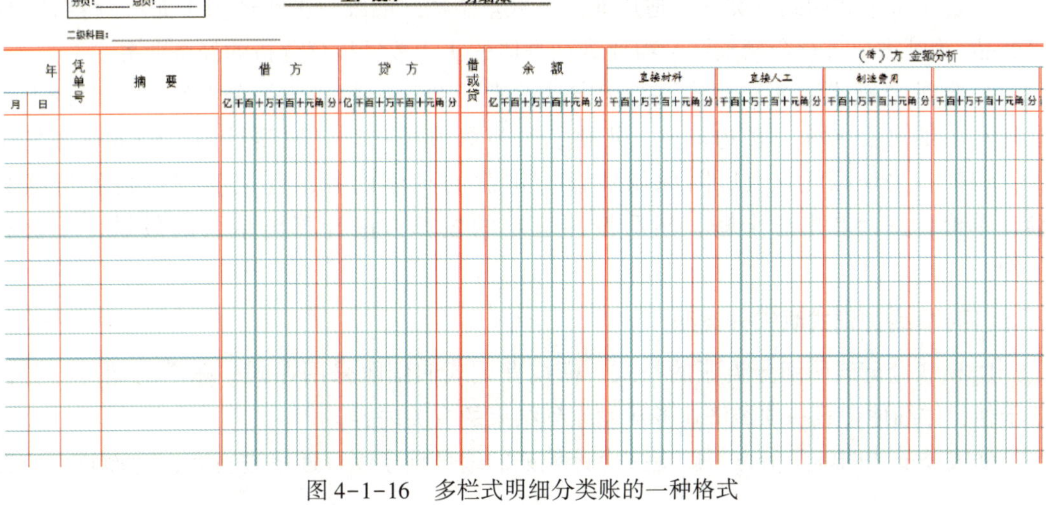

图 4-1-16 多栏式明细分类账的一种格式

2. 多栏式明细分类账适用业务。企业、行政事业单位可根据经济业务的特点和对所提供的数据资料的要求选择相应的多栏式账页，设立合理的多栏式明细分类账。多栏式明细分类账适用于有关成本、费用和收入、成果等需要详细核算分析其组成、消耗情况的经济业务，如“生产成本”“制造费用”“管理费用”“主营业务收入”“本年利润”等明细分类账。

（三）数量金额式明细分类账

1. 数量金额式明细分类账页格式。数量金额式明细分类账也采用“借方”“贷方”“结存”三栏式的基本结构，但在每栏下面，又分别设置“数量”“单价”“金额”三个小栏目。如图 4-1-17 所示。

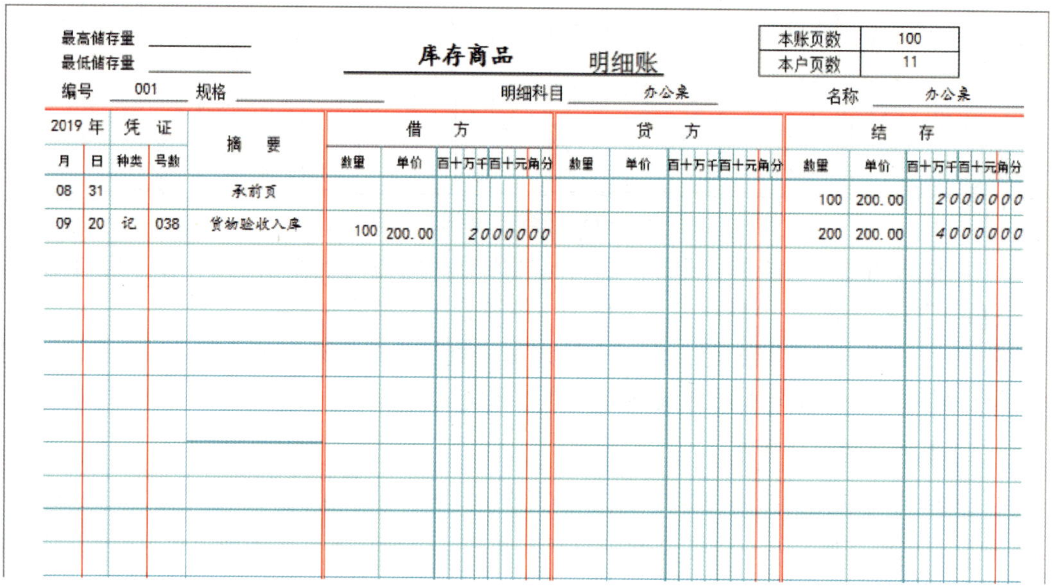

最高储存量 ______ 最低储存量 ______

库存商品 明细账

本账页数	100
本户页数	11

编号 001 规格 ______ 明细科目 办公桌 名称 办公桌

2019 年 月	日	凭证 种类	号数	摘要	借方 数量	借方 单价	借方 金额（百十万千百十元角分）	贷方 数量	贷方 单价	贷方 金额（百十万千百十元角分）	结存 数量	结存 单价	结存 金额（百十万千百十元角分）
08	31			承前页							100	200.00	2000000
09	20	记	038	货物验收入库	100	200.00	2000000				200	200.00	4000000

图 4-1-17 数量金额式明细分类账

2. 数量金额式明细分类账页适用业务。数量金额式明细分类账适用于如“原材料”“库存商品”等既需要进行金额核算又需要进行具体的实物数量核算分析的经济业务。

3. 数量金额式明细分类账页登记方法。登记数量金额式明细分类账时，会计人员首先将明细科目名称、实物单位、规格、编号等填写在对应的项目内。经济业务发生后，根据有关记账凭证及所附原始凭证上记载的具体内容，登记明细科目的增减数量、单价，并计算出总金额，然后按照选定的核算方法计算出结余的数量、单价和金额。

（四）横线登记式明细分类账

1. 横线登记式明细分类账的格式。横线登记式明细账采用在同一账页的同一行分设若干栏，详细地记载一项经济业务从发生到结束的有关内容。

横线登记式明细账借方一般应按会计凭证的编号顺序逐日逐笔进行登记，而贷方应在其借方记录的同一行内进行登记。同一行内借、贷方均有记录时，表示该经济业务已处理完毕。如只有借方记录，而无贷方记录，则表示该项经济业务还未结束，如图 4-1-18 所示。

其他应收款-备用金明细账　　　　第 1 页　连续第　页

2019年		凭证		摘要	借方			年		凭证	摘要	贷方			余额
月	日	字	号		原借	补付	合计	月	日			报销	退还	合计	
12	1			期初余额	2000		2000	12	3	收50	收回借款	1800	200	2000	0

图 4-1-18　横线登记式明细账的格式

2. 横线登记式明细分类账适用业务。横线登记式明细分类账适用于需要进行逐笔对应反映的某些经济业务，如“物资采购”“应收票据”“应付票据”“其他应收款”等明细分类账。

补充：备查账的设置和登记方法

备查账又称备查登记账簿，是一种辅助账簿。这种账簿可以为企业、行政事业单位的经济活动、经营管理的需要提供必要的补充资料。

备查账没有固定的格式，各单位可根据实际管理需要设计相应的项目内容。备查账的记录不列入本单位的会计报告。

练一练：账簿的登记

【练习 1】　某工业企业 2018 年 12 月 31 日资产总额为 756186 元(其中银行存款 45460 元)，负债总额为 175000 元，所有者权益总额为 58186 元。2019 年 1 月 1 日至 5 日发生以下经济业务：

(1)1 日，开出转账支票一张，支付上月所欠购料款 15600 元。

(2)1 日，预收大华公司货款 5668 元，款项已存入银行。

(3)1 日，开出现金支票一张，提取现金 1200 元。

(4)2 日，以现金 350 元支付购买材料的运杂费。

(5)5 日，收到红光公司投入货币资金 100000 元，款项存入银行。

(6)5 日，开出转账支票一张，交纳上月应交税费 950 元。

要求：

1. 分别计算该公司 1 月 5 日的资产、负债和所有者权益总额(列示计算过程)。

2. 根据所给资料，登记银行存款日记账(见图 4-1-19)。

银行存款日记账

开户：　　　　　　　　　　　　　　　　　　　　　　　　　第　页

年		凭证		摘要	结算方式		对方科目	收入								√	支出								√	结存							
月	日	种类	编号		种类	号数		十	万	千	百	十	元	角	分		十	万	千	百	十	元	角	分		十	万	千	百	十	元	角	分

图 4-1-19　登记银行存款日记账

【练习 2】 A 公司 2019 年 2 月 27 日银行存款日记账的记录见表 4-1-2，2 月 28 日至 3 月 2 日发生下列收支业务：

表 4-1-2　银行存款日记账

2019 年		凭证号数	摘　要	对方科目	收入	支出	结余
月	日						
2	27		承前页		60000	20000	80000

(1)2 月 28 日，收到甲公司归还前欠货款 30000 元，款项存入银行(凭证号：银收 28)。

(2)2 月 28 日，以银行存款归还本月到期的短期借款 10000 元(凭证号：银付 30)。

(3)3 月 1 日，出售产品一批，价款 50000 元，增值税 6500 元，全部款项均已收到并存入银行(凭证号：银收 1)。

(4)3 月 2 日，以银行存款支付前欠货款 6000 元(凭证号：银付 1)。

要求：

1. 根据上述业务编制会计分录。

2. 逐日逐笔登记银行存款日记账。

3. 3 月 2 日银付 1 号凭证登记后，假定该账页已用完，请结计“过次页”。

【练习 3】 某企业 2019 年 8 月 31 日库存现金日记账余额 2500 元(借方)。2019 年 9 月发生下列经济业务：

(1)9 月 2 日，从银行提现 20000 元备用。

(2)9 月 5 日，用现金支付销售产品的运费 300 元。

(3)9 月 8 日，用现金发放职工工资 18000 元。

(4)9 月 15 日，用现金支付违约金 800 元。

(5)9 月 25 日，厂部采购员王某出差，预借差旅费 1000 元。

(6)9 月 28 日，王某报销差旅费 1200 元，不足部分用现金补足。

要求：

1. 根据上述经济业务编制会计分录。

2. 登记库存现金日记账(见表 4-1-3)。

表 4-1-3　库存现金日记账

年		凭证号数	摘　　要	对方科目	收入	支出	结余
月	日						

【练习 4】 甲企业 2019 年 5 月 31 日“应付账款”总分类账户和明细分类账户的余额如下：

总分类账户：“应付账款”520000 元(贷方余额)。

明细分类账户：应付账款——东方厂，220000 元(贷方余额)；应付账款——振兴厂，300000 元(贷方余额)。

6 月，甲企业发生下列有关经济业务(假定不考虑增值税)：

(1)5 日，用银行存款 40000 元购进甲材料 200 吨，材料已验收入库。

(2)10 日，以银行存款 200000 元偿还所欠东方厂材料款。

(3)15 日，从振兴厂购进乙材料 1000 吨，货款 100000 元尚未支付。

(4)20 日，仓库发出材料一批用于产品生产，其中：甲材料 2000 吨，乙材料 4500 吨。

要求：

1. 根据以上经济业务编制会计分录。

2. 平行登记“应付账款”总分类账户和明细分类账户(见表 4-1-4～表 4-1-6)。

表 4-1-4　总分类账

科目＿＿＿＿＿＿　编码 (　　　　　)＿＿＿＿＿＿年度

年		凭证编号	摘要	对方科目编码	借方										贷方										借或贷	余额									
月	日				千	百	十	万	千	百	十	元	角	分	千	百	十	万	千	百	十	元	角	分		千	百	十	万	千	百	十	元	角	分

表 4-1-5　明细分类账(一)

本账页数	
本户页数	

＿＿＿＿＿＿明细分类账

＿＿＿＿＿＿科目＿＿＿＿＿＿

年		凭证号数	摘要	对方科目	借方										贷方										借或贷	余额									
月	日				千	百	十	万	千	百	十	元	角	分	千	百	十	万	千	百	十	元	角	分		千	百	十	万	千	百	十	元	角	分

表 4-1-6　明细分类账(二)

本账页数	
本户页数	

明细分类账

科目

年		凭证号数	摘　　要	对方科目	借　　方									贷　　方									借或贷	余　　额								
月	日				千	百	十	万	千	百	十	元	角	分	千	百	十	万	千	百	十	元	角	分		千	百	十	万	千	百	十	元	角	分

任务二 对账和结账

知识点1 对 账

一、概念

对账是指企业、行政事业单位定期对会计账簿记录的有关数字与相关的会计凭证、库存实物、货币资金、有价证券、往来单位或者个人等进行相互核对，以保证账账相符、账证相符、账实相符。

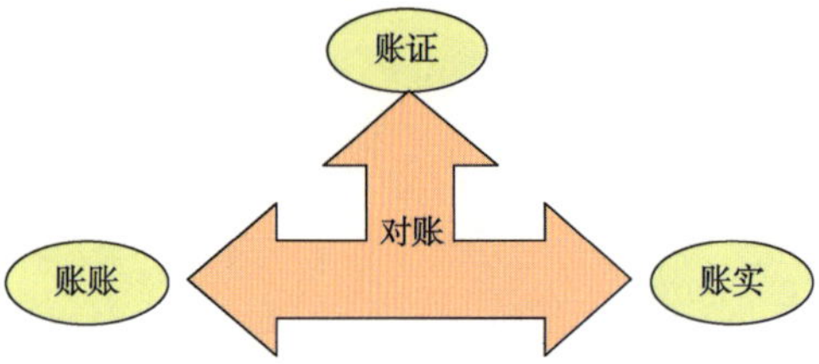

图 4-2-1 对账内容

二、内容

对账主要包括以下几方面的内容，如图 4-2-1所示。

1. 账证核对：核对会计账簿的记录与原始凭证、记账凭证记录的时间、凭证字号、内容、金额是否一致，记账方向是否相符。账证相符是保证账账相符、账实相符的基础。

2. 账账核对：核对不同会计账簿之间的账簿记录是否相符。

账账核对的主要内容包括：

(1)将全部总分类账簿的本期借方发生额合计数与本期贷方发生额合计数进行核对；将全部总分类账簿的期末借方余额合计数与期末贷方余额合计数进行核对。这种核对工作可以通过定期编制总分类账试算平衡表来进行。

(2)将总分类账簿与其所属的明细分类账簿进行核对，检查总账和明细账双方记载的经济业务内容及记账方向是否一致，总账金额与其所属明细账金额之和是否一致。这种核对可以通过定期编制明细分类账本期发生额与余额对照表等形式来进行。

(3)将“现金日记账”“银行存款日记账”的期末余额与总分类账中“库存现金”“银行存款”账上的期末余额核对，检查总账与日记账记录是否相符；将财会部门财产物资明细分类账的期末余额与相应的财产物资保管部门或使用部门的明细分类账、卡上记载的期末结存数额核对，检查其是否相符。

3. 账实核对：核对会计账簿记录与各项财产实有数额是否相符。

账实核对的主要内容包括：

(1)将“现金日记账”账面余额与库存现金实际结余数额核对。

(2)将“银行存款日记账”账面余额与银行转来的对账单上的余额核对。

(3)各种财产物资明细分类账账面余额与该项财产物资的实际结存数额核对。

(4)各种应收、应付款项的明细分类账账面余额与债权、债务的单位或个人进行核对，达到相符。

知识点2 结　　账

一、概念

结账是指在把一定时期内所发生的全部经济业务登记入账的基础上，将各类账簿记录核算完毕，结出各种账簿本期发生额合计和期末余额的一项会计核算工作。

二、内容

1. 结账前，查明是否已将本期内所发生的全部经济业务按规定程序全部登记入账，有无错记、漏记。若发现登记工作有失误，要及时按规定手续进行更正、补记。

2. 按照“会计核算应当以权责发生制为基础”“收入与其相关的成本、费用应当相互配比”的原则，进行账项调整；划清收入、成本、费用的时期界限，以便正确计算当期的各项收入、成本及费用开支，真实地反映当期的财务成果。

3. 在完成上述两项工作之后，分别结算出各种日记账、总分类账和明细分类账的本期发生额合计和期末余额，并按规定在账簿上办理结账手续。

三、方法

结账，即结出每个账户的期末余额。结账可分为月度结账、季度结账、年度结账(见图 4-2-2)。

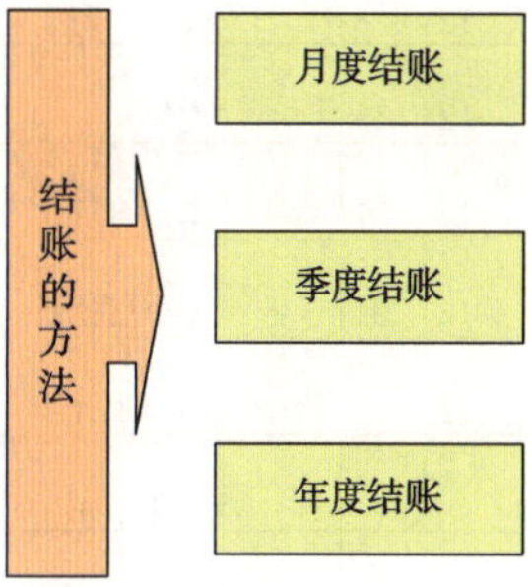

图 4-2-2　结账的方法

1. 月度结账：简称月结，即在每月终了时进行的结账。

月结的方法是：在最后一笔经济业务的记载下面画一条通栏红线，在红线下面的一行“摘要”栏内注明“本月合计”或“本期发生额及期末余额”，在“借方”“贷方”“余额”三栏分别计算出本月借方发生额合计、贷方发生额合计和结余数额，然后在此行下面再画一条通栏红线，表明本期结算完毕。

2. 季度结账：简称季结，即在每季终了时进行的结账。

季结的方法是：在每季度最后一个月的月度结账的下一行“摘要”栏注明“本季度累计”或“本季度发生额及余额”，在“借方”“贷方”“余额”三栏分别计算出本季度三个月的借方、贷方发生额合计数及季度余额，然后在此行下面再画一条通栏红线，表示季度结账完毕。

3. 年度结账：季称年结，即在每年年末进行的结账。

年度结账的方法是：在本年最后一个季度的季度结账的下一行“摘要”栏注明“本年累计”或“本年发生额及年末余额”，在“借方”“贷方”“余额”三栏，分别填入本年度借方发生额合计、贷方发生额合计、年末余额，然后在此行下面画两条通栏红线，表示全年经济业务的登账工作至此全部结束。

四、更换账簿

年度终了须更换新的账簿。年度结账以后，将本年度账簿中的余额结转到下一会计年度对应的新账簿中去，然后将本年度的全部账簿整理归档。

更换账簿的方法：结转账簿年度余额时，在本账簿中最后一笔记录(本年累计)的下一行“摘要”栏注明“结转下年”字样，将计算出的年末余额记入与余额方向相反的“借方(或贷方)”栏内。

如：“银行存款”总分类账簿年末余额方向为借方，在“结转下年度”行，将余额列入“贷方”栏，在“余额”栏内注明“0”，在“借或贷”栏注明“平”。至此本账簿年末余额结转完毕(见表 4-2-1)。

表 4-2-1　账簿年末余额结转

总　分　类　账

科目　银行 存款　　　　　　　　2019　年度

2019年		凭证	摘　要	对方科目	借方										贷方										借或贷	余额									
月	日	编号		编码	千	百	十	万	千	百	十	元	角	分	千	百	十	万	千	百	十	元	角	分		千	百	十	万	千	百	十	元	角	分
12	1		期初余额																						借			3	6	9	0	0	0	0	0
12	8		接受投资				3	0	0	0	0	0	0	0											借			6	6	9	0	0	0	0	0
12	15		购料														1	0	0	0	0	0	0	0	借			5	6	9	0	0	0	0	0
12	31		本月合计				3	0	0	0	0	0	0	0			1	0	0	0	0	0	0	0	借			5	6	9	0	0	0	0	0
12	31		本季度累计			2	5	0	0	0	0	0	0	0		2	8	0	0	0	0	0	0	0	借			5	6	9	0	0	0	0	0
12	31		本年累计			8	6	0	0	0	0	0	0	0		9	1	0	0	0	0	0	0	0	借			5	6	9	0	0	0	0	0
			结转下年														5	6	9	0	0	0	0	0	平								0		

下一个会计年度要对所有账簿进行重新开设。登记第一笔经济业务之前，应首先将本账簿的上年余额列示出来。其方法是：在新建的有关会计账簿的第一行填写“×月×日、上年结转”，将上年结转的余额列入“余额”栏，并标明余额借贷方向，余额方向应同上一个会计年度本账簿的余额方向相同。

如：在新建的“银行存款”总分类账的第一行填写“1 月 1 日”“上年结转”，将上年结转的余额列入“余额”栏，并标明余额方向(见表 4-2-2)。

表 4-2-2 上年结转列示

总 分 类 账

科目 银行存款　　　　　　2020 年度

2020 年		凭证	摘要	对方科目	借方										贷方										借或贷	余额									
月	日	编号		编码	千	百	十	万	千	百	十	元	角	分	千	百	十	万	千	百	十	元	角	分		千	百	十	万	千	百	十	元	角	分
1	1		上年结转																						借			5	6	9	0	0	0	0	0

练一练：对任务一“练习 1、练习 2、练习 3、练习 4”中“账簿的登记”中已经登记的各账簿进行月结。

任务三　错账更正

能力目标：

能够运用恰当的错账更正方法进行错账更正。

知识点1　查找错账的方法

账簿登记通常发生的错误有串户、反方、写错、错位和倒码等。如发现以上错误，一要确认错误的金额；二要确认错在借方还是贷方；三要根据差错产生的具体情况，分析可能产生差错的原因，采取相应的查找方法，以便缩短查找差错的时间，减少查账工作量。现介绍几种常用的简便有效的查找错账的技术方法。

1. 差数法。

差数法查找就是先确定错误的差额，找出差数所在的范围，直接通过账账之间的差额数字来查找错误的方法。这种方法主要适用于漏记、重记等原因形成的差错。

2. 尾数法。

如果账簿记录发现金额错误，且差错是角、分，可以只检查元以下的尾数，以提高查错的效率。

3. 除以2法。

如果在记账过程中出现将记账方向记反了，即借方记入贷方，贷方记到了借方，那么这会导致该账户一方(借或贷)合计数增多，而另一方(借或贷)合计数减少的情况，而差额正好是记错方向金额的两倍，且差数应该为偶数，能被2整除。对于这种错误的查找可以采用除以2法。

4. 除以9法。

除以9法是指用差数除以9来查找错账的方法。这种方法主要适用于查找数字错位和相邻数字颠倒所引起的差错，有以下三种情况：

一是将数字写小。

【示例1】　将100写成10。差数为90，用90除以9得10，即为错误数，再用该数乘以10，可得正确数。

二是将数字写大。

【示例2】　将10写成100。差数为90，用90除以9得10，即为正确数，再用该数乘以10，可得错误数。

三是数字颠倒。

【示例3】

方法1：将36写成63。差数为27，用27除以9得3，用3连续加11，一直加到得到正确数字为止。

方法2：将8714误记为8174。差数为540，将差异数除以9，得60，根据商数的首位是6，则可判断颠倒的两个数字差异是6。这样，在账簿记录中就可查找百位数与十位数之间的下列数字：1与7、2与8、3与9等。即查找17、28、39中哪一个数字颠倒了，当查到17这个数字时，就可结合该项业务的会计凭证，核对其是否将8714误记成8174。

知识点2 画线更正法

一、适用范围及具体做法

画线更正法的适用范围及具体做法见表4-3-1。

表4-3-1 画线更正法的适用范围及具体做法

画线更正法	
适用范围	在结账前，发现记账凭证填制无误而账簿记录上文字或数字错误
具体做法	先在错误的文字或全部数字正中画一条红线，表示错误内容已被注销，但应保持原记录文字或数字的内容清晰易于辨认。然后，将正确的文字或数字用蓝、黑色墨水书写在被注销的文字或数字上端的空白处，并由记账人员在更正处签章。以保证以后会计核算的正确，同时明确相关人员责任

二、更正方法举例

1. 如系文字写错，可以只更正个别错字，如图4-3-1所示。

图4-3-1 更正文字错误

2. 若系数字写错，必须将错误数字全部注销，不能只更正该数字中的个别错误数码，如图4-3-2所示。

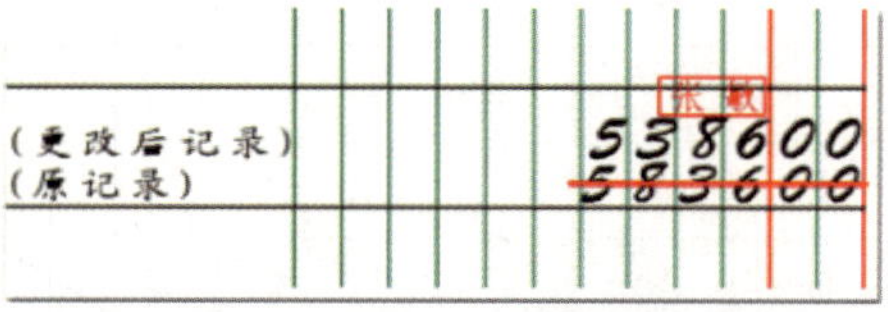

图4-3-2 更正数字错误

3. 如果是记错账簿或记错方向，可将错误内容画红线注销，然后将正确的文字或数字重新过入应记的账簿或方向栏内，同时在注销处加盖记账人员印章(见图4-3-3)。

总 账

科 目 库存现金

20×年 月	日	凭证 字	号	摘要	借方	√	贷方	√	借或贷	余额	√
1	1			上年结转					借	124200	
	1	银付	1	提现备发工资	3500000				借	3624200	
	1	现付	1	支付工资			3200000		借	424200	
	1	现付	2	购买办公用品			12500		借	411700	
	1	现收	1	报销差旅费	24800				借	416500	
	1	现付	3	支付业务招待费		宋秋	276300 ~~273600~~		借	140200	

图 4-3-3　更正记错的账簿

【示例 4】　2019 年 5 月 31 日，北京科云股份有限公司会计在查账的时候发现登记的账簿有误(见图 4-3-4～图 4-3-6)，请代北京科云股份有限公司会计更正错账。

ICBC 中国工商银行 业务回单（收款）

日期：2019 年05月26日　　回单编号：35735646

付款人户名：北京蓝天实业有限公司　　付款人开户行：中国工商银行北京西城支行
付款人账号（卡号）：110007632313001078967
收款人户名：北京科云股份有限公司　　收款人开户行：中国工商银行北京分行
收款人账号（卡号）：110007609048708091012
金额：壹拾柒万伍仟伍佰元整　　小写：　¥175500.00 元
业务（产品）种类：同行收款　　凭证种类：000000000　　凭证号码：00000000000000000
摘要：收到销售款　　用途：销售款　　币种：人民币
交易机构：0410000298　　记账柜员：00023　　交易代码：52063　　渠道：其他渠道
附言：
支付交易序号：5894928　　报文种类：00100 汇兑报文　　委托日期：2019年05月26日
业务类型(种类)：同行收款
收款人地址：北京高新园创新路55号
付款人地址：北京家乐园黄山路45号
本回单为第1次打印，注意重复　　打印日期：2019 年05月26日　　打印柜员：9　　验证码：4985B3E3006

（印章：中国工商银行北京分行 自助回单机专用章 (003)）

图 4-3-4　查账单据 1

记 账 凭 证

2019 年 05 月 26 日　　记 字 046 号

摘要	总账科目	明细科目	借方金额	贷方金额	记账
收到销售款	银行存款	中国工商银行	17550000		√
	应收账款	北京蓝天实业有限公司		17550000	√
合计		（附件 1 张）	¥17550000	¥17550000	

会计主管　　记账 陈飞　　出纳　　审核 吴浩　　制单 陈飞

图 4-3-5　查账单据 2

应收账款明细账

明细科目：北京蓝天实业有限公司　　　　　　　　　　第2 页 共10 页

2019年 月	日	凭证 种类	号数	摘要	借方	贷方	借或贷	余额
05	01			承前页			平	000
05	13	记	019	销售办公桌	1755000		借	1755000
05	21	记	032	销售办公桌	17550000		借	19305000
05	22	记	034	收到销售款		17550000	借	1755000
05	26	记	044	销售办公桌	17550000		借	19305000
05	26	记	046	收到销售款		17550000 陈飞 ~~1755000~~	借	1755000 陈飞 ~~17550000~~

图 4-3-6　查账单据 3

知识点 3　红字冲销法

一、适用范围及具体做法

红字冲销法又称红字更正法、赤字冲销法。当出现以下两种情况之一时，可采用红字冲销法(见表 4-3-2)。

表 4-3-2　红字冲销法

红字冲销法		
编号	适用范围	具体做法
1	记账后，经核对发现由于原记账凭证上会计科目名称写错或应借、应贷的方向记错而造成账簿记录错误	(1)用红字填制一张与原错误的记账凭证内容完全相同的记账凭证，在凭证的“摘要”栏注明“注销×月×日×字×号凭证”字样，并据此红字凭证用红字登记入账，在账簿的“摘要”栏注明“冲销×月×日错账”，将原有错误记录冲销； (2)用蓝字重新填制一张内容正确的记账凭证，在“摘要”栏注明“订正×月×日×字×号凭证”字样，并依此记账凭证登记入账，在账簿的“摘要”栏注明“更正×月××错账”，将正确内容记载下来
2	记账或结账以后，经核对发现原记账凭证上所记载的金额大于经济业务的实际金额，造成账簿记录中金额错误	按多记金额用红字填制一张记账凭证，其中使用的会计科目及应借、应贷方向应与原记账凭证相同，并在“摘要”栏注明“冲销×月×日×字×号凭证多记金额”，并据以用红字金额登记入账，在账簿的“摘要”栏注明“冲销×月×日账上多记金额”，将原记录中多记的金额冲销

二、更正方法举例

【示例 5】　2019 年 7 月 31 日，北京科云股份有限公司会计在查账的时候发现已登记的记账凭证登记错误(见图 4-3-7～图 4-3-9)，请代北京科云股份有限公司会计修改错账。

北京增值税专用发票

发票联

1100092620　　№ 78650943

开票日期：2019年07月11日

购买方	名称：北京科云股份有限公司 纳税人识别号：91110908045615075X 地址、电话：北京高新园创新路55号010-88227854 开户行及账号：中国工商银行北京分行110007609048708091012	密码区	1*6<+81+574+9*2+/>0-39063/* -*0/968*624582>91*3/*1<6*42 2477</42**0+7-2</24-630-391 611+>/51433*124*5-+44><9/94

货物或应税劳务、服务名称	规格型号	单位	数量	单价	金额	税率	税额
*木制品*软木材料		公斤	720	25.00	18000.00	13%	2340.00
合计					¥18000.00		¥2340.00
价税合计（大写）	⊗贰万零叁佰肆拾圆整				（小写）¥20340.00		

销售方	名称：北京蓝天实业有限公司 纳税人识别号：91110270590544459X 地址、电话：北京家乐园黄山路45号010-34566666 开户行及账号：中国工商银行北京西城支行110007632313001078967	备注	

收款人：　　复核：　　开票人：钟豪云　　销售方：（章）

税总函〔2016〕117号海南华森实业公司

第三联：发票联　购买方记账凭证

图 4-3-7　记账凭证 1

销 售 单　2

客户名称：北京科云股份有限公司　　2019年07月11日　　No:84937544

品名	规格	单位	单价	数量	金额
软木材料		公斤	28.25	720	20340.00
总计金额（大写）：人民币贰万零叁佰肆拾元整					¥20340.00

信用审批：朱大力　　业务主管：王辉　　经办人：王惠兰

第一联：存根（白）第二联：客户（红）

图 4-3-8　记账凭证 2

记 账 凭 证

2019年07月11日　　记字021号

摘要	总账科目	明细科目	借方金额	贷方金额	记账
采购原材料	原材料	软木材料	1800000		√
	应交税费	应交增值税-进项税额	234000		√
	应付账款	北京蓝天实业有限公司		2034000	√
合计		（附件 2 张）	¥2034000	¥2034000	

会计主管　　记账 陈飞　　出纳　　审核 吴浩　　制单 陈飞

图 4-3-9　记账凭证 3

第一步：冲销错误的记账凭证并审核(注意金额部分用红字)，见图 4-3-10。

记 账 凭 证

2019 年 07 月 31 日　　　　记 字 052 号

摘 要	总账科目	明细科目	借方金额 千百十万千百十元角分	贷方金额 千百十万千百十元角分	记账
红字冲销记字021号凭	原材料	软木材料	1800000		□
	应交税费	应交增值税-进项税额	234000		□
	应付账款	北京蓝天实业有限公司		2034000	□
					□
					□
					□
合计		(附件 张)	¥2034000	¥2034000	

会计主管　　记账　　出纳　　审核 吴浩　　制单 陈飞

图 4-3-10　冲销错误的记账凭证

第二步：填制正确的记账凭证并审核，见图 4-3-11。

记 账 凭 证

2019 年 07 月 31 日　　　　记 字 053 号

摘 要	总账科目	明细科目	借方金额 千百十万千百十元角分	贷方金额 千百十万千百十元角分	记账
调整记字021号凭证	在途物资	软木材料	1800000		□
	应交税费	应交增值税-进项税额	234000		□
	应付账款	北京蓝天实业有限公司		2034000	□
					□
					□
					□
合计		(附件 0 张)	¥2034000	¥2034000	

会计主管　　记账　　出纳　　审核 吴浩　　制单 陈飞

图 4-3-11　填制正确的记账凭证

以上两张凭证在审核无误后应登记入账。

【示例 6】 某集团 3 月 8 日开出转账支票一张，支付办公经费 16000 元。

(1)会计人员编制记账凭证情况如图 4-3-12 所示并且已登记入账。

(2)采用红字更正法更正见图 4-3-13。

记　账　凭　证

2019 年 03 月 08 日　　　　记 字 31 号

摘　要	总账科目	明细科目	借方金额（千百十万千百十元角分）	贷方金额（千百十万千百十元角分）	记账
支付办公经费	管理费用	办公经费	1660000		□
	银行存款			1660000	□
					□
					□
					□
					□
合计		（附件 2 张）	¥1660000	¥1660000	

会计主管　　记账　　出纳　　审核 李四　　制单 张三

图 4-3-12　会计人员编制的记账凭证

记　账　凭　证

年　月　日　　　　＿＿字＿＿号

摘　要	总账科目	明细科目	借方金额（千百十万千百十元角分）	贷方金额（千百十万千百十元角分）	记账
					□
					□
					□
					□
					□
					□
合计		（附件　张）			

会计主管　　记账　　出纳　　审核　　制单

图 4-3-13　采用红字更正法更正记账凭证

知识点 4　补充登记法

一、适用范围及具体做法

补充登记法的适用范围及具体做法见表 4-3-3。

表 4-3-3 补充登记法的适用范围及具体做法

补充登记法	
适用范围	记账或结账后，经核对发现记账凭证中使用的会计科目及应借、应贷方向没有错误，只是所记金额小于应记金额，并已据此登记入账，造成账簿记录错误
具体做法	按照少记的金额，填制一张与原记账凭证中的会计科目及应借、应贷方向完全相同的记账凭证，在“摘要”栏注明“补充×月×日×字×号凭证少记金额”，依此凭证记账，在账簿的“摘要”栏注明“补充×月×日少记金额”

二、更正方法举例

【示例 7】 2019 年 5 月 31 日，北京科云股份有限公司会计在查账的时候发现已登记的记账凭证登记错误(见图 4-3-14~图 4-3-16)，请代北京科云股份有限公司会计更正错账。

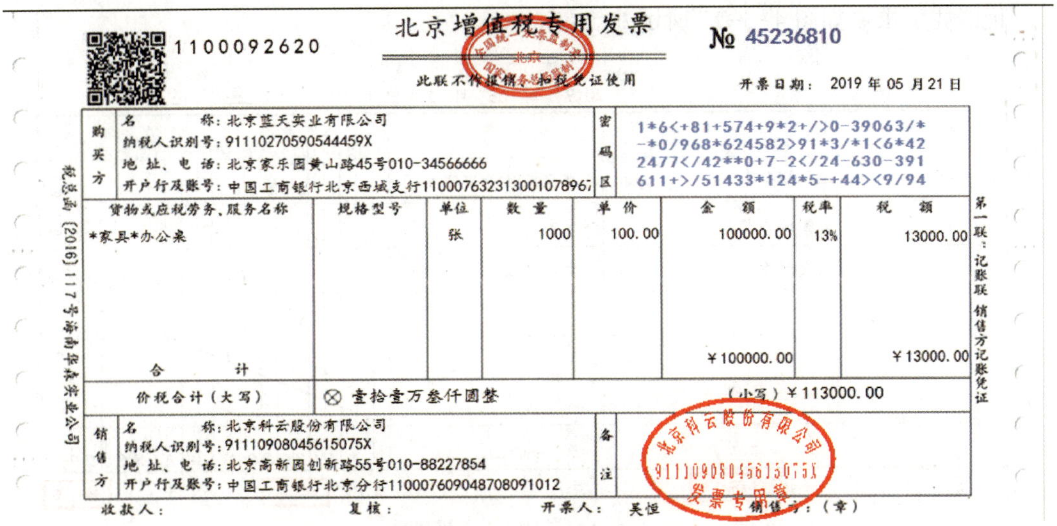

北京增值税专用发票

1100092620 № 45236810

此联不作报销、扣税凭证使用 开票日期：2019 年 05 月 21 日

购买方	名称：北京蓝天实业有限公司 纳税人识别号：91110270590544459X 地址、电话：北京家乐园黄山路45号010-34566666 开户行及账号：中国工商银行北京西城支行11000763231300107896	密码区	1*6<+81+574+9*2+/>0-39063/* -*0/968*624582>91*3/*1<6*42 2477</42**0+7-2</24-630-391 611+>/51433*124*5-+44><9/94

货物或应税劳务、服务名称	规格型号	单位	数量	单价	金额	税率	税额
*家具*办公桌		张	1000	100.00	100000.00	13%	13000.00
合计					¥100000.00		¥13000.00
价税合计（大写）	⊗壹拾壹万叁仟圆整				（小写）¥113000.00		

销售方	名称：北京科云股份有限公司 纳税人识别号：91110908045615075X 地址、电话：北京高新园创新路55号010-88227854 开户行及账号：中国工商银行北京分行110007609048708091012	备注	北京科云股份有限公司 91110908045615075X 发票专用章

收款人： 复核： 开票人：吴恒 销售方：（章）

第一联：记账联 销售方记账凭证

税总函〔2016〕117号海南华森实业公司

图 4-3-14 查账单据 1

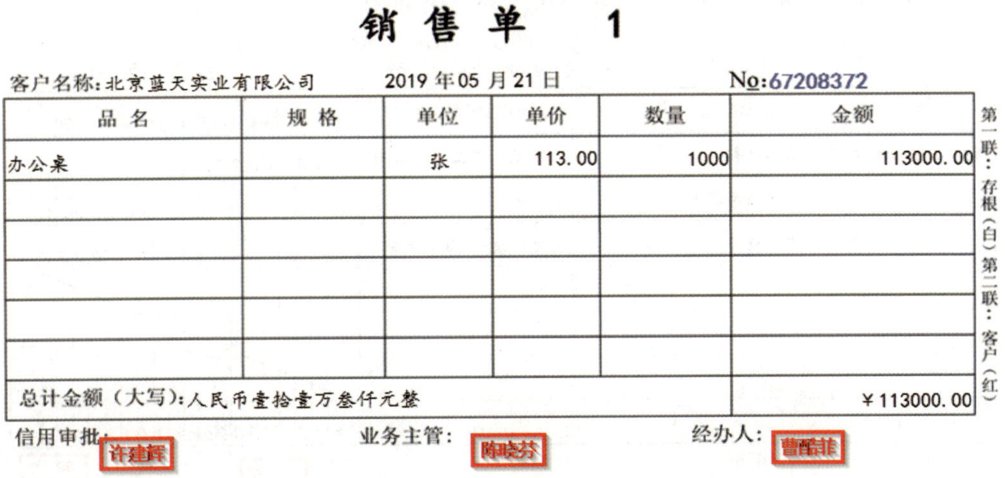

销 售 单 1

客户名称：北京蓝天实业有限公司 2019 年 05 月 21 日 No:67208372

品名	规格	单位	单价	数量	金额
办公桌		张	113.00	1000	113000.00
总计金额（大写）：人民币壹拾壹万叁仟元整					¥113000.00

信用审批：许建辉 业务主管：陈晓芬 经办人：曹西菲

第一联：存根（白） 第二联：客户（红）

图 4-3-15 查账单据 2

物资类别	库存商品

出 库 单 No. 20983217

2019年 05月 21日

提货单位或部门	北京蓝天实业有限公司	发票号码或销售单号	67208372	发出仓库	第一仓库	出库日期	2014-05-21

编号	名称及规格	单位	数量		单价	金额
			要数	实发		
01	办公桌	张	1000	1000		
	合 计					

第二联 记账

部门主管：陈霖 会计：陈飞 仓库：岳嘉禾 制表：岳嘉禾

图 4-3-16 查账单据 3

记账凭证填制如图 4-3-17 所示并已登记入账。

记 账 凭 证

2019 年 05 月 21 日　　记 字 032 号

摘 要	总账科目	明细科目	借方金额（千百十万千百十元角分）	贷方金额（千百十万千百十元角分）	记账
销售办公桌	应收账款	北京蓝天实业有限公司	1130000		✓
	主营业务收入	办公桌		1000000	✓
	应交税费	应交增值税-销项税额		130000	✓
合计		（附件 3 张）	¥1130000	¥1130000	

会计主管　记账 陈飞　出纳　审核 吴浩　制单 陈飞

图 4-3-17 填制的记账凭证

采用补充登记法进行更正记账凭证如图 4-3-18 所示。

记 账 凭 证

2019 年 05 月 31 日　　记 字 055 号

摘 要	总账科目	明细科目	借方金额（千百十万千百十元角分）	贷方金额（千百十万千百十元角分）	记账
调整记字032号凭证	应收账款	北京蓝天实业有限公司	10170000		
	主营业务收入	办公桌		9000000	
	应交税费	应交增值税-销项税额		1170000	
合计		（附件 0 张）	¥10170000	¥10170000	

会计主管　记账　出纳　审核 吴浩　制单 陈飞

图 4-3-18 采用补充登记法更正后的记账凭证

练一练：错账更正

1. 某企业会计人员在结账前进行对账时，发现下列错账：

(1)职工预借差旅费 5000 元，编制的会计分录为：

借：管理费用	5000
贷：库存现金	5000

据此入账。

(2)计提管理用固定资产的折旧 10000 元，编制的会计分录为：

借：管理费用	1000
贷：累计折旧	1000

据此入账。

(3)生产领用材料 6000 元，编制的会计分录为：

借：生产成本	60000
贷：原材料	60000

据此入账。

(4)购买办公用品 500 元，编制的会计分录为：

借：管理费用	500
贷：库存现金	500

但是登记账簿时，误将“管理费用”账户登记为 50 元。

(5)企业以银行存款上缴上月税金 22400 元。原记账凭证填制为：

借：应交税费	22400
贷：银行存款	22400

并据此登记入账。“银行存款”账户贷方登记为 24000 元。

(6)行政科报销办公费 190 元，以现金支付。原记账凭证填制为：

借：制造费用	190
贷：库存现金	190

并据此入账。

(7)从银行借入为期 3 个月的借款 100000 元。原记账凭证填制为：

借：银行存款	100000
贷：短期借款	100000

并据此入账。

(8)以银行存款购入设备一台，价款 65300 元。原记账凭证填制为：

借：固定资产	63500
贷：银行存款	63500

并据此入账。

要求：

1. 指出上述错账应采用何种更正方法；
2. 对上述错账进行更正(以“T”字形账户代替账簿)。

项目五 财产清查

任务一 对货币资金进行清查

能力目标：

能够正确地对货币资金进行清查，正确编制银行存款余额调节表。

知识点1 财产清查的概述

一、财产清查的概念和意义

财产清查是指企业、行政事业单位通过对本单位各项财产物资、现金的实地盘点，以及对银行存款、债权债务等往来款项的核对，查明某一时点的实际结存数与账面余额数是否相符，即账实是否相符。

企业、事业和机关等单位的财产、物资、货币资金等，由于管理过程及业务经营中收发商品数量错误，检查计量不准或保管、运输、销售过程中的自然损益、损耗等原因，而发生账实不符的现象，这不仅会影响会计核算质量，也会给单位带来不应有的损失。

《中华人民共和国会计法》规定：各单位应当定期将会计账簿记录与实物、款项及有关资料相互核对，保证会计账簿记录与实物及款项的实有数相符。为了正确掌握各项财产的准确性，公司必须在账簿记录的基础上运用财产清查这一方法，对本单位各项财产、物资和货币资金等(见图5-1-1)进行定期或不定期的清查，使账簿记录与实物、款项实存数相符，保证会计核算资料的真实性。

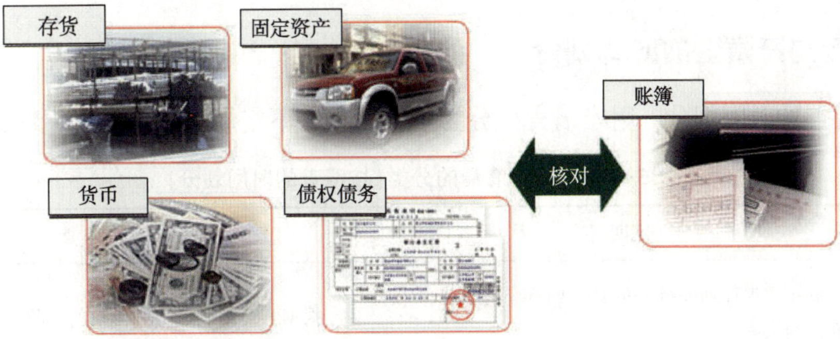

图 5-1-1 财产清查与账簿核对

二、造成账实不符的原因

财产清查的关键是要解决账实不符的问题。造成账存数与实存数发生差异的原因是多方面的，一般有以下几种情况：

1. 在收发物资中，由于计量、检验不准确而造成品种、数量或质量上的差错。
2. 财产物资在运输、保管、收发过程中，在数量上发生增减变化。
3. 在财产增减变动中，由于手续不齐或计算、登记上发生错误。
4. 管理不善或工作人员失职，造成的财产损失、变质或短缺等。
5. 贪污盗窃、营私舞弊造成的损失。
6. 自然灾害造成的非常损失。
7. 未达账项引起的账账、账实不符等。

上述种种原因都会影响账实的一致性。因此，运用财产清查手段，对各种财产物资进行定期或不定期的核对或盘点具有十分重要的意义。

知识点 2 财产清查的种类

一、按财产清查的范围和对象划分

按照清查范围和对象划分，财产清查可分为全面清查和局部清查(见表 5-1-1)。

表 5-1-1 财产清查分类(按清查范围和对象划分)

种类	全面清查	局部清查
定义	对全部资产和权益进行全部彻底的盘查、核对	根据经济活动的需要对某一部分资产、权益所进行的清点、核对
特点	清查范围广泛、涉及内容繁多，需要较长时间，动用大量的人力、物力	针对性较强
范围	在年终决算前进行一次	各种存货，各种贵重物品、货币资金，债权、债务等
	在本单位发生撤销、改组、合并以及改变隶属关系	有关保管人员调动

二、按财产清查的时间划分

按照清查的时间划分，财产清查可分为定期清查和不定期清查(见表5-1-2)。

表5-1-2　财产清查的分类(按清查的时间划分)

种类	定期清查	不定期清查
定义	按照预先计划安排好的具体时间，对资产、权益进行的清查	根据实际情况进行的随机的、临时性的清查
特点	一般定于月末、季末、年末结账之前进行	不规定具体时间，如果工作需要，可随时进行
范围	采用全面清查或局部清查的方法	发生自然灾害或意外损失时，保管人员调动更换时，财政、税收、审计等部门进行突击会计检查时，等等

知识点3　库存现金的清查

现金的清查是通过实地盘点的方法进行的。清点库存现金时，出纳人员必须在场，以明确责任。企业将库存现金实地清点后，确定现金的实际结存数，并将其与“现金日记账”的账面结存数额进行核对，确定现金长短款的数额。清查时应注意一切收据、借据均不得抵充现金，注意库存现金是否超过规定的限额，有无坐支现金的现象等。

清点现金后，将清查结果填入“库存现金盘点表”(见表5-1-3)，由盘点人员和出纳人员签章。

表5-1-3　库存现金盘点表

年　　月　　日　　　　　　　　　　编号：

账存金额	实存金额	盘盈	盘亏	备注

盘点人(签章)：　　　　　　　　　　　　出纳员(签章)：

在实际工作中，现金的收支业务很频繁，且易出错，出纳人员应每日进行库存现金的清查，做到日清日结。这种清查一般由出纳人员在每日工作结束之前，将“现金日记账”当日账面结存数额与库存现金实际盘点数额进行核对，以此检查当日工作准确与否，确保每日账实相符。

【示例 1】 2019 年 2 月 28 日，北京科云股份有限公司会计收到 1 张原始单据，请根据相关单据做账务处理(见图 5-1-2、图 5-1-3)。

库存现金盘点表

单位名称		北京科云股份有限公司					签名	日期	
						编制人	陈飞	2019年02月28日	
审计项目		现金				复核人	吴浩	2019年02月28日	页次
会计期间或截止日			2019年02月28日						1
清点现金						核对账目			
货币面额	张数	金额	年	月	日	项目		金额	备注
100元	10	1000.00	2019	02	28	现金账面余额		1607.40	
50元	4	200.00	2019	02	28	加：收入凭证未记账			
10元	9	90.00	2019	02	28	减：付出凭证未记账			
5元	3	15.00	2019	02	28	调整后现金账余额		1607.40	
2元						实点现金		1312.40	
1元	7	7.00	2019	02	28	长款(+)			
5角						短款(-)		295.00	
2角									
1角	4	0.40	2019	02	28				
5分									
2分									
1分									
实点	合计	¥1312.40				折合人民币壹仟叁佰壹拾贰元肆角整			

企业负责人：许建辉　　会计主管：吴浩　　出纳人员：谢娜　　盘点人：陈飞

图 5-1-2　账务处理之库存现金盘点表

现金日记账

第 2 页

2019年 月	日	凭证 种类	号数	摘要	借方	贷方	余额	核对
01	31			承前页			4846000	☐
02	03	记字	003	报销办公用品		12000	4834000	☐
02	03			本日合计		12000	4834000	☐
02	04	记字	004	出差借款		400000	4434000	☐
02	04			本日合计		400000	4434000	☐
02	06	记字	005	报销员工解暑饮料		99000	4335000	☐
02	06			本日合计		99000	4335000	☐
02	15	记字	012	发放上个月工资		4242260	92740	☐
02	15			本日合计		4242260	92740	☐
02	19	记字	015	支付电话费		12000	80740	☐
02	19			本日合计		12000	80740	☐
02	21	记字	020	提取现金	1000000		1080740	☐
02	21	记字	021	支付业务招待费		190000	890740	☐
02	21			本日合计	1000000	190000	890740	☐
02	28	记字	041	支付水电费		280000	610740	☐
02	28	记字	042	支付房租费		450000	160740	☐
02	28			本日合计		730000	160740	☐
02	28			本月合计	1000000	5685260	160740	☐
								☐

图 5-1-3　账务处理之现金日记账

【参考答案】账务处理的结果见图 5-1-4~图 5-1-6。

记 账 凭 证

2019 年 02 月 28 日　　　　记 字 045 号

摘要	总账科目	明细科目	借方金额	贷方金额	记账
盘亏现金	待处理财产损溢	待处理流动资产损溢	29500		
	库存现金			29500	
合计		（附件 1 张）	￥29500	￥29500	

会计主管　　记账　　出纳　　审核 吴浩　　制单 陈飞

图 5-1-4　账务处理的结果之记账凭证 1

盘亏说明

经审查，2019年02月28日盘亏的295.00元属于出纳人员现金管理不当造成的，经领导审批全部损失由出纳谢娜承担。

北京科云股份有限公司

日期：2019年03月07日

（印章：北京科云股份有限公司）

图 5-1-5　账务处理结果之盘亏说明

记 账 凭 证

2019 年 03 月 07 日　　　　记 字 054 号

摘 要	总 账 科 目	明 细 科 目	借方金额	贷方金额	记账
处理盘亏	其他应收款	谢娜	29500		
	待处理财产损溢	待处理流动资产损溢		29500	
合计		（附件 1 张）	¥29500	¥29500	

会计主管　　记账　　出纳　　审核 吴浩　　制单 陈飞

图 5-1-6　账务处理结果之记账凭证 2

练一练：2019 年 5 月 31 日，北京科云股份有限公司会计收到 1 张原始单据，请根据相关单据做账务处理(见图 5-1-7～图 5-1-11)。

库存现金盘点表

单位名称		北京科云股份有限公司				签名	日期	
						编制人 陈飞	2019年05月31日	
审计项目		现金				复核人 吴浩	2019年05月31日	页次
会计期间或截止日			2019年05月31日					1
清点现金						核对账目		
货币面额	张数	金额	年	月	日	项目	金额	备注
100元	17	1700.00	2019	05	31	现金账面余额	1317.40	
50元	9	450.00	2019	05	31	加：收入凭证未记账		
10元	22	220.00	2019	05	31	减：付出凭证未记账		
5元	8	40.00	2019	05	31	调整后现金账余额	1317.40	
2元						实点现金	2417.40	
1元	7	7.00	2019	05	31	长款(+)	1100.00	
5角						短款(-)		
2角								
1角	4	0.40	2019	05	31			
5分								
2分								
1分								
实点	合计	2417.40				折合人民币贰仟肆佰壹拾柒元肆角整		

企业负责人：许建辉　　会计主管：吴浩　　出纳人员：谢娜　　盘点人：陈飞

图 5-1-7　库存现金盘点表

现金日记账

第 3 页

2019年 月	日	凭证 种类	号数	摘要	借方	贷方	余额	核对
04	30			承前页			4846000	□
05	02	记号	003	报销办公用品		12000	4834000	□
05	02			本日合计		12000	4834000	□
05	07	记号	004	出差借款		400000	4434000	□
05	07			本日合计		400000	4434000	□
05	13	记号	005	提取现金	1000000		5434000	□
05	13			本日合计	1000000		5434000	□
05	15	记号	012	发放上个月工资		4242260	1191740	□
05	15			本日合计		4242260	1191740	□
05	19	记号	015	支付电话费		210000	981740	□
05	19			本日合计		210000	981740	□
05	21	记号	020	支付福利费		380000	601740	□
05	21	记号	021	支付业务招待费		190000	411740	□
05	21			本日合计		570000	411740	□
05	31	记号	041	支付水电费		280000	131740	□
05	31			本日合计		280000	131740	□
05	31			本月合计	1000000	5714260	131740	□
								□
								□

图 5-1-8　现金日记账

盘盈说明

经审查，2019年05月31日盘盈的1100.00元是2019年05月27日支付北京宏达股份有限公司材料款时少支付了，这个差额双方都没有发觉。2019年05月30日对方出纳发现短款找我司核实，经我司审查确实少支付的1100.00元的材料款，约定下次付款时补付这个款项。

北京科云股份有限公司

日期：2019年06月05日

北京科云股份有限公司（印章）

图 5-1-9　盘盈说明

记　账　凭　证

年　月　日　　　　记 字 047 号

摘要	总账科目	明细科目	借方金额 千百十万千百十元角分	贷方金额 千百十万千百十元角分	记账
					□
					□
					□
					□
					□
					□
合计		（附件　张）			

会计主管　　记账　　出纳　　审核　　制单

图 5-1-10　记账凭证 1

记　账　凭　证

年　月　日　　　　记 字 055 号

摘要	总账科目	明细科目	借方金额 千百十万千百十元角分	贷方金额 千百十万千百十元角分	记账
					□
					□
					□
					□
					□
					□
合计		（附件　张）			

会计主管　　记账　　出纳　　审核　　制单

图 5-1-11　记账凭证 2

知识点 4　银行存款的清查

一、清查方法

银行存款的清查是通过将银行转来的“对账单”与“银行存款日记账”账面记录进行逐笔核对。在核查时，若双方账上没有错记、漏记的业务，应注意有无未达账项。如果发现存在未达账项，必须根据未达账项及有关数据编制“银行存款余额调节表”，再通过此表检验双方结余数额是否一致。

二、未达账项

1. 未达账项的概念。企业单位与银行之间，对同一项经济业务由于凭证传递上的时间差所形成的一方已登记入账，而另一方因未收到相关凭证，尚未登记入账的事项。

2. 未达账项的四种情况。

(1) 银行已收，企业未收，如委托银行收款等。

(2) 银行已付，企业未付，如借款利息的扣付、托收无承付等。

(3) 企业已收，银行未收，如收到外单位的转账支票等。

(4) 企业已付，银行未付，如企业已开出支票而持票人尚未向银行提现或转账等。

出现第一种和第四种情况时，开户单位银行存款账面余额会小于银行对账单的存款余额；出现第二种和第三种情况时，开户单位银行存款账面余额会大于银行对账单的存款余额。无论出现哪种情况，开户单位存款余额与银行对账单存款余额均不一致，很容易开出空头支票。对此，必须编制"银行存款余额调节表"进行调节。

三、银行存款余额调节表的编制

【示例 2】 2019 年 12 月 31 日，北京科云股份有限公司会计编制银行存款余额调节表（见图 5-1-12~图 5-1-15）。

ICBC 中国工商银行 对账单

户 名：北京科云股份有限公司

账 号：110007609048708091012　　币种：人民币　　科目号：　　第 1 页共 1 页

日 期	摘 要	凭证号	借方发生额	贷方发生额	借/贷标志	余 额
20191201	承上月余额				贷	8,211,027.43
20191201	现金支出		40,000.00		贷	8,171,027.43
20191201	转账收入			23,400.00	贷	8,194,427.43
20191201	转账收入			702,000.00	贷	8,896,427.43
20191205	转账支出		80,900.00		贷	8,815,527.43
20191205	转账支出		120,000.00		贷	8,695,527.43
20191207	现金支出		90,000.00		贷	8,605,527.43
20191208	转账支出		9,200.00		贷	8,596,327.43
20191210	现金收入			70,000.00	贷	8,666,327.43
20191213	转账收入			200,000.00	贷	8,866,327.43
20191213	转账收入			62,500.00	贷	8,928,827.43
20191215	转账支出		225,083.30		贷	8,703,744.13
20191215	转账支出		82,609.70		贷	8,621,134.43
20191215	转账支出		8,620.00		贷	8,612,514.43
20191220	转账收入			1,907.21	贷	8,614,421.64
20191223	转账收入			117,000.00	贷	8,731,421.64
20191226	转账支出		234,000.00		贷	8,497,421.64
20191231	转账支出		56,160.00		贷	8,441,261.64
20191231	本页余额				贷	8,441,261.64

中国工商银行北京分行

图 5-1-12　银行对账单

银行存款日记账

第 5 页

开户银行：中国工商银行北京分行　　　　账号：110007609048708091012

2019年 月	日	凭证 种类	号数	摘要	借方 亿千百十万千百十元角分	贷方 亿千百十万千百十元角分	余额 亿千百十万千百十元角分	核对
11	30			承前页			821102743	☐
12	01	记	002	提现		4000000	817102743	☐
12	01	记	003	收到销货款	70200000		887302743	☐
12	01			本日合计	70200000	4000000	887302743	☐
12	02	记	006	收回销货款	10000000		897302743	☐
12	02			本日合计	10000000		897302743	☐
12	03	记	008	支付电费		5850000	891452743	☐
12	03			本日合计		5850000	891452743	☐
12	05	记	010	支付广告费		12000000	879452743	☐
12	05			本日合计		12000000	879452743	☐
12	07	记	013	提现		9000000	870452743	☐
12	07			本日合计		9000000	870452743	☐
12	08	记	016	购买办公用品		920000	869532743	☐
12	08			本日合计		920000	869532743	☐
12	10	记	020	缴存现金	7000000		876532743	☐
12	10			本日合计	7000000		876532743	☐
12	13	记	024	收到招标保证书	20000000		896532743	☐
12	13	记	028	收转让设备款	6250000		902782743	☐
12	13			过次页	113450000	31770000	902782743	☐

图 5-1-13　银行存款日记账 1

银行存款日记账

第 6 页

开户银行：中国工商银行北京分行　　　　账号：110007609048708091012

2019年 月	日	凭证 种类	号数	摘要	借方 亿千百十万千百十元角分	贷方 亿千百十万千百十元角分	余额 亿千百十万千百十元角分	核对
12	13			承前页	113450000	31770000	902782743	☐
12	13			本日合计	113450000	31770000	902782743	☐
12	15	记	033	支付招待费		862000	901920743	☐
12	15	记	036	支付工资		22508330	879412413	☐
12	15	记	038	缴纳社会保险费		8260970	871151443	☐
12	15			本日合计		31631300	871151443	☐
12	23	记	040	收转让材料款	11700000		882851443	☐
12	23			本日合计	11700000		882851443	☐
12	26	记	042	支付购买材料款		23400000	859451443	☐
12	26			本日合计		23400000	859451443	☐
12	29	记	044	收到销货款	35100000		894551443	☐
12	29			本日合计	35100000		894551443	☐
12	31	记	048	支付展览费		1800000	892751443	☐
12	31			本日合计		1800000	892751443	☐
12	31			本月合计	160250000	88601300	892751443	☐
								☐
								☐
								☐
								☐

图 5-1-14　银行存款日记账 2

银行存款余额调节表

开户行:

账号:　　　　　　　　　日期:　　　年　月　日

企业日记账余额:	银行对账单余额:
加: 银行已收企业未收 减: 银行已付企业未付	加: 企业已收银行未收 减: 企业已付银行未付
调节后余额:	调节后余额:

编制:　　　复核:

图 5-1-15　银行存款余额表

【参考答案】会计编制的银行存款余额调节表见图 5-1-16。

银行存款余额调节表

开户行:中国工商银行北京分行

账　号:110007609048708091012　日期: 2019 年 12 月 31 日

企业日记账余额:	8, 927, 514. 43	银行对账单余额:	8, 441, 261. 64
加: 银行已收企业未收	25, 307. 21	加: 企业已收银行未收	451, 000. 00
减: 银行已付企业未付	137, 060. 00	减: 企业已付银行未付	76, 500. 00
调节后余额:	8, 815, 761. 64	调节后余额:	8, 815, 761. 64

编制: 陈飞　复核 吴浩

图 5-1-16　会计编制的银行存款余额调节表

注意：调节后的存款余额表明企业可以支用的银行存款实有数额。调整记录不能作为单位调整账面记录的依据，只有收到有关凭证后，才能据此进行账务处理。

任务二 财产物资和往来款项清查

能力目标：

能够采用正确的方法对各类财产物资和往来账进行清查和处理。

知识点1 财产物资的清查

一、财产物资的盘存制度

盘存制度是指通过对实物的盘查、核对，确定财产物资的实际结存情况的一种制度。财产物资的盘存制度有两种，即"永续盘存制"和"实地盘存制"（见表5-2-1）。

表5-2-1 财产物资的两种盘存制度

种类	永续盘存制	实地盘存制
定义	又称账面盘存制，是指在日常经济活动中，必须根据会计凭证对各项财产物资的增加和减少在有关账簿中进行逐日逐笔地登记、反映，并随时结算出账面结存数额的一种盘存制度	是指在日常经济活动中，根据会计凭证对财产物资的增加数在有关账簿中进行逐笔登记，但不登记日常的减少数，期末结账时，根据实地盘点的实存数额倒挤出本期的减少数，并据此登记入账的一种盘存制度
计算公式	期末账面余额=期初账面余额+本期账面增加数合计-本期减少数	本期减少数=期初账面余额+本期账面增加数合计-本期盘点实际结存数
优点	可以及时记录和了解财产物资的账面结存数，有利于加强管理	核算工作简单
缺点	会计核算工作量大	不能及时了解和掌握日常财产物资的账面结存额和财产物资的溢缺情况，且手续不严密，不利于管理，一般不宜采用

二、清查方法

财产物资清查是指对原材料、在产品、库存商品、固定资产等财产、物资的清查。对这类财产的清查通常可按其实物特点，如体积、形态、数量、重量及堆垛方式不同，逐一进行点数或量尺、过秤。在清点中，对于包装完整的商品、物资，可按大件清点，必要时可抽查细点。一些堆垛笨重商品，点数、过秤确有困难的，也可采用技术推算的方法，以确保检查质量。

为明确经济责任，便于查核，在实地盘点时，必须有实物保管人员在场并参与盘点工作。

盘点后，应及时地将盘点的结果如实地记载在“盘存单”上，并由盘点人员和保管、使用人员签章。“盘存单”是记录财产物资盘点结果的书面证明，是反映财产物资实有数额的原始凭证。

为了进一步查明实际盘点后的结果与对应账簿的账面结存数额是否一致，在“盘存单”填制审核完毕后，应将其与有关账簿记录进行核对；然后将核对结果填入“账存实存对比表”，通过分析确定实物的盈亏情况。“账存实存对比表”也是用于调整有关账簿记录的原始单据，是确定有关人员经济责任的依据。

知识点 2　往来款项的清查

一、清查方法

往来款项主要包括各种应收、应付款项，预收、预付款项。往来款项的清查，一般采用函证核对法，即通过函证与对方单位或个人核对账目的方法。

二、清查规程

1. 清查之前，首先检查本单位各种往来款项账簿上的记录是否登记完毕，是否准确。

2. 确定无误后，编制往来款项的“对账单”，送交对方单位或个人进行核对。

3. 单位收到回单后，如果确系记录有误，应按规定手续进行更正，如果有未达账项，应进行调整，待收到正式凭证后，再做账簿调整。对有争议的或者回收无望的款项，应及时采取措施，尽量减少坏账损失。

三、举例

【示例 3】 2019 年 12 月 31 日，北京科云股份有限公司应付账款往来款项情况（见图 5-2-1、图 5-2-2）。

应付账款明细账

明细科目：北京科云股份有限公司　　　　第27页 共100页

2019年 月	日	凭证 种类	号数	摘要	借方	贷方	借或贷	余额
11	30			承前页			贷	11700000
12	01	记	002	采购家用餐桌		29250000	贷	40950000
12	06	记	010	采购办公椅		3510000	贷	44460000
12	09	记	016	支付采购款	11700000		贷	32760000
12	12	记	020	采购办公桌		23400000	贷	56160000
12	18	记	031	采购家用餐桌		26325000	贷	82485000
12	21	记	037	支付采购款	29250000		贷	53235000
12	26	记	043	采购办公桌		17550000	贷	70785000
12	26	记	044	支付采购款	3510000		贷	67275000
12	31			本月合计	44460000	100035000	贷	67275000
12	31			本年累计	745590000	812865000	贷	67275000
12	31			结转下年			贷	67275000

图 5-2-1　应付账款明细账

企业询证函

北京蓝天实业有限公司：

按照本公司财务管理制度要求，年末需要函证本公司与贵公司的往来账项等事项。下列数据出自本公司账簿记录，如与贵公司记录相符，请在本函下端"信息证明无误"处签章证明；如有不符，请在"信息不符"处列明不符金额。请贵公司及时函复为盼。

回函地址：北京高新园创新路55号　联系人：张乐　电话：010-88227854

1、本公司与贵公司的往来账项列示如下：

单位：元

截止日期	贵公司欠我司	我司欠贵公司	备注
2019年12月31日	672750.00	0.00	

2、其他事项：

本函仅为复核账目之用，并非催款结算，谢谢合作。

北京科云股份有限公司

（公司盖章）

结论：

北京蓝天实业有限公司

1、信息证明无误　　　　2、信息不符，请列明不符的详细情况

（公司盖章）　　　　（公司盖章）

图 5-2-2　企业询证函

项目六
会计报表的编制

任务一　编制资产负债表

能力目标：

能够正确编制资产负债表。

知识点 1　资产负债表的概述

一、资产负债表概念

资产负债表是指反映企业在某一特定的日期的财务状况的报表。资产负债表通过资产、负债和所有者权益等项目的结构及前后各期的变化反映企业在特定时日的财务状况，如企业产权的归属关系、企业的偿债能力等。

二、资产负债表的编制理论依据

“资产=负债+所有者权益”这一会计恒等式所包含的经济内容和数学上的等量关系，是建立资产负债表的理论依据。

三、资产负债表的基本结构

资产负债表由资产、负债、所有者权益三个基本要素组成，采用左右账户式排列。报表的左方列示企业的各项资产，报表的右方列示企业的各项负债和所有者权益，报表左方的资产总计与报表右方的负债及所有者权益总计应保持平衡关系。

资产负债表左方列示的资产按流动资产和非流动资产的类别加以反映，右方列示的负债和所有者权益按偿还的先后顺序排列。资产负债表的基本结构如图 6-1-1 所示。

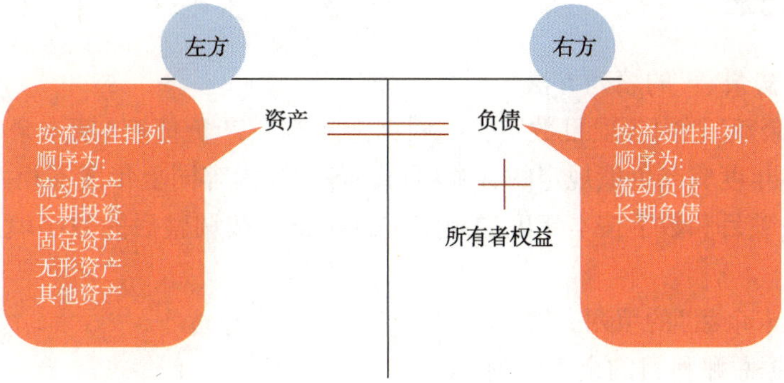

图 6-1-1　资产负债表的基本结构

一张完整的资产负债表的结构由三个部分组成：表首、正表、附注及附列资料。

1. 表首，亦称表头。它有五个方面的内容：编制单位名称，说明责任“法人”是谁；报表名称，说明报表的性质和主题；编报日期，说明该表反映内容的时效性，要注意是某一日期，而不是时期；报表编号；货币计量单位“人民币：元”。

2. 正表，即该表的主体部分或称基本部分，它是该表的核心内容所在。主体部分的格式我国采用账户式，即分为左右两列来反映全部项目。其中左方列示资产项目，先列示资产，按资产流动性或变现能力强弱依次有序排列；右方列示负债和所有者权益项目，先列示负债并按到期日期有序排列，后列示所有者权益，并按永久性顺序排列。左方合计金额与右方合计金额保持平衡。这种结构直观清晰，便于对比分析，充分体现了“资产＝负债+所有者权益”这一建表依据的基本要求。

3. 附注及附列材料，主要用于补充说明有关表内项目内容。由于资产债表是反映企业某一时期期末，即特定日期的财务状况，提供某一时点的静态指标，而这种静态资料又表现为账簿中各个账户一定时期的期末余额。因此，资产负债表的数字来源渠道是该报告期账簿中各个账户的期末余额。一般来说，资产负债表的大部分项目可根据试算表中总账账户或明细账账户的期末余额直接填列，但也有些项目要根据总账账户或明细账账户余额分析填列。

知识点 2　资产负债表的编制

一、准备工作

1. 编制期末调整会计分录，做好企业期末的转账工作。
2. 将本月所发生的会计事项和月末的调整事项依据会计分录登记入账。
3. 结算出各账户的期末余额。

二、编制方法

1. 本表“年初余额”的填列方法。

本表“年初余额”栏内各项目数字，应根据上年末资产负债表“期末余额”栏内所列数字填列。如果本年度资产负债规定的各个项目的各称和内容同上年度不相一致，应对上年年末资产负债表项目和数字按本年度的规定进行调整，按调整后的数字填入本表“年初余额”栏内。

2. 本表“期末余额”的填列方法。

(1)直接根据总账科目的余额填列。

例如，短期借款、应付票据、应付职工薪酬、应交税费、应付利息、应付股利、其他应付款、实收资本、资本公积等项目，应当根据相关总账科目的余额直接填列。

(2)根据几个总账科目的余额计算填列。

“货币资金”项目，应当根据“库存现金”“银行存款”“其他货币资金”等科目期末余额合计填列。

“未分配利润”项目，应根据“本年利润”“利润分配”期末余额合计填列。

(3)根据有关明细账科目的余额计算填列。

“应付账款”项目，应当根据“应付账款”“预付账款”等科目所属明细科目期末贷方余额合计填列。

“应收账款“项目，应当根据“应收账款”“预收账款”等科目所属明细科目期末借方余额合计扣除坏账准备填列。

“预付账款”项目，应当根据“应付账款”“预付账款”等科目所属明细科目期末借方余额合计填列。

“预收账款“项目，应当根据“应收账款”“预收账款”等科目所属明细科目期末贷方余额合计填列。

(4)根据总账科目和明细科目的余额分析计算填列。

例如，“长期借款”项目，应当根据“长期借款”总账科目余额扣除“长期借款”科目的属明细科目中将于一年内到期的部分填列。

(5)根据总账科目余额与其备抵科目抵销后的净额填列。

“存货”项目，应当根据“原材料”“生产成本”“库存商品”“发出商品”“周转材料”等科目期末余额，减去“存货跌价准备”科目期末余额填列；“固定资产”项目，应当根据“固定资产”科目期末余额，减去“累计折旧”“固定资产减值准备”等科目期末余额后的金额填列。

“无形资产”项目，应当根据“无形资产”科目期末余额，减去“累计摊销”“无形资产减值准备”等科目期末余额后的金额填列。

资产负债表简表见表6-1-1。

表 6-1-1 资产负债表(简表)

会企 01 表

编制单位： 年 月 日 单位：元

资　产	期末余额	年初余额	负债和所有者权益	期末余额	年初余额
流动资产：			流动负债：		
货币资金			短期借款		
交易性金融资产			交易性金融负债		
应收票据			应付票据		
应收账款			应付账款		
预付账款			预收账款		
应收利息			应付职工薪酬		
应收股利			应交税费		
其他应收款			应付利息		
存货			应付股利		
其他流动资产			其他应付款		
流动资产合计			一年内到期的非流动负债		
非流动资产：			其他流动负债		
可供出售金融资产			流动负债合计		
长期应收款			非流动负债：		
长期股权投资			长期借款		
固定资产			应付债券		
在建工程			长期应付款		
工程物资			非流动负债合计		
固定资产清理			负债合计		
无形资产			所有者权益：		
开发支出			实收资本(或股本)		
商誉			资本公积		
长期待摊费用			盈余公积		
其他非流动资产			未分配利润		
非流动资产合计			所有者权益合计		
资产总计			负债和所有者权益总计		

三、资产负债表编制举例

【示例 1】 景兴鞋服有限公司 2019 年 12 月 31 日的科目余额表见表 6-1-2(该企业适用的所得税税率为 25%)。

表 6-1-2 科目余额表

2019 年 12 月 31 日　　单位：元

科目名称	借方金额	科目名称	贷方金额
库存现金	2000	坏账准备	1800
银行存款	786 135	累计折旧	170000
其他货币资金	7300	固定资产减值准备	30000
应收票据	66000	累计摊销	60000
应收账款	600000	短期借款	50000
预付账款	100000	应付票据	100000
其他应收款	5000	应付账款	953800
在途物资	50000	其他应付款	82215
原材料	270000	应付职工薪酬	180000
周转材料	42500	应交税费	226731
库存商品	2122240	长期借款	1160000
生产成本	299680	实收资本	5000000
固定资产	3129000	盈余公积	124770. 40
无形资产	850000	利润分配(未分配利润)	190717. 75

假设该企业的应收账款所属明细账余额都在借方，应付账款所属明细账余额都在贷方。根据上述资料，编制景兴鞋服有限公司限公司 2019 年 12 月 31 日的资产负债表(见表 6-1-3)。

表 6-1-3 资产负债表

会企 01 表

编制单位：　　年　月　日　　单位：元

资　产	期末余额	年初余额	负债和所有者权益	期末余额	年初余额
流动资产：			流动负债：		
货币资金			短期借款		
应收票据			应付票据		
应收账款			应付账款		
预付账款			预收账款		
应收利息			应付职工薪酬		

续表

资　　产	期末余额	年初余额	负债和所有者权益	期末余额	年初余额
应收股利			应交税费		
其他应收款			应付利息		
存货			应付股利		
流动资产合计			其他应付款		
非流动资产：			流动负债合计		
固定资产			非流动负债：		
在建工程			长期借款		
工程物资			非流动负债合计		
固定资产清理			负债合计		
无形资产			所有者权益：		
长期待摊费用			实收资本（或股本）		
其他非流动资产			资本公积		
非流动资产合计			盈余公积		
			未分配利润		
			所有者权益合计		
资产总计			负债和所有者权益总计		

练一练：资产负债表的编制

1. 学生根据示例 1 资料编制资产负债表。
2. 宏达公司 2019 年 8 月 31 日有关账户的余额如表 6-1-4 所示。

表 6-1-4　有关账户余额　　单位：元

账户	借方余额	贷方余额
库存现金	1000	
银行存款	200000	
在途物资	5000	
原材料	10000	
库存商品	20000	
生产成本	3000	
预付账款	8000	
其他应收款	5000	
应收账款	20000	
其中：甲公司	30000	

续表

账户	借方余额	贷方余额
乙公司		10000
应付账款		30000
其中：甲公司	20000	
乙公司		50000
应付职工薪酬	15000	
本年利润		20000
利润分配		5000

要求：根据上述资料计算该公司月末资产负债表中下列项目的金额(必须列出计算过程)。

(1)货币资金=

(2)存货=

(3)应收账款=

(4)应付账款=

(5)预付账款=

(6)应付职工薪酬=

(7)未分配利润=

(8)其他应收款=

(9)预收款项=

3. 红日公司2019年12月31日部分总分类账户及明细分类账户的期末余额如表6-1-5、表6-1-6所示。

表6-1-5　总分类账户余额　　单位：元

总分类账户	借方余额	贷方余额
库存现金	2000	
银行存款	12500	
应收账款	4000	
预付账款	7500	
在途物资	4150	
原材料	18450	
库存商品	9200	
生产成本	21800	
应付职工薪酬	3000	
利润分配		16400

续表

总分类账户	借方余额	贷方余额
预收账款		8500
短期借款		40000
应付账款		5800
长期借款		200000

表 6-1-6　有关明细账户余额　　单位：元

账户	借或贷	金额	账户	借或贷	金额
应收账款	借	4000	应付账款	贷	5800
——A 公司	借	5500	——甲公司	贷	6200
——B 公司	贷	1500	——乙公司	借	400
预收账款	贷	8500	预付账款	借	7500
——C 公司	贷	9000	——丙公司	借	8000
——D 公司	借	500	——丁公司	贷	500

补充资料：长期借款中将于 1 年内到期归还的长期借款为 60000 元。

要求：根据上述资料计算资产负债表中下列项目的金额。

(1)货币资金=

(2)应收账款=

(3)预付款项=

(4)预收款项=

(5)应付账款=

(6)短期借款=

(7)长期借款=

(8)存货=

(9)应付职工薪酬=

(10)未分配利润=

任务二 编制利润表

能力目标：
能够正确编制利润表。

知识点1 利润表的概述

一、利润表的概念

利润表是反映企业在一定时期内利润(或亏损)实现(或发生)情况的会计报表，是动态会计报表。其附表主要包括利润分配表。

二、利润表的理论依据

“收入-费用=利润”这一会计恒等式所包含的经济内容和数学上的等量关系，是建立利润表的理论依据。

利润表根据“收入-费用=利润”会计平衡公式将应填列的项目分为收入项目、费用项目和利润项目。其计算公式表示如下：

1. 营业利润=营业收入-营业成本-税金及附加-销售费用-管理费用-财务费用+投资收益(或-投资损失)。

2. 利润总额=营业利润+营业外收入-营业外支出。

3. 净利润=利润总额-所得税费用。

三、利润表的结构

一张完整的利润表其结构由两部分组成：一是表首，二是正表(见表6-2-1)。

1. 表首，也称表头，与资产负债表一样，同样是由编制单位、表名、编制时间、报表编号和货币计量单位五部分组成。

其中，编制时间同样很重要，系指一定会计期间，是时期概念而不是时点概念。这一点与资产负债表不同，它充分反映了该表反映内容的动态特征。

2. 正表，即主体部分或称基本部分，它是该表的核心内容所在。

主体部分的格式我国采用多步式，即按利润总额的构成因素和形成过程，逐步计算其余额。这种结构步骤分明，便于具体分析，充分体现了“收入-费用=利润”这一建表依据的基本要求。

表 6-2-1　利润表　　　　会企 02 表

编制单位：　　　　年　　月　　　　单位：元

项　　目	本期金额	上期金额
一、营业收入		
减：营业成本		
税金及附加		
销售费用		
管理费用		
财务费用		
资产减值损失		
加：公允价值变动收益（损失以“-”填列）		
投资收益（损失以“-”填列）		
二、营业利润（损失以“-”填列）		
加：营业外收入		
减：营业外支出		
三、利润总额（损失以“-”填列）		
减：所得税费用		
四、净利润（净损失以“-”填列）		

知识点 2　利润表的编制

一、反映发生额的项目

1.“营业收入”项目，应根据“主营业务收入”“其他业务收入”账户的发生额分析填列。

2.“营业成本”项目，应根据“主营业务成本”“其他业务成本”账户的发生额分析填列。

3.“税金及附加”等各项目均应按各该账户的发生额分析填列。填列时注意发生额的方向。

二、反映利润计算中间步骤的项目

“营业利润”“利润总额”“净利润”等项目，应直接根据报表项目计算填列。

三、利润表编制举例

景兴鞋服有限公司 2019 年 12 月有关损益类科目本年累计发生额及利润表分别如表 6-2-2、表 6-2-3 所示。

表 6-2-2　损益类科目 2019 年 12 月发生净额　　单位：元

科目名称	借方发生额	贷方发生额
主营业务收入		1250000
主营业务成本	750000	
税金及附加	2000	
销售费用	20000	
管理费用	157100	
财务费用	41500	
资产减值损失	30900	
投资收益		31500
营业外收入		50000
营业外支出	19700	
所得税费用	112596	

表 6-2-3　利润表　　会企 02 表

编制单位：景兴鞋服有限公司　　2019 年 12 月　　单位：元

项　　目	本期金额	上期金额
一、营业收入	1250000	
减：营业成本	750000	
税金及附加	2000	
销售费用	20000	
管理费用	157100	
财务费用	41500	
资产减值损失	30900	
加：公允价值变动收益(损失以“-”填列)		
投资收益(损失以“-”填列)	31500	
二、营业利润(损失以“-”填列)	280000	
加：营业外收入	50000	
减：营业外支出	19700	
其中：非流动资产处置损失		
三、利润总额(损失以“-”填列)	310300	
减：所得税费用	112596	
四、净利润(净损失以“-”填列)	197704	

练一练：编制利润表

资料：新世纪公司2019年12月份各损益类账户发生额如表6-2-4所示。

表6-2-4 账户发生额表

单位：元

科目	借方	贷方	科目	借方	贷方
主营业务收入		90000	其他业务收入		3000
主营业务成本	50000		其他业务成本	1000	
税金及附加	4500		投资收益		1500
销售费用	2000		营业外收入		3500
管理费用	8500		营业外支出	1800	
财务费用	2000		所得税费用	9400	

要求：根据上述资料编制该公司2019年12月利润表(见表6-2-5)。

表6-2-5 利润表

编制单位： 2019年12月 单位：元

项　　目	本期金额
一、营业收入	
减：营业成本	
税金及附加	
销售费用	
管理费用	
财务费用	
加：投资收益	
二、营业利润	
加：营业外收入	
减：营业外支出	
三、利润总额	
减：所得税费用	
四、净利润	

项目七
会计综合实务操作

任务一　经济业务的综合处理

能力目标：

能够正确选择合适的账务处理程序进行会计处理，并能对不同的账务处理程序进行比较。

知识点 1　会计核算程序的选择

一、选择合理的账务处理程序

（一）账务处理程序的概念

会计核算程序又称会计核算组织形式，是指在会计核算中，账簿组织、记账程序和会计报表有机结合的形式。如图 7-1-1 所示。

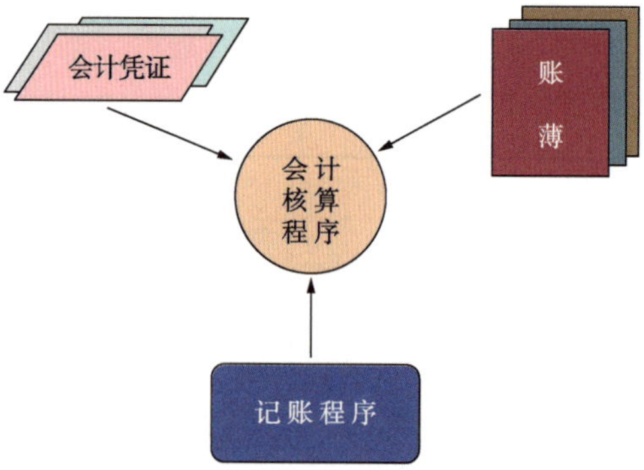

图 7-1-1　会计核算程序

账簿组织是指会计凭证和账簿的种类、格式及账簿之间的相互关系；记账程序是指从填制审核会计凭证、登记各种账簿，直到编制会计报表的整个会计处理程序，如图 7-1-2 所示。

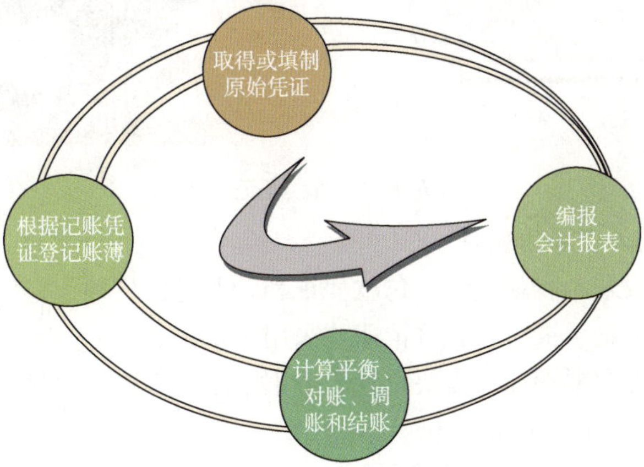

图 7-1-2 记账程序

(二)账务处理程序的种类和选择要求

1. 账务处理程序的种类。

目前，我国所采用的会计账务处理程序有以下五种：

(1)记账凭证账务处理程序。

(2)科目汇总表账务处理程序。

(3)汇总记账凭证账务处理程序。

(4)日记总账账务处理程序。

(5)多栏式日记账账务处理程序。

2. 账务处理程序的选择要求。

单位在选择账务处理程序时，应符合以下要求：

(1)要与本单位经济活动的性质、经营管理的特点、生产规模的大小以及经济业务的繁简相适应。

(2)要在能够正确、及时和完整地提供会计信息，保证会计工作质量的前提下，力求简化核算手续，提高核算工作的效率。

二、账务处理程序简介

(一)记账凭证核算程序

1. 记账凭证核算程序的主要特点。

记账凭证直接根据各种记账凭证逐笔登记总分类账(见图 7-1-3)。记账凭证是最基本的会计核算程序，其他各种会计核算程序都是在此基础上，根据经营管理的要求发展而成的。

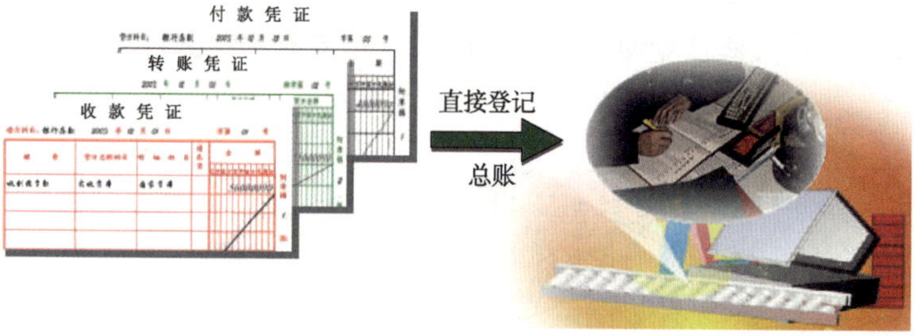

图 7-1-3　直接登记总账

2. 记账凭证的凭证、账簿设计。

(1)记账凭证一般采用收款凭证、付款凭证和转账凭证三种。

(2)总分类账和现金、银行存款日记账均采用三栏式。

(3)明细分类账则根据管理的需要设置，分别采用三栏式、数量金额式和多栏式。

3. 记账凭证核算程序的记账程序。

记账凭证核算程序的账务处理程序如图 7-1-4 所示。

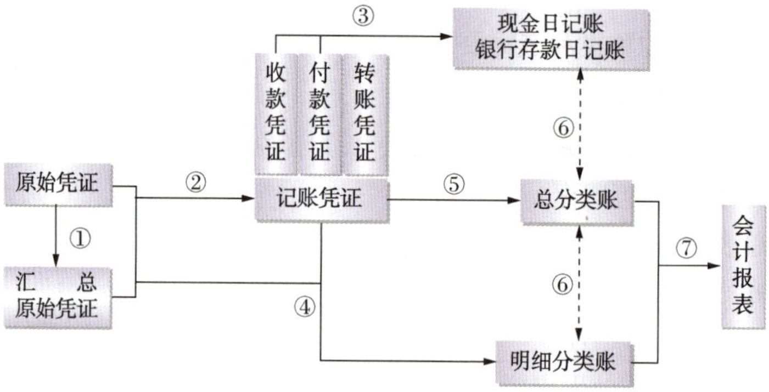

图 7-1-4　记账凭证核算程序的账务处理程序

4. 记账凭证核算程序的应用(参见任务二中的“知识点 5　会计技能实训”)。

5. 记账凭证核算程序的优缺点。

(1)优点：简单明了，易于学习和掌握。

(2)缺点：工作量大。

(3)适用范围：适用于规模小、业务量少的单位。

(二)科目汇总表核算程序

1. 科目汇总表核算程序的主要特点。

根据记账凭证定期编制科目汇总表(记账凭证汇总表)，再根据科目汇总表定期登记总分类账(见图 7-1-5)。

2. 科目汇总表的凭证、账簿设计。

在科目汇总表核算程序下，凭证及账簿的设置与记账凭证核算程序基本相同，只是需定期根据记账凭证编制科目汇总表作为登记总分类账的依据。

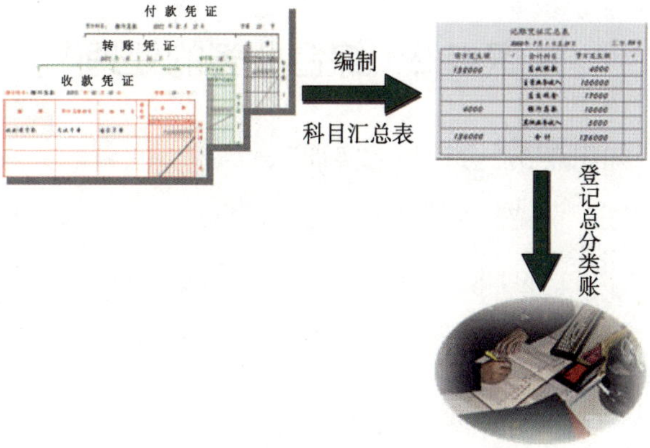

图 7-1-5　编制科汇总表和登记总分类账

3. 科目汇总表核算程序的记账程序。

科目汇总表核算程序的账务处理程序如图 7-1-6 所示。

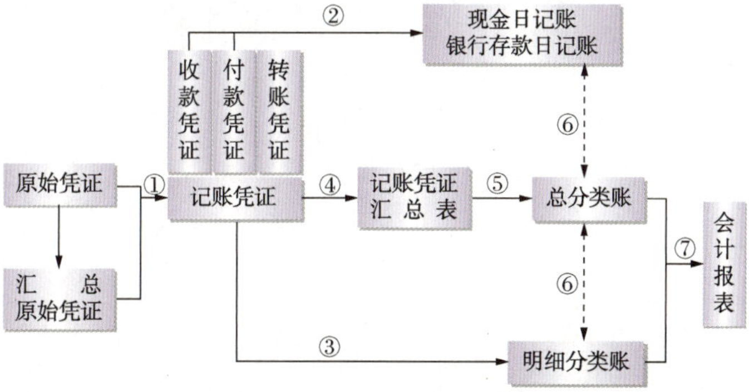

图 7-1-6　科目汇总表核算程序的账务处理程序

4. 科目汇总表核算程序的应用。

科目汇总表是根据一定时期内的全部记账凭证按总账科目进行汇总，据以计算出每一总账科目的本期借方发生额和贷方发生额，作为登记总分类账依据的凭证。科目汇总表的编制方法有两种：一种是全部汇总，即将一定时期内的全部收、付、转记账凭证汇总在一张科目汇总表上，据以登记总分类账；另一种是分类汇总，即将一定时期的收、付、转记账凭证分别汇总，编制成三张科目汇总表，据以登记总分类账。汇总的时间应根据业务量大小确定，一般可 5 天、10 天或 15 天汇总一次。

5. 科目汇总表核算程序的优缺点。

(1)优点：根据科目汇总表登记总分类账，使登记总分类账的工作量大大减少，并可以利用科目汇总表进行发生额试算平衡。

(2)缺点：不能反映科目之间的对应关系，不利于分析和检查经济业务的来龙去脉，不便于查对账目。

(3)适用范围：适用于规模大、业务量多的单位。

知识点2　综合业务的处理

详见任务二中的“知识点5　会计技能实训”。

任务二 会计档案的整理和装订

能力目标：

了解会计档案的概念、归档要求，并能熟练掌握会计凭证、会计账簿和会计报表的装订。

知识点1 会计档案的概述

一、会计档案的内容

会计档案是指记录和反映企业、行政事业单位所发生经济业务事项的重要历史资料和证据，一般包括会计核算中形成的会计凭证、会计账簿、财务会计报告及其他会计核算资料。

会计档案的具体内容包括：

1. 会计凭证类：原始凭证、记账凭证、汇总凭证、其他会计凭证。

2. 会计账簿类：总账、明细账、日记账、固定资产卡片、辅助账簿、其他会计账簿。

3. 财务报告类：月度、季度、年度财务报告，包括会计报表、附表、附注及文字说明、其他财务报告。

4. 其他会计资料：银行存款余额调节表、银行对账单、其他应当保存的会计核算专业资料、会计档案移交清册、会计档案保管清册、会计档案销毁清册。

二、会计档案的归档要求

根据《会计档案管理办法》，各单位每年形成的会计档案都应由会计机构按照归档的要求，负责整理立卷，装订成册，编制会计档案保管清册。当年形成的会计档案，在会计年度终了，可暂由本单位财务会计部门保管一年。期满之后，原则上应由财务部门编造清册，移交本单位的档案部门保管；未设立档案部门的，应当在财务会计部门内部指定专人保管。

移交本单位档案机构保管的会计档案，原则上应当保持原卷册的封装，个别需要拆封重新整理的，应当会同原财务会计部门和经办人共同拆封整理，以分清责任。各单位对会计档案应当科学管理，做到妥善保管、存放有序、查找方便。同时，严格执行安全和保密制度，不得随意堆放，严防毁损、散失和泄密。

知识点2　会计凭证的装订

一般每月装订一次，装订好的凭证按年分月妥善保管归档。

一、会计凭证装订前的准备工作

1. 分类整理，按顺序排列，检查日数、编号是否齐全。

2. 按凭证汇总日期归集(如按上、中、下旬汇总归集)，确定装订成册的本数。

3. 摘除凭证内的金属物(如大头针、订书针、回形针)，对大的张页或附件要折叠成记账凭证大小，且要避开装订线，以便翻阅时保持数字完整。

4. 整理检查凭证顺序号，如有颠倒要重新排列，发现缺号要查明原因。再检查附件是否漏缺，领料单、入库单、工资、奖金发放单是否随附齐全。

5. 记账凭证上有关人员(如财务主管、复核、记账、制单等)的印章是否齐全。

二、会计凭证装订前的排序、粘贴和折叠

会计凭证装订的范围包括原始凭证、记账凭证、科目汇总表、银行对账单等。科目汇总表的底稿也可以装订在内，作为科目汇总表的附件。使用计算机的企业，还应将转账凭证清单等装订在内。

装订前，我们要对凭证进行整理。会计凭证的整理工作，主要是对凭证进行排序、粘贴和折叠。

1. 对于纸张面积大于记账凭证的原始凭证，可按记账凭证的面积尺寸，先自右向后，再自下向后两次折叠。注意应把凭证的左上角或左侧面让出来，以便装订后，还可以展开查阅。

2. 对于纸张面积略小于记账凭证的原始凭证，可以用回形针或大头针别在记账凭证后面，待装订凭证时，抽去回形针或大头针。

3. 对于纸张面积过小的原始凭证，一般不能直接装订，可先按一定次序和类别排列，再粘在一张同记账凭证大小相同的白纸上(如原始凭证粘贴单)，粘贴时以胶水为宜。小票应分张排列，同类同金额的单据尽量粘在一起，同时，在一旁注明张数和合计金额。

4. 有的原始凭证不仅面积大，而且数量多，可以单独装订，如工资单、耗料单，但在记账凭证上应注明保管地点。

原始凭证附在记账凭证后的顺序应与记账凭证所记载的内容顺序一致，不应按原始凭证的面积大小来排序。经过整理后的会计凭证，为汇总装订打好了基础。

三、会计凭证装订时的要求

1. 用“三针引线法”装订。装订凭证时应使用棉线，在左上角部位打上三个针眼，实行三眼一线打结，结扣应是活的，并放在凭证封皮的里面；装订时尽可能缩小所占部位，使记账凭证及其附件保持尽可能大的显露面，以便于事后查阅。

2. 凭证外面要加封面，封面纸用牛皮纸印制，封面规格略大于所附的记账凭证。

3. 一本凭证，厚度一般以 1.5~2.0cm 为宜。过薄，不利于直立放置；过厚不便于翻阅核查。1.5~2.0cm 的凭证能够保证装订牢固，美观大方。

四、会计凭证装订后的注意事项

1. 每本封面上填写好凭证种类、起止号码、凭证张数、会计主管人员和装订人员签章。

2. 在封面上编好卷号，按编号顺序入柜，并要在显露处标明凭证种类编号，以便于调阅。

知识点3　会计账簿的装订

各种会计账簿年度结账后，除跨年度使用的账簿外，其他账簿应按时整理立卷。基本要求包括以下方面。

一、账簿装订前

首先按账簿启用表的使用页数核对各个账户是否相符，账页数是否齐全，序号排列是否连续；然后按会计账簿封面、账簿启用表、账户目录、该账簿按页数顺序排列的账页、会计账簿装订封底的顺序装订。

二、活页账簿装订要求

1. 保留已使用过的账页，将账页数填写齐全，去除空白页和撤掉账夹，用质好的牛皮纸做封面、封底，装订成册。

2. 多栏式活页账、三栏式活页账、数量金额式活页账等不得混装，应按同类业务、同类账页装订在一起。

3. 在本账的封面上填写好账目的种类，编好卷号，会计主管人员和装订人(经办人)签章。

三、账簿装订后的其他要求

1. 会计账簿应牢固平整，不得有折角、缺角、错页、掉页、加空白纸的现象。

2. 会计账簿的封口要严密，封口处要加盖有关印章。

3. 封面应齐全、平整，并注明所属年度及账簿名称、编号，编号为一年一编，编号顺序为总账、现金日记账、银行存款日记账、分类明细账。

4. 会计账簿按保管期限分别编制卷号，如现金日记账全年按顺序编制卷号，总账、各类明细账、辅助账全年按顺序编制卷号。

知识点4　会计报表的装订

会计报表编制完成及时报送后，留存的报表按月装订成册，谨防丢失。小企业可按季装订成册。

1. 会计报表装订前要按编报目录核对是否齐全，整理报表页数，上边和左边对齐压平，防止折角。如有损坏部位，需对损坏部位进行修补，以做到完整无缺地装订。

2. 会计报表装订顺序为：会计报表封面、会计报表编制说明、各种会计报表按会计报表的编号顺序排列、会计报表的封底。装订好后，按保管期限编制卷号。

知识点5　会计技能实训

一、基础信息资料

公司名称：北京科云股份有限公司(见图7-2-1)。

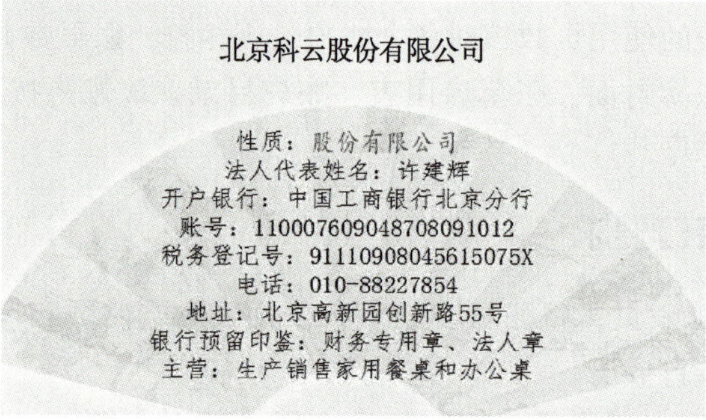
北京科云股份有限公司

性质：股份有限公司
法人代表姓名：许建辉
开户银行：中国工商银行北京分行
账号：110007609048708091012
税务登记号：91110908045615075X
电话：010-88227854
地址：北京高新园创新路55号
银行预留印鉴：财务专用章、法人章
主营：生产销售家用餐桌和办公桌

图7-2-1　北京科云股份有限公司基本情况

(一)企业概况

北京科云股份有限公司成立于2011年1月1日，主要从事办公桌、家用餐桌的生产和销售。

(二)企业基本资料

公司名称：北京科云股份有限公司。

公司地址：北京高新园创新路55号。

公司注册资本：人民币500万元。

公司法定代表人：许建辉。

公司总经理：许建辉。

税务登记号：91110908045615075X。

公司账户信息：开户银行为中国工商银行北京分行，账号为110007609048708091012

（基本账户）、1100076090487080910 66（工资账户）、1100076090487080910 34（住房公积金账户）。

公司在银行的预留印鉴为财务专用章和法人章。

公司的相关证件见图 7-2-2~图 7-2-4。

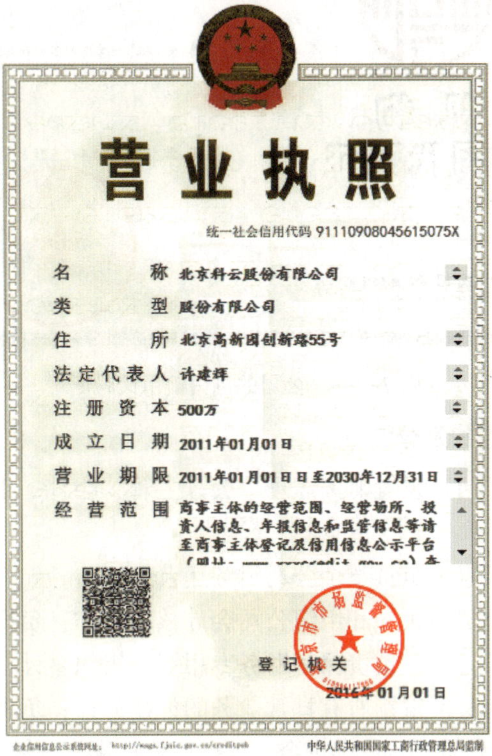

营业执照

统一社会信用代码 91110908045615075X

名　　称 北京科云股份有限公司

类　　型 股份有限公司

住　　所 北京高新园创新路55号

法定代表人 许建辉

注册资本 500万

成立日期 2011年01月01日

营业期限 2011年01月01日至2030年12月31日

经营范围 商事主体的经营范围、经营场所、投资人信息、年报信息和监管信息等请至商事主体登记及信用信息公示平台

登记机关

2016年01月01日

中华人民共和国国家工商行政管理总局监制

图 7-2-2　公司的营业执照

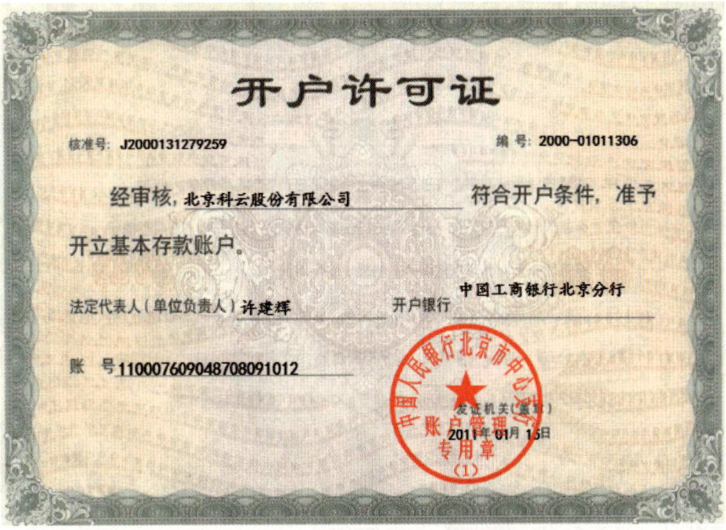

开户许可证

核准号：J2000131279259　　编 号：2000-01011306

经审核，北京科云股份有限公司 符合开户条件，准予开立基本存款账户。

法定代表人（单位负责人）许建辉　　开户银行 中国工商银行北京分行

账　号 1100076090487080910 12

发证机关（盖章）

2011年01月15日

图 7-2-3　公司的开户许可证

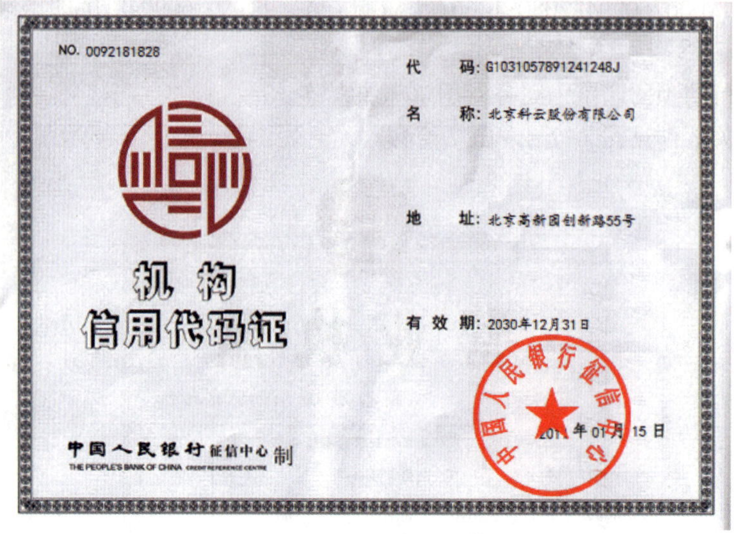
NO. 0092181828

代　码：G1031057891241248J

名　称：北京科云股份有限公司

地　址：北京高新园创新路55号

机构信用代码证

有效期：2030年12月31日

中国人民银行征信中心 制

THE PEOPLE'S BANK OF CHINA CREDIT REFERENCE CENTRE

201? 年 01 月 15 日

图 7-2-4　公司的机构信用代码证

(三)公司会计工作组织及分工

公司单独设置财务部门，设置财务经理、会计主管、会计、出纳四个工作岗位，具体分工如下：

张乐：财务经理，职责为负责整个公司财务运营。

吴浩：会计主管，职责为领导和组织公司会计核算工作；负责审核会计凭证、对账和编制财务报表并进行财务分析；负责保管财务专用章；组织会计档案的整理和保管等。

陈飞：会计，职责为负责编制所有日常业务的记账凭证；负责编制科目汇总表。

谢娜：出纳，职责为负责办理库存现金、银行存款收款、付款业务；保管库存现金、有价证券；登记库存现金、银行存款日记账；配合清查人员进行库存现金、银行存款清查等。

整个公司的组织机构图见图 7-2-5。

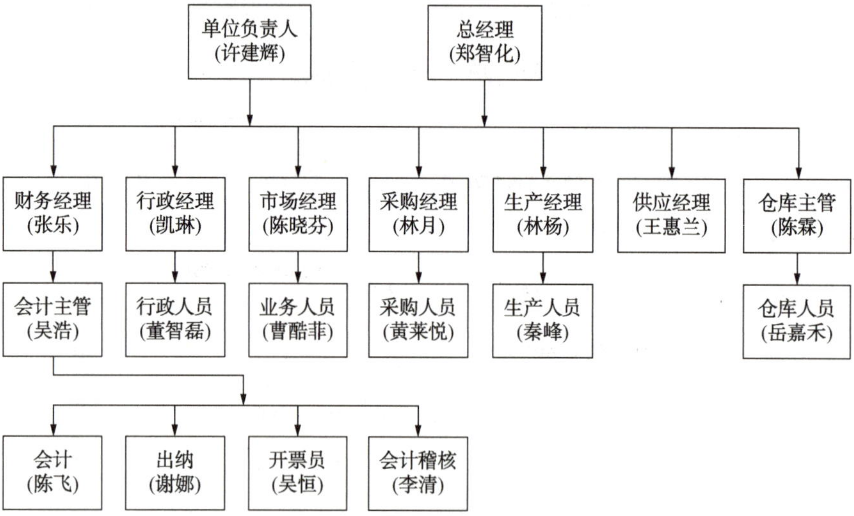

图 7-2-5　公司的组织机构图

（四）公司会计核算方法及财务管理制度

1. 公司以人民币为记账本位币（核算中的金额数值保留两位小数），记账文字为中文。会计核算采用科目汇总表账务处理程序。

2. 公司为增值税一般纳税人，销售产品增值税税率为13%。

公司地处北京市区，公司适用的城市维护建设税税率为7%，教育费附加征收率为3%，地方教育附加征收率为2%。

公司按规定代扣代缴个人所得税。

公司企业所得税税率为20%，并假设这一税率适用于未来可预见的期间，公司不享受其他税收优惠政策。企业所得税的核算采用资产负债表债务法。企业所得税缴纳采用按季预缴，按年汇算清缴的方式。

本实训题不考虑除上述税费以外的其他税费。

3. 公司存货采用实际成本法进行核算；发出存货采用月末一次加权平均法计价。周转材料采用领用一次摊销法。

4. 公司根据有关规定，每年按当年净利润（扣减以前年度未弥补亏损后）的10%的比例计提法定盈余公积。

5. 公司采用品种法计算产品成本，成本项目为直接材料、直接人工和制造费用。成本计算结果保留两位小数。

生产产品的材料在生产开始时一次性投入，多个产品间共用材料按产品的材料消耗进行分配。本月发生的制造费用按比例在各种产品之间进行分配。

（五）公司常用会计科目明细科目设置

会计分录中涉及的明细科目以相关表格里的为准。

记账凭证的复核、制单处需要签章的按盖章或手写的形式签章。

（六）公司期初余额数据

公司期初余额数据见表7-2-1、表7-2-2。

表7-2-1　科目余额表

企业名称：北京科云股份有限公司　　　　日期：1月31日

科目代码	科目名称	期末余额/元	
		借方	贷方
1001	库存现金	3938.10	
1002	银行存款	6181988.05	
100201	中国工商银行	6181988.05	
1122	应收账款	451896.00	
112201	北京宏达股份有限公司	263000.00	
112202	北京蓝天实业有限公司	20416.00	
112203	石家庄亿达股份有限公司	168480.00	

续表

科目代码	科目名称	期末余额/元	
		借方	贷方
1123	预付账款	261000.00	
112301	广州万利实业有限公司	261000.00	
1221	其他应收款		
122101	岳嘉禾		
122102	谢娜		
1402	在途物资		
140201	G1201 油漆		
1403	原材料	102000.00	
140301	屏风	34500.00	
140302	软木材料	45000.00	
140303	G1201 油漆	22500.00	
1405	库存商品	49985.20	
140501	办公桌	10900.00	
140502	家用餐桌	39085.20	
1411	周转材料	22082.00	
141101	714 号螺丝	7920.00	
141102	包装箱	8162.00	
141103	工作服	6000.00	
1601	固定资产	1139860.00	
1602	累计折旧		373829.80
1701	无形资产	50000.00	
170101	画图软件	50000.00	
1702	累计摊销		5833.38
1901	待处理财产损溢		
190101	待处理流动资产损溢		
2001	短期借款		200000.00
2202	应付账款		13724.98
220201	广州凯特股份有限公司		13724.98
2203	预收账款		
220301	北京新源实业有限公司		
2211	应付职工薪酬		85150.00
221101	工资		85150.00
221103	住房公积金		

续表

科目代码	科目名称	期末余额/元	
		借方	贷方
221104	福利费		
221105	医疗保险		
221106	生育保险		
221107	工伤保险		
221108	设定提存计划		
2221	应交税费		58268.63
222101	应交增值税		
22210101	进项税额	11212.80	
22210102	销项税额		45600.00
22210103	进项税额转出		
22210104	转出未交增值税	34387.20	
222103	应交所得税		19754.97
222104	未交增值税		34387.20
222105	应交城市维护建设税		2407.10
222106	应交教育费附加		1031.62
222107	应交地方教育附加		687.74
222108	应交个人所得税		
2231	应付利息		1000.00
2232	应付股利		144527.35
2241	其他应付款	7125.00	
224101	住房公积金	4560.00	
224102	社会保险费	2565.00	
4001	股本		5000000.00
400101	许建辉		4500000.00
400102	郑智化		500000.00
4101	盈余公积		196695.19
4103	本年利润		59264.91
4104	利润分配		2212451.66
410401	未分配利润		2212451.66
5001	生产成本	80871.55	
500101	办公桌	31332.47	
50010101	直接材料	16220.50	
50010102	直接人工	5516.50	

续表

科目代码	科目名称	期末余额/元	
		借方	贷方
50010103	制造费用	9595.47	
500102	家用餐桌	49539.08	
50010201	直接材料	31168.37	
50010202	直接人工	6181.64	
50010203	制造费用	12189.07	
5101	制造费用		
510101	福利费		
510102	房租费		
510103	工资		
510104	社会保险费		
510105	住房公积金		
510106	折旧费		
510107	无形资产摊销		
510108	电费		
6001	主营业务收入		
600101	办公桌		
600102	家用餐桌		
6401	主营业务成本		
640101	办公桌		
640102	家用餐桌		
6403	税金及附加		
6601	销售费用		
660101	广告费		
660102	运输费		
660103	福利费		
660104	房租费		
660105	折旧费		
660106	工资		
660107	社会保险费		
660108	住房公积金		
6602	管理费用		
660201	办公费		
660202	业务招待费		

续表

科目代码	科目名称	期末余额/元	
		借方	贷方
660203	修理费		
660204	福利费		
660205	房租费		
660206	折旧费		
660207	工资		
660208	社会保险费		
660209	住房公积金		
6603	财务费用		
660301	手续费		
660302	利息费		
6801	所得税费用		
	合计	8350745. 90	8350745. 90

表 7-2-2 存货明细表

单位：北京科云股份有限公司　　　　　　　　　时间：2019 年 1 月 31 日

库存商品品名	余额期末结存数量	单价	金额
办公桌	20	545. 00	10900. 00
家用餐桌	40	977. 13	39085. 20
合计			49985. 20
在产品	余额期末结存数量	单价	金额
办公桌	55	569. 6812727	31332. 47
家用餐桌	55	900. 7105455	49539. 08
合计			80871. 55
原材料品名	余额期末结存数量	单价	金额
屏风	3450	10. 00	34500. 00
软木材料	500	90. 00	45000. 00
油漆 G1201	500	45. 00	22500. 00
合计			102000. 00
周转材料品名	余额期末结存数量	单价	金额
周转材料			
714 号螺丝	66	120. 00	7920. 00
包装箱	1000	8162. 00	8162. 00
工作服	40	150. 00	6000. 00
合计			22082. 00

二、账务处理资料

北京科云股份有限公司 2019 年 2 月主要经济业务如下：

1.1 日，支付广告费(相关单据见图 7-2-6~图 7-2-8)。

费用报销单

日期：2019年 02 月 01日　　　　附件 1 张

报销人	曹酷菲	所属部门	业务部	报销形式	现金
				支票号码	
报销项目		摘要		金额	备注
支付广告费		支付广告费		2000.00	
合　计				¥2000.00	
金额大写（人民币）：贰仟元整				原借款：0.00元	公司应支付：¥2000.00元 个人应退回：0.00元

现金付讫

财务经理：张乐　部门经理：陈晓芬　会计：陈飞　出纳：谢娜　收款人：曹酷菲

图 7-2-6　费用报销单

北京增值税普通发票

1100092620　　发票联　　№ 20013093

校验码 56103 85483 06997 53983　　开票日期：2019 年 02 月 01 日

购买方	名称：北京科云股份有限公司 纳税人识别号：91110908045615075X 地址、电话：北京高新园创新路55号010-88227854 开户行及账号：中国工商银行北京分行11000760904870809101	密码区	1*6<+81+574+9*2+/>0-39063/* -*0/968*624582>91*3/*1<6*42 2477</42**0+7-2</24-630-391 611+>/51433*124*5-+44><9/94

货物或应税劳务、服务名称	规格型号	单位	数量	单价	金额	税率	税额
*广告服务*广告费		次	1	1886.79	1886.79	6%	113.21
合　计					¥1886.79		¥113.21
价税合计（大写）	⊗贰仟圆整				（小写）		¥2000.00

销售方	名称：北京蓝天实业有限公司 纳税人识别号：91110270590544459X 地址、电话：北京家乐园黄山路45号010-34566666 开户行及账号：中国工商银行北京西城支行110007632313001	备注	

收款人：　　复核：　　开票人：钟秦云　　销售方：（章）

税总函〔2016〕507号北京伊诺尔印务有限公司

第二联：发票联　购买方记账凭证

图 7-2-7　北京增值税普通发票

记　账　凭　证

年　　月　　日　　　　记 字 001 号

摘　要	总账科目	明细科目	借方金额 千百十万千百十元角分	贷方金额 千百十万千百十元角分	记账
合计		（附件　　张）			

会计主管　　　　记账　　　　出纳　　　　审核　　　　制单

图 7-2-8　记账凭证

2. 2 日，预付材料款（相关单据见图 7-2-9～图 7-2-12）。

付款申请单

申请部门：采购部　　　　　　　　　　2019 年 02 月 02 日

收款单位名称（全称）		付款事由（用途）	金额	付款方式
广州万利实业有限公司		预付材料款	45000.00	转账
备注	银行转讫			
合计金额（大写）	零 佰零 拾肆 万伍 仟零 佰零 拾零 元零 角零 分		合计金额（小写）	￥:45000.00
发票种类		款项所属账期	2019 年 02 月	

总经理：许建辉　　审批：吴浩　　财务：陈飞　　主管：林月　　经办：黄莱悦

图 7-2-9　付款申请单

ICBC 中国工商银行　业务回单（付款）

日期：2019 年02月02日　　　　　　回单编号：35730750

付款人户名：北京科云股份有限公司　　　　付款人开户行：中国工商银行北京分行
付款人账号（卡号）：1100076090487080910 12
收款人户名：广州万利实业有限公司　　　　收款人开户行：中国工商银行广州西城支行
收款人账号（卡号）：110007254813001075545
金额：肆万伍仟元整　　　　小写：　　￥45000.00元
业务（产品）种类：同行付款　　凭证种类：000000000　　凭证号码：000000000000000000
摘要：预付材料款　　用途：预付材料款　　币种：人民币
交易机构：0410000298　　记账柜员：00023　　交易代码：52063　　渠道：其他渠道
附言：

支付交易序号：5894928　　报文种类：00100 汇兑报文　　委托日期：2019年02月02日
业务类型（种类）：同行付款
收款人地址：广州云飞园利好路89号
付款人地址：北京高新园创新路55号

本回单为第1次打印，注意重复　　打印日期：2019 年02月02日　　打印柜员：9　　验证码：4985B3E3006

中国工商银行北京分行 自助回单机专用章 （003）

图 7-2-10　中国工商银行业务回单（付款）

购销合同

供方：广州万利实业有限公司　　合同号：201902001

需方：北京科云股份有限公司　　签订日期：2019年2月2日

经双方协议，订立本合同如下：

产品名称	规格型号	单位	数量	单价	金额
软木材料		卷	1000	104.40	104400.00
合计					104400.00
货款总计（大写）：人民币壹拾万肆仟肆佰元整					

质量验收标准：外观无瑕疵，货品名称、规格、材质符合需方要求。

交货日期：2019年3月2日

交货地点：广州云飞园利好路89号

结算方式：合同签订后预付45000元，交付货物后三日内支付尾款。

违约条款：违约方须赔偿对方一切经济损失。但遇天灾人祸或其它人力不能控制之因素而导致延误交货，需方不能要求供方赔偿任何损失。

解决合同纠纷的方式：经双方友好协商解决，如协商不成的，可向当地仲裁委员会提出申诉解决。

本合同一式两份，供需双方各执一份，自签定之日起生效。

供方（盖章）：广州万利实业有限公司	需方（盖章）：北京科云股份有限公司
税号：914401005963[illegible]4369X	税号：9111090804[illegible]15075X
开户行及账号：中国工商银行广州[illegible]支行110007	开户行及账号：中国工商银行北[illegible]行[illegible]0760904
地址：广州云飞园利好路89号	地址：北京高新园创新路55号
法定代表：黄凯威	法定代表：许建辉
联系电话：020-62147896	联系电话：010-58227854

图 7-2-11　购销合同

记　账　凭　证

年　　月　　日　　　　记 字 002 号

摘　要	总账科目	明细科目	借方金额（千百十万千百十元角分）	贷方金额（千百十万千百十元角分）	记账
					☐
					☐
					☐
					☐
					☐
					☐
合计		（附件　　张）			

会计主管　　记账　　出纳　　审核　　制单

图 7-2-12　记账凭证

3. 3 日，收到货款(相关单据见图 7-2-13、图 7-2-14)。

ICBC 中国工商银行 业务回单（收款）

日期：2019 年02月03日　　回单编号：53573567

付款人户名：石家庄亿达股份有限公司　　付款人开户行：中国工商银行石家庄五一路支行
付款人账号（卡号）：310007632313001012379
收款人户名：北京科云股份有限公司　　收款人开户行：中国工商银行北京分行
收款人账号（卡号）：110007609048708091012
金额：壹拾陆万捌仟肆佰捌拾元整　　小写：￥168480.00元
业务（产品）种类：同行收款　　凭证种类：00000000　　凭证号码：0000000000000000
摘要：货款　　用途：货款　　币种：人民币
交易机构：0410000298　　记账柜员：00023　　交易代码：52063　　渠道：其他渠道
附言：

支付交易序号：5894928　　报文种类：00100 汇兑报文　　委托日期：2019年02月03日
业务类型(种类)：同行收款
收款人地址：北京高新园创新路55号
付款人地址：石家庄市五一路25号

中国工商银行北京分行 自助回单机专用章 (003)

本回单为第1次打印，注意重复　　打印日期：2019 年02月03日　　打印柜员：9　　验证码：4985B3E3006

图 7-2-13　中国工商银行业务回单(收款)

记　账　凭　证

年　　月　　日　　　　记 字 003 号

摘要	总账科目	明细科目	借方金额 千百十万千百十元角分	贷方金额 千百十万千百十元角分	记账
					□
					□
					□
					□
					□
					□
合计		（附件　张）			

会计主管　　记账　　出纳　　审核　　制单

图 7-2-14　记账凭证

4. 3 日，售办公桌(相关单据见图 7-2-15~图 7-2-18)。

1100092620 **北京增值税专用发票** № 45236638

（印章：北京）

此联不作报销、扣税凭证使用　　开票日期：2019年02月03日

购买方	名　　称：北京宏达股份有限公司 纳税人识别号：91110270590522288X 地 址、电 话：北京软件园立新路35号010-53847496 开户行及账号：中国工商银行北京朝阳支行110007632313001	密码区	1*6<+81+574+9*2+/>0- 39063/* – *0/968*624582>91*3/*1<6*4

货物或应税劳务、服务名称	规格型号	单位	数量	单价	金额	税率	税额
*家具*办公桌		张	100	1320.00	132000.00	13%	17160.00
合　　计					¥132000.00		¥17160.00
价税合计（大写）	⊗壹拾肆万玖仟壹佰陆拾圆整				（小写）¥149160.00		

销售方	名　　称：北京科云股份有限公司 纳税人识别号：91110908045615075X 地 址、电 话：北京高新园创新路55号010-88227854 开户行及账号：中国工商银行北京分行11000760904870809101	备注	（印章：北京科云股份有限公司 91110908045615075X 发票专用章）

收款人：　　复核：　　开票人：吴　　销售方：（章）

税总函[2016]117号海南华森实业公司

第一联：记账联 销售方记账凭证

图 7-2-15　北京增值税专用发票

客户名称：北京宏达股份有限公司　　2019年02月03日　　No:67547890

品 名	规 格	单位	单价	数量	金额
办公桌		张	1491.60	100	149160.00
总计金额（大写）：人民币壹拾肆万玖仟壹佰陆拾元整					¥149160.00

信用审批：许建辉　　业务主管：陈晓芬　　经办人：曹酷菲

第一联：存根（白）第二联：客户（红）

图 7-2-16　销售单 1

物资类别：库存商品　　**出 库 单**　　No.41076518

2019年 02月 03日

提货单位或部门	北京宏达股份有限公司	发票号码或销售单号	45236638	发出仓库	第三仓库	出库日期	2019-02-03

编号	名称及规格	单位	数量：要数	数量：实发	单价	金额
013	办公桌	张	100	100		
	合　计					

部门主管：陈霖　　会计：陈飞　　仓库：岳嘉禾　　制表：岳嘉禾

第二联 记账

图 7-2-17　出库单

记 账 凭 证

年 月 日 记 字 004 号

摘 要	总账科目	明细科目	借方金额（千百十万千百十元角分）	贷方金额（千百十万千百十元角分）	记账
合计		（附件 张）			

会计主管 记账 出纳 审核 制单

图 7-2-18 记账凭证

5. 3 日，代垫运费(相关单据见图 7-2-19~图 7-2-22)。

付款申请单

申请部门：业务部 2019 年 02 月 03 日

收款单位名称（全称）		付款事由（用途）		金额	付款方式
石家庄顺达物流有限公司		代垫运费		1000.00	转账
备注	代垫销售办公桌给北京宏达股份有限公司的运费				
合计金额（大写）	零 佰零 拾零 万壹 仟零 佰零 拾零 元零 角零 分			合计金额（小写）	￥:1000.00
发票种类	增值税专用发票		款项所属账期	2019 年 02 月	

银行转讫

总经理：许建辉 审批：吴浩 财务：陈飞 主管：陈晓芬 经办：曹酷菲

图 7-2-19 付款申请单

ICBC 中国工商银行 业务回单（付款）

日期：2019 年02月03日 回单编号:35735675

付款人户名：北京科云股份有限公司
付款人账号（卡号）：110007609048708091012
收款人户名：石家庄顺达物流有限公司
收款人账号（卡号）：310007632313001011233
金额：壹仟元整
业务（产品）种类：同行付款 凭证种类:000000000
摘要：代垫运费 用途：代垫运费
交易机构:0410000298 记账柜员:00023 交易代码:52063
附言：
支付交易序号:5894928 报文种类:00100 汇兑报文
业务类型(种类)：同行付款
收款人地址：石家庄市创新园52号
付款人地址：北京高新园创新路55号

付款人开户行：中国工商银行北京分行
收款人开户行：中国工商银行东汉启民街支行
小写： ￥1000.00元
凭证号码:000000000000000000
币种：人民币
渠道：其他渠道
委托日期：2019年02月03日

中国工商银行北京分行 自助回单机专用章 (003)

本回单为第1次打印，注意重复 打印日期：2019 年02月03日 打印柜员：9 验证码:4985B3E3006

图 7-2-20 中国工商银行业务回单(付款)

河北增值税专用发票

1100092620　　发票联　　№ 45456638

开票日期：2019年02月03日

购买方	名　　称：北京宏达股份有限公司 纳税人识别号：9111027059052288X 地　址、电　话：北京软件园立新路35号010-53847496 开户行及账号：中国工商银行北京朝阳支行1100076323130010	密码区	1*6<+81+574+9*2+/>0- 39063/* - *0/968*624582>91*3/*1<6*42

货物或应税劳务、服务名称	规格型号	单位	数量	单价	金额	税率	税额
*运输服务*运输费		次	1	917.43	917.43	9%	82.57
合　　计					¥917.43		¥82.57
价税合计（大写）	⊗壹仟圆整				（小写）¥1000.00		

销售方	名　　称：石家庄顺达物流有限公司 纳税人识别号：91310250590522255X 地　址、电　话：石家庄市创新园52号0311-73847541 开户行及账号：中国工商银行东汉启民街支行31000763231300	备注	起运地：北京　到达地：石家庄 货品：办公桌 车牌号：冀AAW991

收款人：　　复核：　　开票人：杨铭立　　销售方：（章）

税总函〔2016〕117号海南华森实业公司

第三联：发票联　购买方记账凭证

图 7-2-21　河北增值税专用发票

记　账　凭　证

年　　月　　日　　　　记　字 005 号

摘　要	总账科目	明细科目	借方金额（千百十万千百十元角分）	贷方金额（千百十万千百十元角分）	记账
合计		（附件　　张）			

会计主管　　记账　　出纳　　审核　　制单

图 7-2-22　记账凭证

6. 4日，生产领用原材料（相关单据见图 7-2-23～图 7-2-26）。

发出材料成本计算表

单位：北京科云股份有限公司　　品名：屏风　　时间：2019年02月04日

项目		收入			发出			结存		
日期	摘要	数量	单价	金额	数量	单价	金额	数量	单价	金额
02月01日	期初结存							3450	10.00	34500.00
02月04日	领用材料				800	10.00	8000.00	2650	10.00	26500.00

审核人：吴若　　制表人：陈飞

图 7-2-23　发出材料成本计算表

领 料 单 No.32446876

领料部门：基本生产车间

用　途：生产办公桌、家用餐桌　　2019 年 02 月 04 日

编号	品名	规格及型号	单位	数量		计划价格	
				请领	实发	单价	总价
011	屏风		个	800	800		
合	计						

第二联　记账

记账：陈飞　　发料：岳嘉禾　　领料：秦峰

图 7-2-24　领料单

单位：北京科云股份有限公司　　品名：屏风　　2019年02月04日

部门	产品名称	成本项目	领用数量（个）	分配比例	分配数量（个）	单价（元）	分配金额（元）
生产车间	办公桌	原材料	800	3：2	480	10.00	4800.00
生产车间	家用餐桌	原材料		3：2	320	10.00	3200.00
合计			800		800		8000.00

审核：周浩　　制单：陈飞

图 7-2-25　材料分配表

记　账　凭　证

年　月　日　　记 字 006 号

摘　要	总账科目	明细科目	借方金额（千百十万千百十元角分）	贷方金额（千百十万千百十元角分）	记账
					□
					□
					□
					□
					□
					□
合计		（附件　张）			

会计主管　　记账　　出纳　　审核　　制单

图 7-2-26　记账凭证

7.4 日，采购原材料(已预付材料款，相关单据见图 7-2-27～图 7-2-30)。

广东增值税专用发票

1100092620　　发票联　　№ 54385173

开票日期：2019 年 02 月 04 日

购买方	名称：北京科云股份有限公司 纳税人识别号：91110908045615075X 地址、电话：北京高新园创新路55号010-88227854 开户行及账号：中国工商银行北京分行1100076090487080910			密码区	1*6<+81+574+9*2+/>0-39063/* - *0/968*624582>91*3/*1<6*4		
货物或应税劳务、服务名称	规格型号	单位	数量	单价	金额	税率	税额
*木制品*软木材料		卷	2500	90.00	225000.00	13%	29250.00
合计					¥225000.00		¥29250.00
价税合计（大写）	⊗贰拾伍万肆仟贰佰伍拾圆整				（小写）¥254250.00		
销售方	名称：广州万利实业有限公司 纳税人识别号：91440100596394369X 地址、电话：广州云飞园利好路89号020-62147896 开户行及账号：中国工商银行广州西城支行1100072548130010			备注			

收款人：　　复核：　　开票人：詹含雨　　销售方：（章）

第三联：发票联　购买方记账凭证

图 7-2-27　广东增值税专用发票

销　售　单　　2

客户名称：北京科云股份有限公司　　2019 年 02 月 04 日　　№:87438924

品名	规格	单位	单价	数量	金额
软木材料		卷	101.7	2500	254250.00
总计金额（大写）：人民币贰拾伍万肆仟贰佰伍拾元整					¥254250.00

信用审批：黄凯威　　业务主管：陆诗诗　　经办人：詹含雨

第一联：存根（白）第二联：客户（红）

图 7-2-28　销售单 2

入　库　单　　№ 37629876

交货单位：广州万利实业有限公司　　2019 年 02 月 04 日

品名	单位	规格	数量	单价	金额（千 百 十 万 千 百 十 元 角 分）
软木材料	卷		2500		
合计大写	仟 佰 拾 万 仟 佰 拾 元 角 分 ¥				

记账 陈飞　　保管 岳嘉禾　　制票 岳嘉禾

第二联　会计联

图 7-2-29　入库单

记　账　凭　证

年　月　日　　记 字 007 号

摘　要	总账科目	明细科目	借方金额 千百十万千百十元角分	贷方金额 千百十万千百十元角分	记账
					□
					□
					□
					□
					□
					□
合计		（附件　张）			

会计主管　　记账　　出纳　　审核　　制单

图 7-2-30　记账凭证

8. 5 日，报销办公费(相关单据见图 7-2-31～图 7-2-33)。

费用报销单

日期：2019年 02 月 05 日　　附件 1 张

报销人	黄莱悦	所属部门	采购部	报销形式	现金
				支票号码	
报销项目		摘要		金额	备注
办公用品		购买A4纸		120.00	
合　计				¥120.00	
金额大写（人民币）：壹佰贰拾元整				原借款：0.00元	公司应支付：¥120.0元 个人应退回：0.00元

现金付讫

财务经理：张乐　　部门经理：林月　　会计：陈飞　　出纳：谢娜　　收款人：黄莱悦

图 7-2-31　费用报销单

北京增值税普通发票

1100092620　　　　　　　　　　№33268944

校验码 56103 85483 06997 53983　　发票联　　开票日期：2019年02月05日

购买方	名　　称：北京科云股份有限公司 纳税人识别号：91110908045615075X 地址、电话：北京高新园创新路55号010-88227854 开户行及账号：中国工商银行北京分行1100076090487080910				密码区	1*6<+81+574+9*2+/>0-39063/* -*0/968*624582>91*3/*1<6*42 2477</42**0+7-2</24-630-391 611+>/51433*124*5-+44><9/94		
货物或应税劳务、服务名称	规格型号	单位	数量	单价	金额	税率	税额	
*纸制品*A4纸		箱	1	106.19	106.19	13%	13.81	
合　　计					￥106.19		￥13.81	
价税合计（大写）	⊗壹佰贰拾圆整				（小写）		￥120.00	
销售方	名　　称：北京蓝天实业有限公司 纳税人识别号：91110270590544459X 地址、电话：北京家乐园黄山路45号010-34566666 开户行及账号：中国工商银行北京西城支行1100076323130010				备注			

收款人：　　复核：　　开票人：钟素云　　销售方：（章）

税总函〔2016〕507号北京伊诺尔印务有限公司

第二联：发票联　购买方记账凭证

图 7-2-32　北京增值税普通发票

记　账　凭　证

年　月　日　　记 字 008 号

摘　要	总账科目	明细科目	借方金额（千百十万千百十元角分）	贷方金额（千百十万千百十元角分）	记账
					□
					□
					□
					□
					□
					□
合计		（附件　张）			

会计主管　　记账　　出纳　　审核　　制单

图 7-2-33　记账凭证

9.5 日，生产领用原材料(相关单据见图 7-2-34~图 7-2-37)。

单位：北京科云股份有限公司　　品名：软木材料　　时间：2019年02月05日

项目		收入			发出			结存		
日期	摘要	数量	单价	金额	数量	单价	金额	数量	单价	金额
02月01日	期初结存							500	90.00	45000.00
02月04日	购入材料	2500	90.00	225000.00				3000	90.00	270000.00
02月05日	领用材料				600	90.00	54000.00	2400	90.00	216000.00

审核人：吴浩　　制表人：陈飞

图 7-2-34　原材料成本计算表

领　料　单　　　　No.32446877

领料部门：基本生产车间
用　　途：生产办公桌、家用餐桌　　　　2019 年 02 月 05 日

编号	品名	规格及型号	单位	数量		计划价格	
				请领	实发	单价	总价
032	软木材料		卷	600	600		
合计							

第二联 记账

记账：陈飞　　发料：岳嘉禾　　领料：秦峰

图 7-2-35　领料单

单位：北京科云股份有限公司　　　　2019年02月05日

部门	产品名称	成本项目	领用数量（卷）	分配比例	分配数量（卷）	单价（元）	分配金额（元）
生产车间	办公桌	原材料	600	1：2	200	90.00	18000.00
生产车间 吴浩	家用餐桌	原材料		1：2 陈飞	400	90.00	36000.00
合计			600		600		54000.00

审核：　　　　制单：

图 7-2-36　材料分配表（软木材料）

记　账　凭　证

年　月　日　　　　记 字 009 号

摘要	总账科目	明细科目	借方金额（千百十万千百十元角分）	贷方金额（千百十万千百十元角分）	记账
					☐
					☐
					☐
					☐
					☐
					☐
合计		（附件　张）			

会计主管　　记账　　出纳　　审核　　制单

图 7-2-37　记账凭证

10.6 日，采购原材料(相关单据见图 7-2-38~图 7-2-40)。

广东增值税专用发票

1100092620　　发票联　　№ 58885173

开票日期：2019年02月06日

购买方	名称：北京科云股份有限公司 纳税人识别号：91110908045615075X 地址、电话：北京高新园创新路55号010-88227854 开户行及账号：中国工商银行北京分行1100076090487080910			密码区	1*6<+81+574+9*2+/>0-39063/* *0/968*624582>91*3/*1<6*4		
货物或应税劳务、服务名称	规格型号	单位	数量	单价	金额	税率	税额
*涂料*G1201油漆		罐	400	45.00	18000.00	13%	2340.00
合计					¥18000.00		¥2340.00
价税合计（大写）	⊗贰万零叁佰肆拾圆整				（小写）¥20340.00		
销售方	名称：广州凯特股份有限公司 纳税人识别号：91440100M0001FG019 地址、电话：广州黄埔区三开路08号020-36589547 开户行及账号：中国工商银行广州朝阳支行1100076323136589			备注			

收款人：　　复核：　　开票人：谢浪　　销售方：（章）

税总函[2016]117号海南华森实业公司

第三联：发票联 购买方记账凭证

图 7-2-38　广东增值税专用发票

销 售 单　　2

客户名称：北京科云股份有限公司　　2019年02月06日　　No:88838924

品名	规格	单位	单价	数量	金额
G1201油漆		罐	50.85	400	20340.00
总计金额（大写）：人民币贰万零叁佰肆拾元整					¥20340.00

信用审批：马力　　业务主管：蒋欣　　经办人：谢浪

第一联：存根（白）第二联：客户（红）

图 7-2-39　销售单 2

记　账　凭　证

年　月　日　　记 字 010 号

摘要	总账科目	明细科目	借方金额	贷方金额	记账
					☐
					☐
					☐
					☐
					☐
					☐
合计		（附件　张）			

会计主管　　记账　　出纳　　审核　　制单

图 7-2-40　记账凭证

11. 8 日，支付职工困难补助金(相关单据见图 7-2-41～图 7-2-43)。

ICBC 中国工商银行 业务回单（付款）

日期：2019 年02月08日　　回单编号:35545675

付款人户名：北京科云股份有限公司　　付款人开户行：中国工商银行北京分行
付款人账号（卡号）：110007609048708091012
收款人户名：候江　　收款人开户行：中国工商银行北京分行
收款人账号（卡号）：112308219175714592893
金额：伍佰元整　　小写：　¥500.00元
业务（产品）种类：同行付款　　凭证种类：000000000　　凭证号码：000000000000000000
摘要：职工困难补助金　　用途：职工困难补助金　　币种：人民币
交易机构：0410000298　　记账柜员：00023　　交易代码：52063　　渠道：其他渠道
附言：

支付交易序号：5894928　　报文种类：00100 汇兑业务　　委托日期：2019年02月08日
业务类型(种类)：同行付款
收款人地址：北京海淀区西翠路5号今日家园小区
付款人地址：北京高新园创新路55号

（印章：中国工商银行北京分行 自助回单机专用章 (003)）

本回单为第1次打印，注意重复　　打印日期：2019 年02月08日　　打印柜员：9　　验证码：4985B3E3006

图 7-2-41　中国工商银行业务回单(付款)

单位：北京科云股份有限公司　　日期：2019年02月08日

序号	部门	岗位	姓名	发放形式	发放标准	签收人
001	生产车间	管理人员	候江	转账	500.00	候江
	合计				500.00	

审核：吴浩　　制表：陈飞

图 7-2-42　困难补助金发放明细表

记　账　凭　证

年　月　日　　记 字 011 号

摘　要	总账科目	明细科目	借方金额（千百十万千百十元角分）	贷方金额（千百十万千百十元角分）	记账
					□
					□
					□
					□
					□
					□
合计	（附件　张）				

会计主管　　记账　　出纳　　审核　　制单

图 7-2-43　记账凭证

12. 8 日，原材料入库(相关单据见图 7-2-44、图 7-2-45)。

入 库 单 № 37629877

交货单位:广州凯特股份有限公司　　2019 年 02 月 08 日

品名	单位	规格	数量	单价	金额 千百十万千百十元角分
G1201油漆	罐		400		
合计大写	仟 佰 拾 万 仟 佰 拾 元 角 分 ¥				

第二联 会计联

记账 陈飞　　保管 岳嘉禾　　制票 岳嘉禾

图 7-2-44　入库单

记 账 凭 证

年　月　日　　记 字 012 号

摘要	总账科目	明细科目	借方金额 千百十万千百十元角分	贷方金额 千百十万千百十元角分	记账
合计		(附件　张)			

会计主管　　记账　　出纳　　审核　　制单

图 7-2-45　记账凭证

13. 10 日，生产领用原材料(相关单据见图 7-2-46～图 7-2-49)。

单位：北京科云股份有限公司　　品名:G1201油漆　　时间：2019年02月10日

项目		收入			发出			结存		
日期	摘要	数量	单价	金额	数量	单价	金额	数量	单价	金额
02月01日	期初结存							500	45.00	22500.00
02月06日	采购入库	400	45.00	18000				900	45.00	40500.00
02月10日	领用材料				180	45.00	8100.00	720	45.00	32400.00

审核人：吴浩　　制表人：陈飞

图 7-2-46　原材料成本计算表

领 料 单 No.32446878

领料部门：基本生产车间
用　　途：生产办公桌、家用餐桌　　2019 年 02 月 10 日

编号	品名	规格及型号	单位	数量		计划价格	
				请领	实发	单价	总价
033	G1201油漆		桶	180	180		
合　　计							

第二联　记账

记账：陈飞　　发料：岳嘉禾　　领料：秦峰

图 7-2-47　领料单

单位：北京科云股份有限公司　　品名：G1201油漆　　2019年02月10日

部门	产品名称	成本项目	领用数量（个）	分配比例	分配数量（个）	单价（元）	分配金额（元）
生产车间	办公桌	原材料	180	1：2	60	45.00	2700.00
生产车间	家用餐桌	原材料		1：2	120	45.00	5400.00
合计			180		180		8100.00

审核：吴浩　　制单：陈飞

图 7-2-48　材料分配表

记　账　凭　证

年　月　日　　记 字 013 号

摘　要	总账科目	明细科目	借方金额	贷方金额	记账
合计		（附件　张）			

会计主管　　记账　　出纳　　审核　　制单

图 7-2-49　记账凭证

14. 12 日，销售家用餐桌(相关单据见图 7-2-50～图 7-2-54)。

北京增值税专用发票

1100092620　　№ 45236639

此联不作报销、扣税凭证使用　　开票日期： 2019年02月12日

购买方	名称：北京蓝天实业有限公司 纳税人识别号：91110270590544459X 地址、电话：北京家乐园黄山路45号010-34566666 开户行及账号：中国工商银行北京西城支行110007632313001			密码区	1*6<+81+574+9*2+/>0-39063/* - *0/968*624582>91*3/*1<6*4		
货物或应税劳务、服务名称	规格型号	单位	数量	单价	金额	税率	税额
*家具*家用餐桌		张	90	1400.00	126000.00	13%	16380.00
合计					¥126000.00		¥16380.00
价税合计（大写）	⊗壹拾肆万贰仟叁佰捌拾圆整				（小写）¥142380.00		
销售方	名称：北京科云股份有限公司 纳税人识别号：91110908045615075X 地址、电话：北京高新园创新路55号010-88227854 开户行及账号：中国工商银行北京分行11000760904870809101			备注	北京科云股份有限公司 91110908045615075X 发票专用章		

收款人：　　复核：　　开票人：吴恒　　销售方：（章）

税总函[2016]117号海南华森实业公司

第一联：记账联　销售方记账凭证

图 7-2-50　北京增值税专用发票

客户名称：北京蓝天实业有限公司　　2019年02月12日　　No:67547891

品名	规格	单位	单价	数量	金额
家用餐桌		张	1582.00	90	142380.00
总计金额（大写）：人民币壹拾肆万贰仟叁佰捌拾元整					¥142380.00

信用审批：许建辉　　业务主管：陈晓芬　　经办人：曹酷菲

第一联：存根（白）第二联：客户（红）

图 7-2-51　销售单 1

物资类别：库存商品

出库单

No.41076517

2019年02月12日

提货单位或部门	北京蓝天实业有限公司	发票号码或销售单号	45236639	发出仓库	第三仓库	出库日期	2019-02-12
编号	名称及规格	单位	数量：要数	数量：实发	单价	金额	
014	家用餐桌	张	90	90			
合计							

部门主管：陈霖　　会计：陈飞　　仓库：岳嘉禾　　制表：岳嘉禾

第二联　记账

图 7-2-52　出库单

ICBC 中国工商银行　业务回单（收款）

日期：2019 年02月12日　　回单编号:53813567

付款人户名:北京蓝天实业有限公司　　付款人开户行:中国工商银行北京西城支行
付款人账号（卡号）:110007632313001078967
收款人户名:北京科云股份有限公司　　收款人开户行:中国工商银行北京分行
收款人账号（卡号）:110007609048708091012
金额:壹拾肆万贰仟叁佰捌拾元整　　小写:　¥142380.00元
业务（产品）种类:同行收款　　凭证种类:00000000　　凭证号码:000000000000000000
摘要:货款　　用途:货款　　币种:人民币
交易机构:0410000298　　记账柜员:00023　　交易代码:52063　　渠道:其他渠道
附言:

支付交易序号:5894928　　报文种类:00100 汇兑报文　　委托日期:2019年02月12日
业务类型(种类):同行收款
收款人地址:北京高新园创新路55号
付款人地址:北京家乐园黄山路45号
本回单为第1次打印，注意重复　　打印日期:2019 年02月12日　　打印柜员:9　　验证码:4985B3E3006

（印章：中国工商银行北京分行 自助回单机专用章 (003)）

图 7-2-53　中国工商银行业务回单(收款)

记　账　凭　证

年　　月　　日　　　　记 字 014 号

摘要	总账科目	明细科目	借方金额（千百十万千百十元角分）	贷方金额（千百十万千百十元角分）	记账
合计		（附件　　张）			

会计主管　　记账　　出纳　　审核　　制单

图 7-2-54　记账凭证

15. 13 日，缴纳企业所得税(相关单据见图 7-2-55、图 7-2-56)。

中国工商银行电子缴税付款凭证

ICBC 中国工商银行

缴税日期:2019 年02月13日　　凭证字号:6854721125696923

纳税人全称:　北京科云股份有限公司　　主机流水号:74849892
纳税人识别号:91110908045615075X
付款人全称:　北京科云股份有限公司
付款人账号:　110007609048708091012　　征收机关名称:北京市高新区税务局
付款人开户行:中国工商银行北京分行　　收款国库(银行)名称:国家金库北京市高新区支库（代理）
小写（合计）金额:¥19754.97　　缴款书交易流水号:44231731234567781
大写（合计）金额:人民币壹万玖仟柒佰伍拾肆元玖角柒分　　税票号码:264236746274

税（费）种名称	所属日期	实缴金额（单位：元）
企业所得税	20190101-20190131	¥19754.97

（印章：中国工商银行北京分行 自助回单机专用章 (003)）

第1次打印　　打印时间:2019年02月13日
客户回单联　　复核:　　记账:

图 7-2-55　中国工商银行企业所得税、缴税、付款凭证

记　账　凭　证

年　　月　　日　　　　　　　　记 字 015 号

摘　要	总账科目	明细科目	借方金额（千百十万千百十元角分）	贷方金额（千百十万千百十元角分）	记账
					☐
					☐
					☐
					☐
					☐
					☐
合计		（附件　　张）			

会计主管　　　　记账　　　　出纳　　　　审核　　　　制单

图 7-2-56　记账凭证

16. 13 日，缴纳附加税（相关单据见图 7-2-57～图 7-2-59）。

中国工商银行电子缴税付款凭证

ICBC 中国工商银行

缴税日期：2019 年02月13日　　　　凭证字号：6854721125696943

纳税人全称：北京科云股份有限公司　　　　主机流水号：74849102

纳税人识别号：91110908045615075X

付款人全称：北京科云股份有限公司

付款人账号：1100076090487O8091012　　征收机关名称：北京市高新区税务局

付款人开户行：中国工商银行北京分行　　收款国库（银行）名称：国家金库北京市高新区支库（代理）

小写（合计）金额：¥4126.46　　缴款书交易流水号：442317312345677790

大写（合计）金额：人民币肆仟壹佰贰拾陆元肆角陆分　　税票号码：10000077338

税（费）种名称	所属日期	实缴金额（单位：元）
城市维护建设税	20190101-20190131	¥2407.10
教育费附加	20190101-20190131	¥1031.62
地方教育附加	20190101-20190131	¥687.74

中国工商银行北京分行 自助回单机专用章 （003）

第1次打印　　　　打印时间：2019年02月13日

客户回单联　　　　复核：　　　　记账：

图 7-2-57　中国工商银行企业所得税、缴税、付款凭证

单位：北京科云股份有限公司　　　　日期：2019年01月31日

税种	计税基础金额	城市建设维护税		教育费附加		地方教育附加	
		税率	税额	税率	税额	税率	税额
增值税	34387.20	7%	2407.10 吴浩	3%	1031.62	2%	687.74 陈飞
消费税	0.00	7%	0.00	3%	0.00	2%	0.00
合计	34387.20		2407.10		1031.62		687.74

审核：　　　　制表：

图 7-2-58　附加税计算表

记 账 凭 证

年 月 日 记 字 016 号

摘 要	总 账 科 目	明 细 科 目	借方金额（千百十万千百十元角分）	贷方金额（千百十万千百十元角分）	记账
					□
					□
					□
					□
					□
					□
合计		（附件 张）			

会计主管 记账 出纳 审核 制单

图 7-2-59 记账凭证

17. 13 日，缴纳上月未交增值税(相关单据见图 7-2-60、图 7-2-61)。

18. 14 日，提取备用金(相关单据见图 7-2-62、图 7-2-63)。

中国工商银行电子缴税付款凭证

ICBC 中国工商银行

缴税日期:2019 年02月13日 凭证字号:685472112569695 3

纳税人全称: 北京科云股份有限公司 主机流水号:74849202

纳税人识别号:91110908045615075X

付款人全称: 北京科云股份有限公司

付款人账号: 110007609048708091012 征收机关名称:北京市高新区税务局

付款人开户行:中国工商银行北京分行 收款国库(银行)名称:国家金库北京市高新区支库（代理）

小写（合计）金额:¥34387.20 缴款书交易流水号:44231731234567772 1

大写（合计）金额:人民币叁万肆仟叁佰捌拾柒元贰角整 税票号码:10000077300

税（费）种名称	所属日期	实缴金额（单位：元）
增值税	20190101-20190131	¥34387.20

[印章：中国工商银行北京分行 自助回单机专用章 (003)]

第1次打印 打印时间:2019年02月13日

客户回单联 复核: 记账:

图 7-2-60 中国工商银行上月增值税缴税付款凭证

记 账 凭 证

年 月 日　　记 字 017 号

摘　要	总账科目	明细科目	借方金额 千百十万千百十元角分	贷方金额 千百十万千百十元角分	记账
					□
					□
					□
					□
					□
					□
合计		（附件　张）			

会计主管　　记账　　出纳　　审核　　制单

图 7-2-61　记账凭证

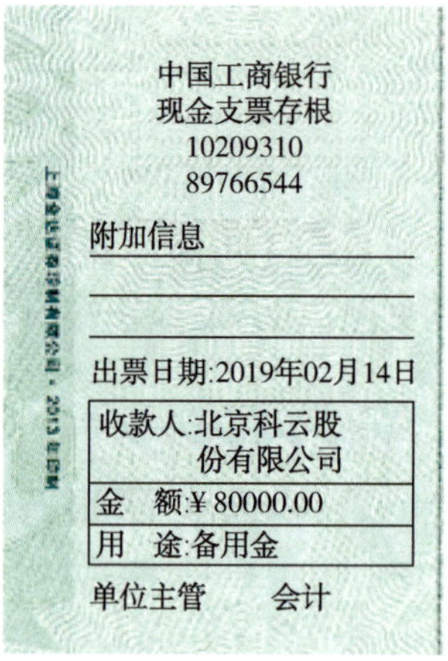
中国工商银行
现金支票存根
10209310
89766544
附加信息
出票日期:2019年02月14日
收款人:北京科云股份有限公司
金　额:¥80000.00
用　途:备用金
单位主管　会计

图 7-2-62　中国工商银行现金支票存根

记 账 凭 证

年 月 日　　记 字 018 号

摘　要	总账科目	明细科目	借方金额 千百十万千百十元角分	贷方金额 千百十万千百十元角分	记账
					□
					□
					□
					□
					□
					□
合计		（附件　张）			

会计主管　　记账　　出纳　　审核　　制单

图 7-2-63　记账凭证

19. 14 日，收回代垫运费(相关单据见图 7-2-64、图 7-2-65)。

ICBC 中国工商银行 业务回单（收款）

日期：2019 年02月14日　　　　回单编号：35737575

付款人户名：北京宏达股份有限公司　　付款人开户行：中国工商银行北京朝阳支行
付款人账号（卡号）：11000763231300101235４
收款人户名：北京科云股份有限公司　　收款人开户行：中国工商银行北京分行
收款人账号（卡号）：1100076090487080910１2
金额：壹仟元整　　小写：¥1000.00元
业务（产品）种类：同行收款　　凭证种类：000000000　　凭证号码：000000000000000000
摘要：代垫的运输费　　用途：代垫的运输费　　币种：人民币
交易机构：0410000298　　记账柜员：00023　　交易代码：52063　　渠道：其他渠道
附言：

支付交易序号：5894928　　报文种类：00100 汇兑报文　　委托日期：2019年02月14日
业务类型(种类)：同行收款
收款人地址：北京高新园创新路55号
付款人地址：北京软件园立新路35号

本回单为第1次打印，注意重复　　打印日期：2019 年02月14日　　打印柜员：9　　验证码：4985B3E3006

中国工商银行北京分行 自助回单机专用章 (003)

图 7-2-64　中国工商银行业务回单(收款)

记　账　凭　证

年　月　日　　　　记 字 019 号

摘　要	总账科目	明细科目	借方金额（千百十万千百十元角分）	贷方金额（千百十万千百十元角分）	记账
					□
					□
					□
					□
					□
					□
合计		（附件　张）			

会计主管　　记账　　出纳　　审核　　制单

图 7-2-65　记账凭证

20. 15 日，缴纳医保、社保(相关单据见图 7-2-66～图 7-2-69)。

中国工商银行电子缴税付款凭证

ICBC 中国工商银行

缴税日期：2019 年02月15日　　　　凭证字号：6854721125696963

纳税人全称：北京科云股份有限公司　　主机流水号：74849302
纳税人识别号：91110908045615075X
付款人全称：北京科云股份有限公司
付款人账号：11000760904870809101２　　征收机关名称：北京市高新区税务局
付款人开户行：中国工商银行北京分行　　收款国库（银行）名称：国家金库北京市高新区支库（代理）
小写（合计）金额：¥8949.00　　缴款书交易流水号：58476958
大写（合计）金额：人民币捌仟玖佰肆拾玖元整　　税票号码：S25844455697

税（费）种名称	所属日期	实缴金额（单位：元）
社会保险基金收入（养老保险）	20190201-20190228	¥5959.00
社会保险基金收入（医疗保险）	20190201-20190228	¥2300.00
社会保险基金收入（失业保险）	20190201-20190228	¥245.00
社会保险基金收入（生育保险）	20190201-20190228	¥245.00
社会保险基金收入（工伤保险）	20190201-20190228	¥200.00

中国工商银行北京分行 自助回单机专用章 (003)

第1次打印　　打印时间：2019年02月15日
客户回单联　　复核：　　记账：

图 7-2-66　中国工商银行医保、社保缴税付款凭证

单位：北京科云股份有限公司　　　　日期：2019年02月15日

项目	金额	备注
医疗保险	1710.00	
生育保险	245.00	
工伤保险	200.00	
养老保险	4029.00	
失业保险	200.00	
合计	6384.00	

审核：吴浩　　　　制表：陈飞

图 7-2-67　社会保险费缴费明细——企业承担部分

公司：北京科云股份有限公司　　2019年02月15日　　金额单位：元

部门	应付工资	社会保险费		
		企业承担部分	个人承担部分	小计
总经办	17200	672	270	942
行政部	5500	336	135	471
财务部	12500	1008	405	1413
市场部	7500	672	270	942
采购部	9000	672	270	942
仓库	3400	336	135	471
生产车间	25200	2688	1080	3768
合计	80300	6384	2565	8949

审核：吴浩　　　　制表：陈飞

图 7-2-68　社会保险费计算表

记　账　凭　证

年　月　日　　记 字 020 号

摘要	总账科目	明细科目	借方金额（千百十万千百十元角分）	贷方金额（千百十万千百十元角分）	记账
合计		（附件　张）			

会计主管　　记账　　出纳　　审核　　制单

图 7-2-69　记账凭证

21.15 日，缴纳住房公积金（相关单据见图 7-2-70～图 7-2-73）。

付款申请单

申请部门：行政部　　　　2019 年 02 月 15 日

收款单位名称（全称）		付款事由（用途）	金额	付款方式
北京科云股份有限公司		缴纳公积金	9120.00	转账
备注	银行转讫			
合计金额（大写）	零 佰零 拾零 万玖 仟壹 佰贰 拾零 元零 角零 分		合计金额（小写）	¥:9120.00
发票种类		款项所属账期	2019 年 02 月	

总经理：许建辉　审批：吴浩　财务：陈飞　主管：凯琳　经办：董智磊

图 7-2-70　付款申请单

住房公积金汇（补）缴书 No 3762178

2019 年 02 月 15 日　　附:缴存变更清册 6 页

缴款单位	单位名称	北京科云股份有限公司	收款单位	单位名称	北京科云股份有限公司
	单位账号	110007609048708091012		公积金账号	110007609048708091034
	开户银行	中国工商银行北京分行		开户银行	中国工商银行北京分行

缴款类型	☑汇缴　☐补缴	补缴原因	
缴款人数	19	缴款时间	2019 年 2 月至 2019 年 2 月　月数 1
缴款方式	☐现金　☑转账		
金额(大写)	人民币玖仟壹佰贰拾元整	百十万千百十元角分	¥912000

上次汇缴		本次增加汇缴		本次减少汇缴		本次汇（补）缴	
人数	金额	人数	金额	人数	金额	人数	金额

上述款项已划转至市住房公积金管理中心住房公积金存款户内。（银行盖章）

复核：　经办：　2019 年 02 月 15 日

中国工商银行北京分行 业务公章

第一联：缴款单位开户行给缴款单位的回单

图 7-2-71　住房公积金汇（补）缴书

公司:北京科云股份有限公司　　2019年02月15日　　金额单位：元

部门	应付工资	住房公积金		
		企业承担部分	个人承担部分	小计
总经办	17200	480	480	960
行政部	5500	240	240	480
财务部	12500	720	720	1440
市场部	7500	480	480	960
采购部	9000	480	480	960
仓库	3400	240	240	480
生产车间	25200	1920	1920	3840
合计	80300	4560	4560	9120

审核：吴浩　　制表：陈飞

图 7-2-72　住房公积金计算表

记　账　凭　证					
年　月　日					记 字 021 号
摘　要	总 账 科 目	明 细 科 目	借方金额 千百十万千百十元角分	贷方金额 千百十万千百十元角分	记账
合计		（附件　张）			

会计主管　　记账　　出纳　　审核　　制单

图 7-2-73　记账凭证

22. 15 日，报销业务招待费（相关单据见图 7-2-74～图 7-2-76）。

费用报销单

日期：2019年 02 月 15 日　　附件 1 张

报销人	董智磊	所属部门	行政部	报销形式	现金
				支票号码	
报销项目		摘要		金额	备注
报销招待费		餐费		800.00	
			现金付讫		
合　计				¥800.00	
金额大写（人民币）：捌佰元整				原借款：0.00元	公司应支付：¥800.00元 个人应退回：0.00元

财务经理：张乐　部门经理：凯琳　会计：陈飞　出纳：谢娜　收款人：董智磊

图 7-2-74　费用报销单

北京增值税普通发票

1100092620　　发票联　　№68860590

校验码 56103 85483 06997 53983　　开票日期：2019 年 02 月15 日

购买方	名　称：北京科云股份有限公司 纳税人识别号：91110908045615075X 地 址、电 话：北京高新园创新路55号010-88227854 开户行及账号：中国工商银行北京分行11000760904870809101				密码区	1*6<+81+574+9*2+/>0-39063/* -*0/968*624582>91*3/*1<6*42 2477</42**0+7-2</24-630-391 611+>/51433*124*5-+44><9/94		
货物或应税劳务、服务名称	规格型号	单位	数量	单价	金额	税率	税额	
*生活服务*餐饮费		次	1	754.72	754.72	6%	45.28	
合　计					¥754.72		¥45.28	
价税合计（大写）	⊗捌佰圆整				（小写）		¥800.00	
销售方	名　称：北京新源实业有限公司 纳税人识别号：91110270590522568X 地 址、电 话：北京力加园矿业路85号010-36895475 开户行及账号：中国工商银行北京朝阳支行1100076323130010				备注			

收款人：　复核：　开票人：蔡婷　销售方：（章）

税总函〔2016〕507号北京伊诺尔印务有限公司

第二联：发票联　购买方记账凭证

图 7-2-75　北京增值税普通发票

记 账 凭 证

年 月 日 记 字 022 号

摘 要	总 账 科 目	明 细 科 目	借方金额 千百十万千百十元角分	贷方金额 千百十万千百十元角分	记账
合计		（附件 张）			

会计主管 记账 出纳 审核 制单

图 7-2-76 记账凭证

23. 15 日，发放上月工资（相关单据见图 7-2-77～图 7-2-80）。

单位：北京科云股份有限公司 时间：2019年02月15日

序号	部门	职位	姓名	累计收入	累计免税收入	累计减除费用	累计专项扣除	累计专项附加扣除	累计准予	累计应纳	税率	速算扣除数	累计应纳税额	累计减免税额	累计应扣	已扣缴税额	应补（退
1	总经办	总经理	许建辉	19600.00		10000.00	750.00	2000.00		6850	0.03	0	205.5		205.5	102.75	102.75
2	总经办	副总经理	郑智化	18000.00		10000.00	750.00	2000.00		5250	0.03	0	157.5		157.5	78.75	78.75
3	行政部	行政人员	董智磊	11000.00		10000.00	750.00	4000.00		0			0		0		0
4	财务部	会计主管	吴浩	12000.00		10000.00	750.00	2000.00		0			0		0		0
5	财务部	会计	陈飞	8000.00		10000.00	750.00	2000.00		0			0		0		0
6	财务部	出纳	谢娜	6000.00		10000.00	750.00	3000.00		0			0		0		0
7	市场部	市场经理	陈晓芬	10100.00		10000.00	750.00	2000.00		0			0		0		0
8	市场部	业务员	曹皓菲	7600.00		10000.00	750.00	3000.00		0			0		0		0
9	采购部	采购经理	林月	13600.00		10000.00	750.00	2000.00		850	0.03	0	25.5		25.5	12.75	12.75
10	采购部	采购员	黄莱悦	7200.00		10000.00	750.00	2000.00		0			0		0		0
11	仓库	仓库管理人员	岳嘉禾	6800.00		10000.00	750.00	3000.00		0			0		0		0
12	生产车间	车间管理人员	陈亚娜	7200.00		10000.00	750.00	3000.00		0			0		0		0
13	生产车间	车间管理人员	刘杨	7200.00		10000.00	750.00	3000.00		0			0		0		0
14	生产车间	车间生产	张雅兵	6000.00		10000.00	750.00	3000.00		0			0		0		0
15	生产车间	车间生产	李礼辉	6000.00		10000.00	750.00	2000.00		0			0		0		0
16	生产车间	车间生产	秦亚飞	6000.00		10000.00	750.00	2000.00		0			0		0		0
17	生产车间	车间生产	张思季	6000.00		10000.00	750.00	2000.00		0			0		0		0
18	生产车间	车间生产	李金哲	6000.00		10000.00	750.00	2000.00		0			0		0		0
19	生产车间	车间生产	侯江	6000.00		10000.00	750.00	2000.00		0			0		0		0
合计				170300.00		190000.00	14250.00	46000.00		12950		0	388.5		388.5	194.25	194.25

审核：吴浩 制表：陈飞

图 7-2-77 个税计算表

单位：北京科云股份有限公司　　　　　　　　　　　　　　　　　　　　　　　　时间：2019年01月31日

部门	职位	姓名	基本工资	出勤天数	电话费补贴	餐费补贴	车费补贴	应付工资	个人交社保费	个人交住房公	税前工资	个人所得税	实发工资	签字确认
总经办	总经理	许建辉	9000.00	22.00	500.00		300.00	9800.00	135.00	240.00	9425.00	102.75	9322.25	许建辉
总经办	副总经理	郑智化	8200.00	22.00	800.00			9000.00	135.00	240.00	8625.00	78.75	8546.25	郑智化
行政部	行政人员	董智磊	5500.00	22.00				5500.00	135.00	240.00	5125.00		5125.00	董智磊
财务部	会计主管	吴浩	6000.00	22.00				6000.00	135.00	240.00	5625.00		5625.00	吴浩
财务部	会计	陈飞	4000.00	22.00				4000.00	135.00	240.00	3625.00		3625.00	陈飞
财务部	出纳	谢娜	2500.00	22.00	300.00		200.00	3000.00	135.00	240.00	2625.00		2625.00	谢娜
市场部	市场经理	陈晓芬	4500.00	22.00	200.00	200.00	150.00	5050.00	135.00	240.00	4675.00		4675.00	陈晓芬
市场部	业务员	曹酷菲	3000.00	22.00	300.00	200.00	300.00	3800.00	135.00	240.00	3425.00		3425.00	曹酷菲
采购部	采购经理	林月	6000.00	22.00	300.00	500.00		6800.00	135.00	240.00	6425.00	12.75	6412.25	林月
采购部	采购员	黄莱悦	3000.00	22.00	300.00	200.00	100.00	3600.00	135.00	240.00	3225.00		3225.00	黄莱悦
仓库	仓库管理人员	岳嘉禾	3400.00	22.00				3400.00	135.00	240.00	3025.00		3025.00	岳嘉禾
生产车间	车间管理人员	陈亚娜	3600.00	22.00				3600.00	135.00	240.00	3225.00		3225.00	陈亚娜
生产车间	车间管理人员	刘杨	3600.00	22.00				3600.00	135.00	240.00	3225.00		3225.00	刘杨
生产车间	车间生产人员	张雅兵	3000.00	22.00				3000.00	135.00	240.00	2625.00		2625.00	张雅兵
生产车间	车间生产人员	李礼辉	3000.00	22.00				3000.00	135.00	240.00	2625.00		2625.00	李礼辉
生产车间	车间生产人员	秦亚飞	3000.00	22.00				3000.00	135.00	240.00	2625.00		2625.00	秦亚飞
生产车间	车间生产人员	张思季	3000.00	22.00				3000.00	135.00	240.00	2625.00		2625.00	张思季
生产车间	车间生产人员	李金哲	3000.00	22.00				3000.00	135.00	240.00	2625.00		2625.00	李金哲
生产车间	车间生产人员	侯江	3000.00	22.00				3000.00	135.00	240.00	2625.00		2625.00	侯江
合计			80300		2700.00	1100.00	1050.00	85150.00	2565.00	4560.00	78025.00	194.25	77830.75	

审核：吴浩　　　　　　　　　　　　　　　　　　　　制表：陈飞

图 7-2-78　1 月份工资发放表

ICBC 中国工商银行 业务回单（付款）

日期：2019 年02月15日　　　　　　　　回单编号:73982690

付款人户名：北京科云股份有限公司　　　　　　付款人开户行：中国工商银行北京分行

付款人账号（卡号）：11000760904870809 1012

收款人户名：　　　　　　　　　　　　　　　　收款人开户行：

收款人账号（卡号）：

金额：柒万柒仟捌佰叁拾元柒角伍分　　　　　　小写：　　￥77830.75元

业务（产品）种类：同行付款　　　凭证种类:000000000　　　凭证号码:000000000000000000

摘要：批量代付　　　　　　　　　用途：工资　　　　　　　币种：人民币

交易机构:0410000298　　记账柜员:00023　　交易代码:52063　　渠道:其他渠道

附言：

支付交易序号:5894928　　报文种类:00100 汇兑报　　　委托日期：2019年02月15日

业务类型(种类)：同行付款

收款人地址：

付款人地址：北京高新园创新路55号

中国工商银行北京分行 自助回单机专用章 (003)

本回单为第1次打印，注意重复　　打印日期：2019 年02月15日　　打印柜员：9　　验证码:4985B3E3006

图 7-2-79　中国工商银行业务回单(付款)

记 账 凭 证

年 月 日　　　　记 字 023 号

摘 要	总账科目	明细科目	借方金额										贷方金额										记账
			千	百	十	万	千	百	十	元	角	分	千	百	十	万	千	百	十	元	角	分	
																							□
																							□
																							□
																							□
																							□
																							□
合计	（附件 张）																						

会计主管　　记账　　出纳　　审核　　制单

图 7-2-80　记账凭证

24. 15 日，缴纳个人所得税（相关单据见图 7-2-81、图 7-2-82）。

中国工商银行电子缴税付款凭证

ICBC 中国工商银行

缴税日期：2019 年02月15日　　凭证字号：6854721125696973

主机流水号：00468093

纳税人全称：北京科云股份有限公司
纳税人识别号：91110908045615075X
付款人全称：北京科云股份有限公司
付款人账号：110007609048708091012
付款人开户行：中国工商银行北京分行
小写（合计）金额：¥1224.98
大写（合计）金额：人民币壹仟贰佰贰拾肆圆玖角捌分

征收机关名称：北京市高新区税务局
收款国库（银行）名称：国家金库北京市高新区支库（代理）
缴款书交易流水号：442317312345677755
税票号码：264236746232

税（费）种名称	所属日期	实缴金额（单位：元）
个人所得税	20190101-20190131	¥1224.98

中国工商银行北京分行 自助回单机专用章 （003）

第1次打印　　打印时间：2019年02月15日

客户回单联　　复核：　　记账：

图 7-2-81　中国工商银行个人所得税缴税付款凭证

记 账 凭 证

年 月 日　　　　记 字 024 号

摘 要	总账科目	明细科目	借方金额										贷方金额										记账
			千	百	十	万	千	百	十	元	角	分	千	百	十	万	千	百	十	元	角	分	
																							□
																							□
																							□
																							□
																							□
																							□
合计	（附件 张）																						

会计主管　　记账　　出纳　　审核　　制单

图 7-2-82　记账凭证

25. 20 日，收到货款(相关单据见图 7-2-83、图 7-2-84)。

ICBC 中国工商银行 业务回单（收款）

日期：2019 年02月20日　　回单编号：25477698

付款人户名：北京蓝天实业有限公司　　付款人开户行：中国工商银行北京西城支行
付款人账号（卡号）：110007632313001078967
收款人户名：北京科云股份有限公司　　收款人开户行：中国工商银行北京分行
收款人账号（卡号）：110007609048708091012
金额：贰万零肆佰壹拾陆元整　　小写：¥20416.00 元
业务（产品）种类：同行收款　　凭证种类：000000000　　凭证号码：0000000000000000
摘要：货款　　用途：货款　　币种：人民币
交易机构：0410000298　　记账柜员：00023　　交易代码：52063　　渠道：其他渠道
附言：

支付交易序号：5894928　　报文种类：00100 汇兑报文　　委托日期：2019 年 02 月 20 日
业务类型(种类)：同行收款
收款人地址：北京高新园创新路55号
付款人地址：北京家乐园黄山路45号

本回单为第1次打印，注意重复　　打印日期：2019 年02月20日　　打印柜员：9　　验证码：4985B3E3006

（印章：中国工商银行北京分行 自助回单机专用章 （003））

图 7-2-83　中国工商银行业务回单(收款)

记　账　凭　证

年　月　日　　记 字 025 号

摘　要	总账科目	明细科目	借方金额										贷方金额										记账
			千	百	十	万	千	百	十	元	角	分	千	百	十	万	千	百	十	元	角	分	
																							□
																							□
																							□
																							□
																							□
																							□
合计		（附件　张）																					

会计主管　　记账　　出纳　　审核　　制单

图 7-2-84　记账凭证

26. 20 日，支付银行手续费(相关单据见图 7-2-85、图 7-2-86)。

ICBC 中国工商银行 业务回单（付款）

日期：2019 年02月20日　　回单编号：53572267

付款人户名：北京科云股份有限公司　　付款人开户行：中国工商银行北京分行
付款人账号（卡号）：110007609048708091012
收款人户名：　　收款人开户行：
收款人账号（卡号）：
金额：叁佰元整　　小写：¥300.00 元
业务（产品）种类：同行付款　　凭证种类：000000000　　凭证号码：0000000000000000
摘要：银行手续费　　用途：银行手续费　　币种：人民币
交易机构：0410000298　　记账柜员：00023　　交易代码：52063　　渠道：其他渠道
附言：

支付交易序号：5894928　　报文种类：00100 汇兑报文　　委托日期：2019 年 02 月 20 日
业务类型(种类)：同行付款
收款人地址：
付款人地址：北京高新园创新路55号

本回单为第1次打印，注意重复　　打印日期：2019 年02月20日　　打印柜员：9　　验证码：4985B3E3006

（印章：中国工商银行北京分行 自助回单机专用章 （003））

图 7-2-85　中国工商银行业务回单(付款)

记 账 凭 证

年　月　日　　　　记 字 026 号

摘 要	总账科目	明细科目	借方金额（千百十万千百十元角分）	贷方金额（千百十万千百十元角分）	记账
					□
					□
					□
					□
					□
					□
合计		（附件　张）			

会计主管　　记账　　出纳　　审核　　制单

图 7-2-86　记账凭证

27. 22 日，销售家用餐桌(相关单据见图 7-2-87～图 7-2-90)。

28. 22 日，支付运输费用(相关单据见图 7-2-91～图 7-2-94)。

北京增值税专用发票

1100092620　　　　№ 45236640

此联不作报销、扣税凭证使用　　　　开票日期：2019年02月22日

购买方	
名　称	石家庄亿达股份有限公司
纳税人识别号	91310270590522251X
地址、电话	石家庄市五一路25号0311-23847493
开户行及账号	中国工商银行石家庄五一路支行31000763231

密码区：1*6<+81+574+9*2+/>0-39063/*-*0/968*624582>91*3/*1<6*4

货物或应税劳务、服务名称	规格型号	单位	数量	单价	金额	税率	税额
*家具*家用餐桌		张	20	1500	30000.00	13%	3900.00
合　计					¥30000.00		¥3900.00
价税合计（大写）	⊗叁万叁仟玖佰圆整				（小写）¥33900.00		

销售方	
名　称	北京科云股份有限公司
纳税人识别号	91110908045615075X
地址、电话	北京高新园创新路55号010-88227854
开户行及账号	中国工商银行北京分行11000760904870809101

备注：（印章：北京科云股份有限公司 91110908045615075X 发票专用章）

收款人：　　复核：　　开票人：吴　　销售方：（章）

税总函[2016]117号海南华森实业公司

第一联：记账联 销售方记账凭证

图 7-2-87　北京增值税专用发票

销 售 单 1

客户名称：石家庄亿达股份有限公司　　2019 年 02 月 22 日　　No:67547892

品 名	规 格	单位	单价	数量	金额
家用餐桌		张	1695.00	20	33900.00
总计金额（大写）：人民币叁万叁仟玖佰元整					¥33900.00

第一联：存根（白）第二联：客户（红）

信用审批：许建辉　　业务主管：陈晓芬　　经办人：曹酷菲

图 7-2-88　销售单 1

物资类别	库存商品

出 库 单

No.41076515

2019年 02月 22日

提货单位或部门	石家庄亿达股份有限公司	发票号码或销售单号	45236640	发出仓库	第三仓库	出库日期	2019-02-22

编号	名称及规格	单位	数量		单价	金额
			要数	实发		
014	家用餐桌	张	20	20		
合 计						

第二联　记账

部门主管：陈霖　　会计：陈飞　　仓库：岳嘉禾　　制表：岳嘉禾

图 7-2-89　出库单

记 账 凭 证

年　月　日　　记 字 027 号

摘 要	总 账 科 目	明 细 科 目	借方金额（千百十万千百十元角分）	贷方金额（千百十万千百十元角分）	记账
					☐
					☐
					☐
					☐
					☐
					☐
合计		（附件　张）			

会计主管　　记账　　出纳　　审核　　制单

图 7-2-90　记账凭证

河北增值税专用发票

1100092620 发票联 № 45456638

开票日期：2019年02月22日

购买方	名称：北京科云股份有限公司 纳税人识别号：91110908045615075X 地址、电话：北京高新园创新路55号 010-88227854 开户行及账号：中国工商银行北京分行1100076090487080910				密码区	1*6<+81+574+9*2+/>0-39063/* - *0/968*624582>91*3/*1<6*4	
货物或应税劳务、服务名称	规格型号	单位	数量	单价	金额	税率	税额
*运输服务*运输费		次	1	2000.00	2000.00	9%	180.00
合计					¥2000.00		¥180.00
价税合计（大写）	⊗贰仟壹佰捌拾圆整				（小写）¥2180.00		
销售方	名称：石家庄顺达物流有限公司 纳税人识别号：91310250590522255X 地址、电话：石家庄市创新园52号0311-73847541 开户行及账号：中国工商银行东汉启民街支行31000763231300				备注	起运地：北京 到达地：石家庄 货品：家用餐桌 车牌号：京A737AW	

收款人： 复核： 开票人：杨铭立 销售方：（章）

税总函[2016]117号海南华森实业公司

第三联：发票联 购买方记账凭证

图 7-2-91 河北增值税专用发票

付款申请单

申请部门：业务部 2019 年 02 月 22 日

收款单位名称（全称）		付款事由（用途）	金额	付款方式
石家庄顺达物流有限公司		运输费	2180.00	转账
备注	销售家用餐桌运输费　银行转讫			
合计金额（大写）	零 佰零 拾零 万贰 仟壹 佰捌 拾零 元零 角零 分		合计金额（小写）	¥:2180.00
发票种类	增值税专用发票	款项所属账期	2019 年 02 月	

总经理：许建辉 审批：吴浩 财务：陈飞 主管：陈晓芬 经办：曹皓菲

图 7-2-92 付款申请单

中国工商银行 电汇凭证 （回 单） 1

□普通 □加急 委托日期 2019年02月22日

汇款人	全称	北京科云股份有限公司	收款人	全称	石家庄顺达物流有限公司
	账号	110007609048708091012		账号	310007632313001011233
	汇出地点	省 北京 市/县		汇入地点	河北 省 石家庄 市/县
汇出行名称		中国工商银行北京分行	汇入行名称		工商银行东汉启民街支行
金额	人民币（大写）	贰仟壹佰捌拾圆整		亿千百十万千百十元角分	¥218000
		中国工商银行北京分行 2019.02.22 办讫章 (2) 汇出行签章	支付密码		
			附加信息及用途：		
			复核	记账	

此联汇出行给汇款人的回单

图 7-2-93 中国工商银行电子凭证

记 账 凭 证

年 月 日 记 字 028 号

摘要	总账科目	明细科目	借方金额（千百十万千百十元角分）	贷方金额（千百十万千百十元角分）	记账
					☐
					☐
					☐
					☐
					☐
					☐
合计		（附件 张）			

会计主管 记账 出纳 审核 制单

图 7-2-94 记账凭证

29. 23 日，生产车间维修设备（相关单据见图 7-2-95～图 7-2-97）。

领 料 单 No.32446879

领料部门：基本生产车间

用 途：修理机器

2019 年 02 月 23 日

编号	品名	规格及型号	单位	数量		计划价格	
				请领	实发	单价	总价
034	714号螺丝		盒	2	2		
合	计						

第二联 记账

记账：陈飞 发料：岳嘉禾 领料：秦峰

图 7-2-95 领料单

部门：基本生产车间 品名：714号螺丝 时间：2019年02月23日

材料名称	数量	单位	单价	金额	摊销方法
714号螺丝	2	盒	120	240	一次摊销法

吴洁 陈飞

审核： 制单：

图 7-2-96 领用周转材料计算表

记 账 凭 证

年 月 日　　　　记 字 029 号

摘要	总账科目	明细科目	借方金额 千百十万千百十元角分	贷方金额 千百十万千百十元角分	记账
合计		（附件 张）			

会计主管　　记账　　出纳　　审核　　制单

图 7-2-97　记账凭证

30. 25 日，发放员工家用餐桌（相关单据见图 7-2-98～图 7-2-100）。

出 库 单　　No.41076516

物资类别：库存商品

2019年 02月 25日

提货单位或部门	北京科云股份有限公司	发票号码或销售单号		发出仓库	第三仓库	出库日期	2019-02-25

编号	名称及规格	单位	数量 要数	数量 实发	单价	金额
014	家用餐桌	张	8	8		
	合计					

部门主管：陈森　　会计：陈飞　　仓库：岳嘉禾　　制表：岳嘉禾

第二联 记账

图 7-2-98　出库单

单位：北京科云股份有限公司　　　　时间：2019年02月25日

部门	管理部门	业务部门
数量	5	3
市场售价	1450.00	1450.00
金额	7442.48	4465.49
销项税额	967.52	580.51
合计	8410.00	5046.00

吴浩　　陈飞

审核：　　　　制单：

图 7-2-99　发放分配表（家用餐桌）

记 账 凭 证

年 月 日　　记 字 030 号

摘 要	总账科目	明细科目	借方金额（千百十万千百十元角分）	贷方金额（千百十万千百十元角分）	记账
					□
					□
					□
					□
					□
					□
合计		（附件 张）			

会计主管　记账　出纳　审核　制单

图 7-2-100　记账凭证

31. 26 日，支付本月房租(相关单据见图 7-2-101～图 7-2-104)。

费用报销单

日期：2019年 02 月 26日　　附件 2 张

报销人	董智磊	所属部门	行政部	报销形式	现金
				支票号码	
报销项目		摘要		金额	备注
支付房租费		房租费		3900.00	
合 计				¥3900.00	
金额大写（人民币）：叁仟玖佰元整				原借款：0.00元	公司应支付：¥3900.00元 个人应退回：0.00元

现金付讫

财务经理：张乐　部门经理：凯琳　会计：陈飞　出纳：谢娜　收款人：董智磊

图 7-2-101　费用报销单

单位：北京科云股份有限公司　　时间：2019年02月26日

项目	占用面积	单价	分摊金额
管理部门	150	10.00	1500.00
销售部门	40	10.00	400.00
生产车间	200	10.00	2000.00
合计	390	---	3900.00

审核：吴浩　　制表：陈飞

图 7-2-102　房租分摊表

1100092620　　北京增值税普通发票　　№74388478

校验码 56103 85483 06997 53983　　发票联　　开票日期：2019年02月26日

购买方	名　　称：北京科云股份有限公司 纳税人识别号：91110908045615075X 地 址、电 话：北京高新园创新路55号010-88227854 开户行及账号：中国工商银行北京分行11000760904870809101	密码区	1*6<+81+574+9*2+/>0-39063/* -*0/968*624582>91*3/*1<6*42 2477</42**0+7-2</24-630-391 611+>/51433*124*5-+44><9/94

货物或应税劳务、服务名称	规格型号	单位	数量	单价	金额	税率	税额
*经营租赁*房屋租赁		㎡	390	9.174312	3577.98	9%	322.02
合　　计					¥3577.98		¥322.02
价税合计（大写）	⊗叁仟玖佰圆整				（小写）		¥3900.00

销售方	名　　称：北京新源实业有限公司 纳税人识别号：91110270590522568X 地 址、电 话：北京力加园矿业路85号010-36895475 开户行及账号：中国工商银行北京朝阳支行11000763231300	备注	地址：北京高新园创新路55号

收款人：　　复核：　　开票人：蔡婷　　销售方：（章）

税总函〔2016〕507号 北京印钞有限公司

第二联：发票联　购买方记账凭证

（印章：北京新源实业有限公司 91110270590522568X 发票专用章）

图 7-2-103　北京增值税普通发票

记　账　凭　证

年　月　日　　　　记 字 031 号

摘　要	总 账 科 目	明 细 科 目	借方金额（千百十万千百十元角分）	贷方金额（千百十万千百十元角分）	记账
					□
					□
					□
					□
					□
					□
合计		（附件　张）			

会计主管　　记账　　出纳　　审核　　制单

图 7-2-104　记账凭证

32. 27 日，预收货款（相关单据见图 7-2-105、图 7-2-106）。

ICBC 中国工商银行　业务回单（收款）

日期：2019 年02月27日　　回单编号：83257133

付款人户名：北京新源实业有限公司　　付款人开户行：中国工商银行北京朝阳支行
付款人账号（卡号）：110007632313001068954
收款人户名：北京科云股份有限公司　　收款人开户行：中国工商银行北京分行
收款人账号（卡号）：110007609048708091012
金额：叁万元整　　小写：　¥30000.00元
业务（产品）种类：同行收款　　凭证种类：000000000　　凭证号码：000000000000000000
摘要：预收货款　　用途：货款　　币种：人民币
交易机构：0410000298　　记账柜员：00023　　交易代码：52063　　渠道：其他渠道
附言：
支付交易序号：5894928　　报文种类：00100 汇兑报文　　委托日期：2019年02月27日
业务类型（种类）：同行收款
收款人地址：北京高新园创新路55号
付款人地址：北京力加园矿业路85号
本回单为第1次打印，注意重复　　打印日期：2019 年02月27日　　打印柜员：9　　验证码：4985B3E3006

（印章：中国工商银行北京分行 自助回单机专用章（003））

图 7-2-105　中国工商银行业务回单（收款）

记 账 凭 证

年 月 日 记 字 032 号

摘 要	总 账 科 目	明 细 科 目	借方金额（千百十万千百十元角分）	贷方金额（千百十万千百十元角分）	记账
合计		（附件 张）			

会计主管 记账 出纳 审核 制单

图 7-2-106 记账凭证

33. 28 日，计提工资、社保、公积金(相关单据见图 7-2-107~图 7-2-112)。

单位：北京科云股份有限公司 日期：2019年02月28日

部门	职位	姓名	基本工资	出勤天数	电话费补贴	餐费补贴	车费补贴	应付工资	个人交社保费	个人交住房公积金	税前工资	单位交社保费	单位交住房公积金	单位总支出
总经办	总经理	许建辉	9000.00	22.00	500.00			9500.00	135.00	240.00	9125.00	336.00	240.00	10076.00
总经办	副总经理	郑智化	8200.00	22.00	500.00		300.00	9000.00	135.00	240.00	8625.00	336.00	240.00	9576.00
行政部	行政人员	董智磊	5500.00	22.00				5500.00	135.00	240.00	5125.00	336.00	240.00	6076.00
财务部	会计主管	吴浩	6000.00	22.00				6000.00	135.00	240.00	5625.00	336.00	240.00	6576.00
财务部	会计	陈飞	4000.00	22.00				4000.00	135.00	240.00	3625.00	336.00	240.00	4576.00
财务部	出纳	谢娜	2500.00	22.00			200.00	2700.00	135.00	240.00	2325.00	336.00	240.00	3276.00
采购部	采购经理	林月	6000.00	22.00	300.00	200.00		6500.00	135.00	240.00	6125.00	336.00	240.00	7076.00
采购部	采购员	黄莱悦	3000.00	22.00	300.00	200.00	100.00	3600.00	135.00	240.00	3225.00	336.00	240.00	4176.00
仓库	仓库管理人员	岳嘉禾	3400.00	22.00				3400.00	135.00	240.00	3025.00	336.00	240.00	3976.00
市场部	市场经理	陈晓芬	4500.00	22.00	250.00	200.00	150.00	5100.00	135.00	240.00	4725.00	336.00	240.00	5676.00
市场部	业务员	曹酷菲	3000.00	22.00	180.00	200.00	100.00	3480.00	135.00	240.00	3105.00	336.00	240.00	4056.00
生产车间	车间管理人员	陈亚娜	3600.00	22.00				3600.00	135.00	240.00	3225.00	336.00	240.00	4176.00
生产车间	车间管理人员	刘杨	3600.00	22.00				3600.00	135.00	240.00	3225.00	336.00	240.00	4176.00
生产车间	车间生产人员	张雅兵	3000.00	22.00				3000.00	135.00	240.00	2625.00	336.00	240.00	3576.00
生产车间	车间生产人员	李礼辉	3000.00	22.00				3000.00	135.00	240.00	2625.00	336.00	240.00	3576.00
生产车间	车间生产人员	秦亚飞	3000.00	22.00				3000.00	135.00	240.00	2625.00	336.00	240.00	3576.00
生产车间	车间生产人员	张思季	3000.00	22.00				3000.00	135.00	240.00	2625.00	336.00	240.00	3576.00
生产车间	车间生产人员	李金哲	3000.00	22.00				3000.00	135.00	240.00	2625.00	336.00	240.00	3576.00
生产车间	车间生产人员	侯江	3000.00	22.00				3000.00	135.00	240.00	2625.00	336.00	240.00	3576.00
	合计							83980.00	2565.00	4560.00	76855.00	6384.00	4560.00	94924.00

审核：吴浩 制表：陈飞

图 7-2-107 工资结算明细表

单位：北京科云股份有限公司　　　　日期：2019年02月28日

一级部门	二级部门	基本工资	出勤天数	电话费补贴	餐费补贴	车费补贴	应付工资	个人交社保费	个人交住房公积金	税前工资	单位交社保费	单位交住房公积金	单位总支出
管理部门		47600.00	198.00	1600.00	400.00	600.00	50200.00	1215.00	2160.00	46825.00	3024.00	2160.00	55384.00
市场部		7500.00	44.00	430.00	400.00	250.00	8580.00	270.00	480.00	7830.00	672.00	480.00	9732.00
生产车间	管理部	7200.00	44.00	0.00	0.00	0.00	7200.00	270.00	480.00	6450.00	672.00	480.00	8352.00
生产车间	生产办公桌小组	9000.00	66.00	0.00	0.00	0.00	9000.00	405.00	720.00	7875.00	1008.00	480.00	10728.00
生产车间	生产家用餐桌小组	9000.00	66.00	0.00	0.00	0.00	9000.00	405.00	720.00	7875.00	1008.00	720.00	10728.00
	合计	80300.00	418.00	2030.00	800.00	850.00	83980.00	2565.00	4560.00	76855.00	6384.00	4560.00	94924.00

审核：吴浩　　　　制表：陈飞

图 7-2-108　工资结算汇总表

单位：北京科云股份有限公司　　　　**日期：2019年02月15日**

项目	金额	备注
医疗保险	1710.00	
生育保险	245.00	
工伤保险	200.00	
养老保险	4029.00	
失业保险	200.00	
合计	6384.00	

审核：吴浩　　　　制表：陈飞

图 7-2-109　社会保险费缴费明细—企业承担部分

记　账　凭　证

年　　月　　日　　　　记 字 033 号 1/3

摘　要	总 账 科 目	明 细 科 目	借方金额 千百十万千百十元角分	贷方金额 千百十万千百十元角分	记账
合计		（附件　　张）			

会计主管　　　　记账　　　　出纳　　　　审核　　　　制单

图 7-2-110　记账凭证 1

记 账 凭 证

年 月 日 记 字 033 号 2/3

摘要	总账科目	明细科目	借方金额										贷方金额										记账
			千	百	十	万	千	百	十	元	角	分	千	百	十	万	千	百	十	元	角	分	
																							☐
																							☐
																							☐
																							☐
																							☐
																							☐
合计		（附件 张）																					

会计主管 记账 出纳 审核 制单

图 7-2-111 记账凭证 2

记 账 凭 证

年 月 日 记 字 033 号 3/3

摘要	总账科目	明细科目	借方金额										贷方金额										记账
			千	百	十	万	千	百	十	元	角	分	千	百	十	万	千	百	十	元	角	分	
																							☐
																							☐
																							☐
																							☐
																							☐
																							☐
合计		（附件 张）																					

会计主管 记账 出纳 审核 制单

图 7-2-112 记账凭证 3

34. 28 日，计提折旧(累计折旧不设二级科目，相关单据见图 7-2-113、图 7-2-114)。

35. 28 日，摊销无形资产(相关单据见图 7-2-115、图 7-2-116)。

单位：北京科云股份有限公司　　　　日期：2019年02月28日

代码	名称	类别	使用部门	使用情况	入账日期	增加方式	折旧方法	预计使用年限	原值	残值率	预计净残值	本月折旧
001	联想笔记本	电子设备	总经办	使用中	2017-12-08	购入	年限平均法	3	4500.00	0.05	225.00	118.75
002	3D打印机	电子设备	生产车间	使用中	2017-12-08	购入	年限平均法	3	650600.00	0.05	32530.00	17168.61
003	彩色打印机	电子设备	生产车间	使用中	2017-12-08	购入	年限平均法	3	330600.00	0.05	16530.00	8724.17
004	中央空调	电子设备	生产车间	使用中	2017-12-08	购入	年限平均法	3	12120.00	0.05	606.00	319.83
005	1P空调	电子设备	管理部	使用中	2017-12-08	购入	年限平均法	3	4620.00	0.05	231.00	121.92
006	2P空调	电子设备	管理部	使用中	2017-12-08	购入	年限平均法	3	6720.00	0.05	336.00	177.33
007	打印机	电子设备	管理部	使用中	2017-12-08	购入	年限平均法	3	3000.00	0.05	150.00	79.17
008	联想笔记本	电子设备	管理部	使用中	2017-12-08	购入	年限平均法	3	3700.00	0.05	185.00	97.64
009	小轿车	交通工具	市场部	使用中	2017-12-08	购入	年限平均法	5	120000.00	0.05	6000.00	1900.00
010	美的空调	电子设备	市场部	使用中	2018-07-10	购入	年限平均法	3	4000.00	0.05	200.00	105.56
	合计								1139860.00			28812.98

审核：吴浩　　　　制表：陈飞

图 7-2-113　固定资产折旧表

记　账　凭　证

年　　月　　日　　　　记 字 034 号

摘　要	总账科目	明细科目	借方金额（千百十万千百十元角分）	贷方金额（千百十万千百十元角分）	记账
合计		（附件　张）			

会计主管　　记账　　出纳　　审核　　制单

图 7-2-114　记账凭证

单位：北京科云股份有限公司　　　　日期：2019年02月28日

代码	名称	类别	使用部门	使用情况	入账日期	增加方式	折旧方法	预计使用年限	原值	每月摊销	累计折旧
001	画图软件	计算机软件	生产车间	使用中	2017-12-08	购入	直线法	10	50000.00	416.67	6250.05
	合计									416.67	6250.05

审核：吴浩　　　　制表人：陈飞

图 7-2-115　无形资产摊销表

记　账　凭　证

年　月　日　　　记 字 035 号

摘　要	总 账 科 目	明 细 科 目	借方金额 千百十万千百十元角分	贷方金额 千百十万千百十元角分	记账
					□
					□
					□
					□
					□
					□
合计		（附件　张）			

会计主管　　记账　　出纳　　审核　　制单

图 7-2-116　记账凭证

36. 28 日，盘亏原材料(相关单据见图 7-2-117、图 7-2-118)。

单位：北京科云股份有限公司　　　日期：2019年02月28日

编号	材料	规格	单位	单价	账存		盘点		盘盈		盘亏		备注
					数里	金额	数里	金额	数里	金额	数里	金额	
	…												
	…												
	…												
011	屏风			10.00	2650	26500.00	2600	26000.00			50	500.00	
	…												
	…												
	…												
032	软木材料		卷	90.00	2400	216000.00	2400	216000.00					
033	油漆	G1201	罐	45.00	320	14400.00	320	14400.00					
	…												
	合计												

仓管：岳嘉禾　　　盘点人：陈飞

图 7-2-117　原材料盘点表

记　账　凭　证

年　月　日　　　　记 字 036 号

摘　要	总账科目	明细科目	借方金额（千百十万千百十元角分）	贷方金额（千百十万千百十元角分）	记账
					□
					□
					□
					□
					□
					□
合计		（附件　张）			

会计主管　　记账　　出纳　　审核　　制单

图 7-2-118　记账凭证

37. 28 日，处理盘亏（相关单据见图 7-2-119～图 7-2-122）。

原材料盘亏说明

经审查，2019年2月28日仓库原材料盘点，盘亏屏风50个，由于仓库管理不善造成丢失，经领导一致同意由仓库管理员岳嘉禾全额赔偿。

北京科云股份有限公司

日期：2019年2月28日

图 7-2-119　原材料盘亏说明

单位：北京科云股份有限公司　　　　时间：2019年02月28日

进项税额转出材料	进项税额转出原因　吴浩	进项税额转出金额　陈飞
屏风	原材料盘亏	65.00

审核：　　　　制单：

图 7-2-120　进项税额转出计算表

单位：北京科云股份有限公司　　　　日期：2019年02月28日

编号	材料	规格	单位	单价	账存		盘点		盘盈		盘亏		备注
					数量	金额	数量	金额	数量	金额	数量	金额	
	…												
	…												
	…												
011	屏风			10.00	2650	26500.00	2600	26000.00			50	500.00	管理不善
	…												
	…												
	…												
032	软木材料		卷	90.00	2400	216000.00	2400	216000.00					
033	油漆	G1201	罐	45.00	320	14400.00	320	14400.00					
	…												
	合计												

仓管：岳嘉禾　　　　盘点人：陈飞

图 7-2-121　原材料盘点表

记　账　凭　证

年　月　日　　　　记 字 037 号

摘　要	总账科目	明细科目	借方金额（千百十万千百十元角分）	贷方金额（千百十万千百十元角分）	记账
					☐
					☐
					☐
					☐
					☐
					☐
合计		（附件　张）			

会计主管　　记账　　出纳　　审核　　制单

图 7-2-122　记账凭证

38. 28 日，现金盘亏(相关单据见图 7-2-123、图 7-2-124)。

单位名称	北京科云股份有限公司						签名	日期	
						编制人	陈飞	2019年02月28日	
审计项目		现金				复核人	吴浩	2019年02月28日	页次
会计期间或截止日			2019年02月28日						1
清点现金						核对账目			
货币面额	张数	金额	年	月	日	项目		金额	备注
100元	760	76000.00	2019	02	28	现金账面余额		77118.10	
50元	16	800.00	2019	02	28	加：收入凭证未记账			
10元	5	50.00	2019	02	28	减：付出凭证未记账			
5元	1	5.00	2019	02	28	调整后现金账余额		77118.10	
2元						实点现金		76858.10	
1元	3	3.00	2019	02	28	长款(+)			
5角						短款(-)		260.00	
2角									
1角	1	0.10	2019	02	28				
5分									
2分									
1分									
实点	合计	¥76858.10				折合人民币柒万陆仟捌佰伍拾捌元壹角整			

企业负责人：许建辉　　会计主管：吴浩　　出纳人员：谢娜　　盘点人：陈飞

图 7-2-123　库存现金盘点表

记　账　凭　证

年　　月　　日　　　　记 字 038 号

摘　要	总账科目	明细科目	借方金额	贷方金额	记账
			千百十万千百十元角分	千百十万千百十元角分	
					□
					□
					□
					□
					□
					□
合计		（附件　张）			

会计主管　　记账　　出纳　　审核　　制单

图 7-2-124　记账凭证

39. 28 日，处理现金盘亏(相关单据见图 7-2-125、图 7-2-126)。

现金盘亏处理

经审查，2019年2月28日财务部库存现金盘亏的260.00元属于出纳人员现金管理不当造成的，经领导审批全部损失由出纳谢娜个人承担。

北京科云股份有限公司

日期：2019年2月28日

（印章：北京科云股份有限公司）

图 7-2-125　现金盘亏处理

记　账　凭　证

年　月　日　　　　记 字 039 号

摘　要	总账科目	明细科目	借方金额（千百十万千百十元角分）	贷方金额（千百十万千百十元角分）	记账
					□
					□
					□
					□
					□
					□
合计		（附件　张）			

会计主管　记账　出纳　审核　制单

图 7-2-126　记账凭证

40. 28 日，收到赔偿款(相关单据见图 7-2-127～图 7-2-129)。

收　款　收　据　　№ 11249700

客户名称：岳嘉禾　　2019 年 02 月 28 日

项　目	单位	数　量	单　价	金额（十万千百十元角分）	备　注
原材料盘亏赔偿款				5 6 5 0 0	
合计人民币(大写)零拾零万零仟伍佰陆拾伍元零角零分				¥ 5 6 5 0 0	

收款人 谢娜　　会计 陈飞　　收款单位（盖章）

第三联：会计联

（印章：现金收讫；北京科云股份有限公司 财务专用章）

图 7-2-127　收款收据 1

收款收据 №11249701

客户名称：谢娜　　2019 年 02 月 28 日

项目	单位	数量	单价	金额	备注
库存现金盘亏赔偿				26000	
合计人民币(大写) 零拾零万零仟贰佰陆拾零元零角零分				26000	

现金收讫

北京科云股份有限公司 财务专用章

收款人 谢娜　　会计 陈飞　　收款单位（盖章）

第三联：会计联

图 7-2-128　收款收据 2

记　账　凭　证

年　月　日　　记 字 040 号

摘要	总账科目	明细科目	借方金额	贷方金额	记账
合计		（附件　张）			

会计主管　　记账　　出纳　　审核　　制单

图 7-2-129　记账凭证

41. 28 日，计提利息（相关单据见图 7-2-130～图 7-2-132）。

单位：北京科云股份有限公司　　日期：2019年02月28日

项目名称	本金	借款日期	借款期限	还款方式	月利率	每月应计利息
短期借款	200000.00	2019-01-01	1年	到期一次还本付息	0.5%	1000.00

审核：吴浩　　制表：陈飞

图 7-2-130　利息计算表

银行借款合同

贷款方：中国工商银行北京分行

借款方：北京科云股份有限公司

借款方为进行生产（或经营活动），向贷款方申请贷款，贷款方已审查批准，经协商，特订立本合同，以便共同遵守。

第一条　贷款种类：流动资金贷款。

第二条　借款用途：用于公司资金周转。

第三条　借款金额：人民币贰拾万元整。

第四条　借款利率和利息

借款息率按月息千分之五计算，按月结息。

借款利息自借款转存到借款方账户之日起计算。在合同有效期内，如贷款方调整贷款利率，自利率调整之日起按调整后的利率执行。

第五条　借款和还款期限

借款时间自贰零壹玖年零壹月零壹日至贰零壹玖年壹拾贰月叁拾壹日止。借款实际发放和期限以借据为凭一次发放和收回。借据应作为合同附件，同本合同具有同等法律效力。

第六条　还款资金来源及还款方式

1.还款资金来源：公司盈利

2.还款方式：到期归还本金和支付利息。

第七条　保证条款

经贷款审查，证实借款方具有足够代偿借款的能力。贷款方有权检查和督促借款方履行合同。

图 7-2-131　银行借款合同

记　账　凭　证

年　　月　　日　　　　记 字 041 号

摘　要	总账科目	明细科目	借方金额										贷方金额										记账
			千	百	十	万	千	百	十	元	角	分	千	百	十	万	千	百	十	元	角	分	
																							□
																							□
																							□
																							□
																							□
																							□
合计		（附件　张）																					

会计主管　　　记账　　　出纳　　　审核　　　制单

图 7-2-132　记账凭证

42. 28 日，结转职工福利费(相关单据见图 7-2-133～图 7-2-135)。

单位：北京科云股份有限公司　　　　日期：2019年02月08日

序号	部门	岗位	姓名	发放形式	发放标准	签收人
001	生产车间	管理人员	候江	转账	500.00	候江
	合计				500.00	

审核：吴浩　　　　制表：陈飞

图 7-2-133　困难补助金发放明细表

单位：北京科云股份有限公司　　　　时间：2019年02月25日

部门	管理部门	业务部门
数量	5	3
市场售价	1450.00	1450.00
金额	7442.48	4465.49
销项税额	967.52	580.51
合计	8410.00	5046.00

吴浩　　陈飞

审核：　　　　制单：

图 7-2-134　发放分配表(家用餐桌)

记　账　凭　证

年　　月　　日　　　　记 字 042 号

摘　要	总 账 科 目	明 细 科 目	借方金额 千百十万千百十元角分	贷方金额 千百十万千百十元角分	记账
					□
					□
					□
					□
					□
					□
合计		(附件　　张)			

会计主管　　记账　　出纳　　审核　　制单

图 7-2-135　记账凭证

43. 28 日，报销车间电费（相关单据见图 7-2-136～图 7-2-138）。

44. 28 日，编制制造费用分配表（相关单据见图 7-2-139～图 7-2-141）。

45. 28 日，结转制造费用（相关单据见图 7-2-142～图 7-2-144）。

费用报销单

日期： 2019年 02 月 28日　　　　附件 1 张

报销人	秦峰	所属部门	生产车间	报销形式	现金
				支票号码	
报销项目		摘要		金额	备注
报销电费		生产车间电费		1590.00	
合　　计				￥1590.00	
金额大写（人民币）：壹仟伍佰玖拾元整				原借款： 0.00元	公司应支付：￥1590元 个人应退回： 0.00元

现金付讫

财务经理：张乐　部门经理：林杨　会计：陈飞　出纳：谢娜　收款人：秦峰

图 7-2-136　费用报销单

北京增值税普通发票

1100092620　　发票联　　№44001245

校验码 56103 85483 06997 53983　　开票日期： 2019 年 02 月28 日

购买方	名　　称：北京科云股份有限公司 纳税人识别号：91110908045615075X 地　址、电　话：北京高新园创新路55号010-88227854 开户行及账号：中国工商银行北京分行110007609048708091011	密码区：1*6<+81+574+9*2+/>0-39063/* -*0/968*624582>91*3/*1<6*42 2477</42**0+7-2</24-630-391 611+>/51433*124*5-+44><9/94

货物或应税劳务、服务名称	规格型号	单位	数量	单价	金额	税率	税额
*供电*电费		千瓦时	1060	1.327434	1407.08	13%	182.92
合　　计					￥1407.08		￥182.92
价税合计（大写）	⊗壹仟伍佰玖拾圆整				（小写）		￥1590.00

销售方	名　　称：北京市供电局 纳税人识别号：12110908045615067X 地　址、电　话：北京市新城路120号 010-65135768 开户行及账号：中国工商银行北京分行 11000760904870345321	备注

收款人：　　复核：　　开票人：陈开票　　销售方：（章）

税总函〔2016〕507号 北京伊诺尔印务有限公司

第二联：发票联 购买方记账凭证

北京市供电局 12110908045615067X 发票专用章

图 7-2-137　北京增值税普通发票

记　账　凭　证

年　月　日　　记 字 043 号

摘　要	总账科目	明细科目	借方金额	贷方金额	记账
					□
					□
					□
					□
					□
					□
合计		（附件　张）			

会计主管　　记账　　出纳　　审核　　制单

图 7-2-138　记账凭证

分页: 82　总页: 100

制造费用　明细账

二级科目:

2019年 月	日	凭单号	摘要	借方	贷方	借或贷	余额	（借）方 福利费	房租费	工资	社会保险费	住房公积金	折旧费	无形资产摊销	电费
02	01		承前页			平	000	000	000	000	000	000	000	000	000
02	26	记字(	支付本月房租	200000		借	200000		200000						
02	28	记字(	计提工资、社	835200		借	1035200			720000	67200	48000			
02	28	记字(	计提折旧	2621261		借	3656461						2621261		
02	28	记字(	摊销无形资产	41667		借	3698128							41667	
02	28	记字(	报销车间电费	159000		借	3857128								159000
02	28	记字(	结转福利费	50000		借	3907128	50000							

图 7-2-139　制造费用明细表

车间:基本生产车间　　日期: 2019年02月28日

序号	项目	耗用工时(小时)
001	家用餐桌	700
002	办公桌	500
	合计	1200

审核:吴浩　　制表:陈飞

图 7-2-140　工地统计表

单位:北京科云股份有限公司　　时间: 2019年02月28日

项目	金额
福利费	
房租费	
工资	
社会保险费	
住房公积金	
折旧费	
无形资产摊销	
电费	
制造费用合计	
总工时(小时)	
分配率(保留小数点后四位)	
家用餐桌耗用工时	
家用餐桌应分摊金额	
办公桌耗用工时	
办公桌应分摊金额	

审核:　　制表: 陈飞

图 7-2-141　制造费用分配表

单位:北京科云股份有限公司　　时间: 2019年02月28日

项目	金额
福利费	500.00
房租费	2000.00
工资	7200.00
社会保险费	672.00
住房公积金	480.00
折旧费	26212.00
无形资产摊销	416.00
电费	1590.00
制造费用合计	39071.28
总工时(小时)	1200.00
分配率(保留小数点后四位)	32.56
家用餐桌耗用工时	700.00
家用餐桌应分摊金额	22791.58
办公桌耗用工时	500.00
办公桌应分摊金额	16279.70

审核:　　制表: 陈飞

图 7-2-142　制造费用分配表

记 账 凭 证

年 月 日　　　　记 字 044 号 1/2

摘 要	总 账 科 目	明 细 科 目	借方金额	贷方金额	记账
			千百十万千百十元角分	千百十万千百十元角分	
					□
					□
					□
					□
					□
					□
合计		（附件 张）			

会计主管　　记账　　出纳　　审核　　制单

图 7-2-143　记账凭证 1

记 账 凭 证

年 月 日　　　　记 字 044 号 2/2

摘 要	总 账 科 目	明 细 科 目	借方金额	贷方金额	记账
			千百十万千百十元角分	千百十万千百十元角分	
					□
					□
					□
					□
					□
					□
合计		（附件 张）			

会计主管　　记账　　出纳　　审核　　制单

图 7-2-144　记账凭证 2

46. 28 日，编制家用餐桌产品成本计算表(相关单据见图 7-2-145~图 7-2-148)。

单位:北京科云股份有限公司　　　　时间: 2019年02月28日

产品名称	月初在产品数量	本月投产数量	本月完工产品数量	月末在产品数量
家用餐桌	55	115	100	70
合计	55	115	100	70

审核人:吴浩　　　　制表人:陈飞

图 7-2-145　家用餐桌产量情况表

分页：06 总页：20

生产成本 明细账

二级科目：家用餐桌

2019年 月	日	凭单号	摘要	借方	贷方	借或贷	余额	(借)方金额分析 直接材料	直接人工	制造费用		
01	31		承前页			借	4953908					
01	31		本月合计	15783800	10829892	借	4953908	3116837	618164	1218907		
02	04	记00	生产领用原材料	320000		借	5273908	320000				
02	05	记00	生产领用原材料	3600000		借	8873908	3600000				
02	10	记01	生产领用原材料	540000		借	9413908	540000				
02	28	记03	计提工资	1072800		借	10486708		1072800			
02	28	记04	结转制造费用	2279158		借	12765866			2279158		

图 7-2-146 生产成本明细表

单位:北京科云股份有限公司　　　　日期: 2019年02月28日

项目	直接材料	直接人工	制造费用
在产品数里	70	70	70
投入比例	50%	50%	50%
在产品约当产量	35	35	35

审核:吴浩　　　　制表:陈飞

图 7-2-147 家用餐桌在产品约当产量计算表

单位:北京科云股份有限公司　　　品名:家用餐桌　　　2019年02月28日

项目		直接材料	直接人工	制造费用	合计
月初在产品成本					
本月生产费用					
合计					
产品产量(张)	完工产品产量				---
	在产品约当产量				---
	合计				---
单位成本(保留2为小数)					
完工产品成本					
月末在产品成本					

审核:　　　　制表:

图 7-2-148 产品成本计算表

47. 28 日，结转入库产品-家用餐桌成本(相关单据见图 7-2-149～图 7-2-151)。

48. 28 日，编制办公桌产品成本计算表(相关单据见图 7-2-152～图 7-2-155)。

入　库　单

№ 37629878

交货单位：北京科云股份有限公司　　2019 年 02 月 28 日

品名	单位	规格	数量	单价	金额 千百十万千百十元角分
家用餐桌	张		100		
合计大写	仟 佰 拾 万 仟 佰 拾 元 角 分 ¥				

第二联　会计联

记账 陈飞　　保管 岳嘉禾　　制票 岳嘉禾

图 7-2-149　入库单

单位：北京科云股份有限公司　　品名：家用餐桌　　2019年02月28日

项目		直接材料	直接人工	制造费用	合计
月初在产品成本		31168.37	6181.64	12189.07	49539.08
本月生产费用		44600.00	10728.00	22791.58	78119.58
合计		75768.37	16909.64	34980.65	127658.66
产品产量（张）	完工产品产量	100	100	100	---
	在产品约当产量	35	35	35	---
	合计	135	135	135	---
单位成本（保留2位小数）		561.25	125.26	259.12	945.63
完工产品成本		56125.00	12526.00	25912.00	94563.00
月末在产品成本		19643.37	4383.64	9068.65	33095.66

陈飞

审核：　　制表：

图 7-2-150　产品成本计算表

记　账　凭　证

年　月　日　　记 字 045 号

摘要	总账科目	明细科目	借方金额 千百十万千百十元角分	贷方金额 千百十万千百十元角分	记账
合计		（附件　张）			

会计主管　　记账　　出纳　　审核　　制单

图 7-2-151　记账凭证

单位：北京科云股份有限公司　　　　时间：2019年02月28日

产品名称	月初在产品数量	本月投产数量	本月完工产品数量	月末在产品数量
办公桌	55	145	120	80
合计	55	145	120	80

审核人：吴浩　　　　制表人：陈飞

图 7-2-152　办公桌产量情况表

分页：10　总页：20

生产成本明细账

二级科目：办公桌

2019年 月	日	凭单号	摘要	借方	贷方	借或贷	余额	（借）方金额分析 直接材料	直接人工	制造费用		
01	31		承前页			借	3133247					
01	31		本月合计	14783700	11650453	借	3133247	1622050	551650	959547		
02	04	记00	生产领用原材	480000		借	3613247	480000				
02	05	记00	生产领用原材	1800000		借	5413247	1800000				
02	10	记01	生产领用原材	270000		借	5683247	270000				
02	28	记03	计提工资	1072800		借	6756047		1072800			
02	28	记04	结转制造费用	1627970		借	8384017			1627970		

图 7-2-153　生产成本明细表

单位：北京科云股份有限公司　　　　日期：2019年02月28日

项目	直接材料	直接人工	制造费用
在产品数量	80	80	80
投入比例	50%	50%	50%
在产品约当产量	40	40	40

审核：吴浩　　　　制表：陈飞

图 7-2-154　办公桌在产品约当产量计算表

单位：北京科云股份有限公司　　品名：办公桌　　日期：2019年02月28日

项目		直接材料	直接人工	制造费用	合计
月初在产品成本					
本月生产费用					
合计					
产品产量（张）	完工产品产量				---
	在产品约当产量				---
	合计				---
单位成本（保留2位小数）					
完工产品成本					
月末在产品成本					

审核：　　　　制表：

图 7-2-155　产品成本计算表

49. 28 日，结转入库产品-办公桌成本（相关单据见图 7-2-156~图 7-2-158）。

入 库 单

№ 37629879

交货单位：北京科云股份有限公司　　2019 年 02 月 28 日

品 名	单位	规 格	数 量	单 价	金 额（千百十万千百十元角分）
办公桌	张		120		
合计大写	仟 佰 拾 万 仟 佰 拾 元 角 分 ¥				

第二联 会计联

记账 陈飞　　保管 岳嘉禾　　制票 岳嘉禾

图 7-2-156　入库单

单位：北京科云股份有限公司　　品名：办公桌　　日期：2019年02月28日

项目		直接材料	直接人工	制造费用	合计
月初在产品成本		16220.50	5516.50	9595.47	31332.47
本月生产费用		25500.00	10728.00	16279.70	52507.70
合计		41720.50	16244.50	25875.17	83840.17
产品产量（张）	完工产品产量	120	120	120	---
	在产品约当产量	40	40	40	---
	合计	160	160	160	---
单位成本（保留2位小数）		260.75	101.53	161.72	524.00
完工产品成本		31290.00	12183.60	19406.40	62880.00
月末在产品成本		10430.50	4060.90	6468.77	20960.17

陈飞

审核：　　制表：

图 7-2-157　产品成本计算表

记 账 凭 证

年　月　日　　记 字 046 号

摘 要	总账科目	明细科目	借方金额（千百十万千百十元角分）	贷方金额（千百十万千百十元角分）	记账
					☐
					☐
					☐
					☐
					☐
					☐
合计		（附件　张）			

会计主管　　记账　　出纳　　审核　　制单

图 7-2-158　记账凭证

50. 28 日，编制增值税计算表(相关单据见图 7-2-159)。

单位：北京科云股份有限公司　　　　日期：2019年02月28日

序号	期间（月份）	公司名称	营业收入	销项税	进项税			减免税费	进项税转出	应纳增值税税额
					当期税额	前期税额本月认证	待认证金额			
			1	2=1*税率	3	4	5	6	7	8=2-3-4+5-6+7
1	1	北京科云股份有限公司	285000.00	37050	2662.8	0.00	0.00	0.00	0.00	34387.2
2	2					0.00	0.00	0.00		
3	3									
4	4									
5	5									
	...									

审核：　　　　制表：

图 7-2-159　增值税计算表

51. 28 日，计提本月未交增值税(相关单据见图 7-2-160、图 7-2-161)。

单位：北京科云股份有限公司　　　　日期：2019年02月28日

序号	期间（月份）	公司名称	营业收入	销项税	进项税			减免税费	进项税转出	应纳增值税税额
					当期税额	前期税额本月认证	待认证金额			
			1	2=1*税率	3	4	5	6	7	8=2-3-4+5-6+7
1	1	北京科云股份有限公司	285000.00	37050	2662.8	0.00	0.00	0.00	0.00	34387.2
2	2					0.00	0.00	0.00		
3	3									
4	4									
5	5									
	...									

审核：　　　　制表：

图 7-2-160　增值税计算表

记　账　凭　证

年　月　日　　　　记 字 047 号

摘要	总账科目	明细科目	借方金额（千百十万千百十元角分）	贷方金额（千百十万千百十元角分）	记账
					□
					□
					□
					□
					□
					□
合计		（附件　张）			

会计主管　　记账　　出纳　　审核　　制单

图 7-2-161　记账凭证

52. 28 日，编制附加税计算表(相关单据见图 7-2-162)。

单位：北京科云股份有限公司　　　　日期：2019年02月28日

税种	计税基础金额	城市建设维护税		教育费附加		地方教育附加	
		税率	税额	税率	税额	税率	税额
增值税		7%		3%		2%	
消费税		7%		3%		2%	
合计							

审核：　　　　制表：

图 7-2-162　附加税计算表

53. 28 日，计提附加税(相关单据见图 7-2-163、图 7-2-164)。

单位：北京科云股份有限公司　　　　日期：2019年02月28日

税种	计税基础金额	城市建设维护税		教育费附加		地方教育附加	
		税率	税额	税率	税额	税率	税额
增值税		7%		3%		2%	
消费税		7%		3%		2%	
合计							

审核：　　　　制表：

图 7-2-163　附加税计算表

记　账　凭　证

年　　月　　日　　　　记 字 048 号

摘　要	总账科目	明细科目	借方金额										贷方金额										记账
			千	百	十	万	千	百	十	元	角	分	千	百	十	万	千	百	十	元	角	分	
																							□
																							□
																							□
																							□
																							□
																							□
合计		(附件　张)																					

会计主管　　记账　　出纳　　审核　　制单

图 7-2-164　记账凭证

54. 28 日，结转家用餐桌销售成本(相关单据见图 7-2-165、图 7-2-166)。

单位：北京科云股份有限公司　　　　品名：家用餐桌　　　　时间：2019年02月28日

项目		收入			发出			结存		
日期	摘要	数量	单价	金额	数量	单价	金额	数量	单价	金额
02月01日	期初结存					吴洁		40	977.13	39085.20 陈飞
02月28日	完工产品入库	100	945.63	94563.00				140	954.63	133648.20
02月28日	销售发出产品				118	954.63	112646.34	22	954.63	21001.86

审核：　　　　制表：

图 7-2-165　库存商品成本计算表

记　账　凭　证

年　　月　　日　　　　记 字 049 号

摘　要	总 账 科 目	明 细 科 目	借方金额 千百十万千百十元角分	贷方金额 千百十万千百十元角分	记账
					□
					□
					□
					□
					□
					□
合计		（附件　　张）			

会计主管　　记账　　出纳　　审核　　制单

图 7-2-166　记账凭证

55. 28 日，结转办公桌销售成本(相关单据见图 7-2-167、图 7-2-168)。

单位：北京科云股份有限公司　　　　品名：办公桌　　　　时间：2019年02月28日

项目		收入			发出			结存		
日期	摘要	数量	单价	金额	数量	单价	金额	数量	单价	金额
02月01日	期初结存					吴洁		20	545	10900.00 陈飞
02月28日	完工产品入库	120	524.00	62880.00				140	527.00	73780.00
02月28日	销售发出产品				100	527.00	52700.00	40	527.00	21080.00

审核：　　　　制表：

图 7-2-167　库存商品成本计算表

记 账 凭 证

年 月 日　　　　记 字 050 号

摘 要	总 账 科 目	明 细 科 目	借方金额	贷方金额	记账
			千百十万千百十元角分	千百十万千百十元角分	
					□
					□
					□
					□
					□
					□
合计		(附件 张)			

会计主管　　记账　　出纳　　审核　　制单

图 7-2-168　记账凭证

56. 28 日，结转收入类损益(相关单据见图 7-2-169、图 7-2-170)。

单位：北京科云股份有限公司　　　　日期:2019年02月28日

	本期发生额	
科目名称	借方	贷方
主营业务收入		299907.97
办公桌		132000.00
家用餐桌		167907.97

审核：吴浩　　　　制表：陈飞

图 7-2-169　科目余额表

记 账 凭 证

年 月 日　　　　记 字 051 号

摘 要	总 账 科 目	明 细 科 目	借方金额	贷方金额	记账
			千百十万千百十元角分	千百十万千百十元角分	
					□
					□
					□
					□
					□
					□
合计		(附件 张)			

会计主管　　记账　　出纳　　审核　　制单

图 7-2-170　记账凭证

57. 28 日，结转成本费用类损益（相关单据见图 7-2-171～图 7-2-175）。

单位:北京科云股份有限公司　　时间: 2019年2月28日

	本期发生额	
科目名称	借方	贷方
主营业务成本	165346.34	
办公桌	52700.00	
家用餐桌	112646.34	
税金及附加	873.96	
销售费用	21183.56	
广告费	2000.00	
运输费	2000.00	
福利费	5046.00	
房租费	400.00	
工资	8580.00	
社会保险费	672.00	
住房公积金	480.00	
折旧费	2005.56	
管理费用	67048.81	
办公费	120.00	
业务招待	800.00	
修理费	240.00	
福利费	8410.00	
房租费	1500.00	
工资	50200.00	
社会保险费	3024.00	
住房公积金	2160.00	
折旧费	594.81	
财务费用	1300.00	
手续费	300.00	
利息费	1000.00	

审核:吴浩　　制表:陈飞

图 7-2-171　科目余额表

记　账　凭　证

年　　月　　日　　　　记 字 052 号 1/4

摘　要	总账科目	明细科目	借方金额 千百十万千百十元角分	贷方金额 千百十万千百十元角分	记账
					□
					□
					□
					□
					□
					□
合计		（附件　张）			

会计主管　　记账　　出纳　　审核　　制单

图 7-2-172　记账凭证 1

记 账 凭 证

年 月 日 记 字 052 号 2/4

摘 要	总账科目	明细科目	借方金额										贷方金额										记账
			千	百	十	万	千	百	十	元	角	分	千	百	十	万	千	百	十	元	角	分	
																							□
																							□
																							□
																							□
																							□
																							□
合计		（附件 张）																					

会计主管 记账 出纳 审核 制单

图 7-2-173 记账凭证 2

记 账 凭 证

年 月 日 记 字 052 号 3/4

摘 要	总账科目	明细科目	借方金额										贷方金额										记账
			千	百	十	万	千	百	十	元	角	分	千	百	十	万	千	百	十	元	角	分	
																							□
																							□
																							□
																							□
																							□
																							□
合计		（附件 张）																					

会计主管 记账 出纳 审核 制单

图 7-2-174 记账凭证 3

记 账 凭 证

年 月 日 记 字 052 号 4/4

摘 要	总账科目	明细科目	借方金额										贷方金额										记账
			千	百	十	万	千	百	十	元	角	分	千	百	十	万	千	百	十	元	角	分	
																							□
																							□
																							□
																							□
																							□
																							□
合计		（附件 张）																					

会计主管 记账 出纳 审核 制单

图 7-2-175 记账凭证 4

58. 28 日，计提本期企业所得税（相关单据见图 7-2-176、图 7-2-177）。

单位：北京科云股份有限公司　　　　日期：2019年02月28日

行次	项目	本期金额
1	收入总额	299907.97
2	成本费用总额	255752.67
3	利润总额	44155.30
10	税率（20%）	20%
11	应纳所得税额	2207.77

审核：吴洁　　　　制表：陈飞

图 7-2-176　企业所得税预交计算表

记　账　凭　证

年　月　日　　　　记 字 053 号

摘　要	总 账 科 目	明 细 科 目	借方金额	贷方金额	记账
			千百十万千百十元角分	千百十万千百十元角分	
合计		（附件　张）			

会计主管　　记账　　出纳　　审核　　制单

图 7-2-177　记账凭证

59. 28 日，结转企业所得税（相关单据见图 7-2-178）。

记　账　凭　证

年　月　日　　　　记 字 054 号

摘　要	总 账 科 目	明 细 科 目	借方金额	贷方金额	记账
			千百十万千百十元角分	千百十万千百十元角分	
合计		（附件　张）			

会计主管　　记账　　出纳　　审核　　制单

图 7-2-178　记账凭证

三、账簿登记

（一）日记账

1. 库存现金：北京科云股份有限公司出纳人员进行登账及月末结账(日结的摘要为本日合计，月结的摘要为本月合计，见图 7-2-179)。

现金日记账　　第 3 页

2019年 月	日	凭证 种类	号数	摘要	借方 亿千百十万千百十元角分	贷方 亿千百十万千百十元角分	余额 亿千百十万千百十元角分	核对
02	01			承前页			393810	☐
								☐
								☐
								☐
								☐
								☐
								☐
								☐
								☐
								☐
								☐
								☐
								☐
								☐

图 7-2-179　现金日记账

2. 银行存款：北京科云股份有限公司出纳人员进行登账及月末结账(日结的摘要为本日合计，月结的摘要为本月合计，见图 7-2-180)。

银行存款日记账　　第 2 页

开户银行：中国工商银行北京分行　　账号：110007609048708091012

2019年 月	日	凭证 种类	号数	摘要	借方 亿千百十万千百十元角分	贷方 亿千百十万千百十元角分	余额 亿千百十万千百十元角分	核对
								☐
								☐
								☐
								☐
								☐
								☐
								☐
								☐
								☐
								☐
								☐
								☐
								☐
								☐

图 7-2-180　银行存款日记账

(二)登记资产类明细分类账及月末结账

1. 应收账款(北京宏达股份有限公司)：北京科云股份有限公司会计人员进行登账及月末结账(月结的摘要为本月合计，见图 7-2-181)。

应收账款

明细科目：北京宏达股份有限公司　　　　第2 页 共100页

2019年 月	日	凭证 种类	号数	摘要	借方	贷方	借或贷	余额
02	01			承上页			借	263000.00

图 7-2-181　应收账款(北京宏达股份有限公司)

2. 应收账款(北京蓝天实业有限公司)：北京科云股份有限公司会计人员进行登账及月末结账(月结的摘要为本月合计，见图 7-2-182)。

应收账款

明细科目：北京蓝天实业有限公司　　　　第4 页 共100页

2019年 月	日	凭证 种类	号数	摘要	借方	贷方	借或贷	余额
02	01			承上页			借	20416.00

图 7-2-182　应收账款(北京蓝天实业有限公司)

3. 应收账款(石家庄亿达股份有限公司)：北京科云股份有限公司会计人员进行登账及月末结账(月结的摘要为本月合计，见图 7-2-183)。

4. 其他应收账款(岳嘉禾)：北京科云股份有限公司会计人员进行登账及月末结账(月结的摘要为本月合计，见图 7-2-184)。

应收账款

明细科目：石家庄亿达股份有限公司　　　　第6 页 共100页

2019年 月	日	凭证 种类	凭证 号数	摘要	借方（亿千百十万千百十元角分）	贷方（亿千百十万千百十元角分）	借或贷	余额（亿千百十万千百十元角分）
02	01			承上页			借	16848000

图 7-2-183　应收账款（石家庄亿达股份有限公司）

其他应收账款

明细科目：岳嘉禾　　　　第8 页 共100页

2019年 月	日	凭证 种类	凭证 号数	摘要	借方（亿千百十万千百十元角分）	贷方（亿千百十万千百十元角分）	借或贷	余额（亿千百十万千百十元角分）

图 7-2-184　其他应收账款（岳嘉禾）

5. 其他应收账款（谢娜）：北京科云股份有限公司会计人员进行登账及月末结账（月结的摘要为本月合计，见图 7-2-185）。

其他应收账款

明细科目：谢娜　　　　第9 页 共100页

2019年 月	日	凭证 种类	凭证 号数	摘要	借方（亿千百十万千百十元角分）	贷方（亿千百十万千百十元角分）	借或贷	余额（亿千百十万千百十元角分）

图 7-2-185　其他应收账款（谢娜）

6. 库存商品(办公桌)：北京科云股份有限公司会计人员进行登账及月末结账(月结的摘要为本月合计，见图 7-2-186)。

最高储存量 ________　　　　　　**库存商品**　明细账

最低储存量 ________

本账页数	100
本户页数	5

编号 ________ 规格 ________　　明细科目 办公桌　　名称 办公桌

2019 年 月	日	凭证 种类	号数	摘要	借方 数量	单价	金额 百十万千百十元角分	贷方 数量	单价	金额 百十万千百十元角分	结存 数量	单价	金额 百十万千百十元角分
02	01			承前页							20	545.00	1090000

图 7-2-186　库存商品(办公桌)

7. 库存商品(家用餐桌)：北京科云股份有限公司会计人员进行登账及月末结账(月结的摘要为本月合计，见图 7-2-187)。

最高储存量 ________　　　　　　**库存商品**　明细账

最低储存量 ________

本账页数	100
本户页数	8

编号 ________ 规格 ________　　明细科目 家用餐桌　　名称 家用餐桌

2019 年 月	日	凭证 种类	号数	摘要	借方 数量	单价	金额 百十万千百十元角分	贷方 数量	单价	金额 百十万千百十元角分	结存 数量	单价	金额 百十万千百十元角分
02	01			承前页							40	977.13	3908520

图 7-2-187　库存商品(家用餐桌)

8. 在途物资(G1201 油漆)：北京科云股份有限公司会计人员进行登账及月末结账(月结的摘要为本月合计，见图 7-2-188)。

9. 预付账款(广州万利实业有限公司)：北京科云股份有限公司会计人员进行登账及月末结账(月结的摘要为本月合计，见图 7-2-189)。

10. 原材料(屏风)：北京科云股份有限公司会计人员进行登账及月末结账(月结的摘要为本月合计，见图 7-2-190)。

最高储存量 ________　　　　　　　　　　　　　　　　　　| 本账页数 | 100 |
最低储存量 ________　　　　**在途物资**　明细账　　　　| 本户页数 | 2 |

编号 ________ 规格 ________ 明细科目 G1201油漆 名称 G1201油漆

2019年 月	日	凭证 种类	号数	摘要	借方 数量	借方 单价	借方 金额（百十万千百十元角分）	贷方 数量	贷方 单价	贷方 金额（百十万千百十元角分）	结存 数量	结存 单价	结存 金额（百十万千百十元角分）

图 7-2-188　在途物资

预付账款

明细科目：广州万利实业有限公司　　　　　　　　　　第17页 共100页

2019年 月	日	凭证 种类	号数	摘要	借方（亿千百十万千百十元角分）	贷方（亿千百十万千百十元角分）	借或贷	余额（亿千百十万千百十元角分）
02	01			承前页			借	26100000

图 7-2-189　预付账款

最高储存量 ________　　　　　　　　　　　　　　　　　　| 本账页数 | 100 |
最低储存量 ________　　　　**原材料**　明细账　　　　| 本户页数 | 6 |

编号 ________ 规格 ________ 明细科目 屏风 名称 屏风

2019年 月	日	凭证 种类	号数	摘要	借方 数量	借方 单价	借方 金额（百十万千百十元角分）	贷方 数量	贷方 单价	贷方 金额（百十万千百十元角分）	结存 数量	结存 单价	结存 金额（百十万千百十元角分）
02	01			承前页							3450	10.00	3450000

图 7-2-190　原材料(屏风)

11. 原材料(G1201 油漆)：北京科云股份有限公司会计人员进行登账及月末结账(月结的摘要为本月合计，见图 7-2-191)。

最高储存量 ________　　　　　本账页数 100
最低储存量 ________　　　　　本户页数 7

原材料　　明细账

编号 ________ 规格 ________ 明细科目 G1201油漆 名称 G1201油漆

2019 年		凭证		摘要	借方			贷方			结存		
月	日	种类	号数		数量	单价	百十万千百十元角分	数量	单价	百十万千百十元角分	数量	单价	百十万千百十元角分
02	01			承前页							500	45.00	2250000

图 7-2-191　原材料(G1201 油漆)

12. 原材料(软木材料)：北京科云股份有限公司会计人员进行登账及月末结账(月结的摘要为本月合计，见图 7-2-192)。

最高储存量 ________　　　　　本账页数 100
最低储存量 ________　　　　　本户页数 10

原材料　　明细账

编号 ________ 规格 ________ 明细科目 软木材料 名称 软木材料

2019 年		凭证		摘要	借方			贷方			结存		
月	日	种类	号数		数量	单价	百十万千百十元角分	数量	单价	百十万千百十元角分	数量	单价	百十万千百十元角分
02	01			承前页							500	90.00	4500000

图 7-2-192　原材料(软木材料)

13. 周转材料(低值易耗品 714 号螺丝)：北京科云股份有限公司会计人员进行登账及月末结账(月结的摘要为本月合计，见图 7-2-193)。

14. 周转材料(包装箱)：北京科云股份有限公司会计人员进行登账及月末结账(月结的摘要为本月合计，见图 7-2-194)。

15. 周转材料(工作服)：北京科云股份有限公司会计人员进行登账及月末结账(月结的摘要为本月合计，见图 7-2-195)。

16. 固定资产(交通工具)：北京科云股份有限公司会计人员进行登账及月末结账(月结的摘要为本月合计，见图 7-2-196)。

最高储存量 ________　　最低储存量 ________

周转材料　明细账

本账页数	100
本户页数	12

编号 ________　规格 ________　明细科目 低值易耗品-714号螺丝　名称 ________

2019年 月	日	凭证 种类	号数	摘要	借方 数量	单价	金额（百十万千百十元角分）	贷方 数量	单价	金额（百十万千百十元角分）	结存 数量	单价	金额（百十万千百十元角分）
02	01			承前页							66	120.00	792000

图 7-2-193　周转材料(低值易耗品 714 号螺丝)

最高储存量 ________　　最低储存量 ________

周转材料　明细账

本账页数	100
本户页数	17

编号 ________　规格 ________　明细科目 包装箱　名称 ________

2019年 月	日	凭证 种类	号数	摘要	借方 数量	单价	金额（百十万千百十元角分）	贷方 数量	单价	金额（百十万千百十元角分）	结存 数量	单价	金额（百十万千百十元角分）
02	01			承前页							1000	8.162	816200

图 7-2-194　周转材料(包装箱)

最高储存量 ________　　最低储存量 ________

周转材料　明细账

本账页数	100
本户页数	14

编号 ________　规格 ________　明细科目 工作服　名称 ________

2019年 月	日	凭证 种类	号数	摘要	借方 数量	单价	金额（百十万千百十元角分）	贷方 数量	单价	金额（百十万千百十元角分）	结存 数量	单价	金额（百十万千百十元角分）
02	01			承前页							40	150.00	600000

图 7-2-195　周转材料(工作服)

固定资产

明细科目：交通工具　　　　第19 页 共100页

2019年 月	日	凭证 种类	号数	摘要	借方	贷方	借或贷	余额
01	01			上年结转	12000000		借	12000000

图 7-2-196　固定资产（交通工具）

17. 固定资产（电子设备）：北京科云股份有限公司会计人员进行登账及月末结账（月结的摘要为本月合计，见图 7-2-197）。

固定资产

明细科目：电子设备　　　　第20 页 共100页

2019年 月	日	凭证 种类	号数	摘要	借方	贷方	借或贷	余额
01	01			上年结转	101986000		借	101986000

图 7-2-197　固定资产（电子设备）

18. 无形资产（画图软件）：北京科云股份有限公司会计人员进行登账及月末结账（月结的摘要为本月合计，见图 7-2-198）。

无形资产

明细科目：画图软件　　　　第21 页 共100页

2019年 月	日	凭证 种类	号数	摘要	借方	贷方	借或贷	余额
01	01			上年结转			借	5000000

图 7-2-198　无形资产

19. 累计折旧：北京科云股份有限公司会计人员进行登账及月末结账(月结的摘要为本月合计，见图 7-2-199)。

累计折旧

明细科目：

第22 页 共100页

2019年 月	日	凭证 种类	号数	摘要	借方	贷方	借或贷	余额
01	01			上年结转			贷	34501682
01	31	记	035	计提折旧		2881298	贷	37382980
01	31			本月合计		2881298	贷	37382980

图 7-2-199　累计折旧

20. 累计摊销：北京科云股份有限公司会计人员进行登账及月末结账(月结的摘要为本月合计，见图 7-2-200)。

累计摊销

明细科目：

第23 页 共100页

2019年 月	日	凭证 种类	号数	摘要	借方	贷方	借或贷	余额
01	01			上年结转			贷	541671
01	31	记	042	摊销无形资产		41667	贷	583338
01	31			本月合计		41667	贷	583338

图 7-2-200　累计摊销

21. 待处理财产损溢：北京科云股份有限公司会计人员进行登账及月末结账(月结的摘要为本月合计，见图 7-2-201)。

待处理财产损溢

明细科目：待处理流动资产损溢

第25 页 共100页

2019年 月	日	凭证 种类	号数	摘要	借方	贷方	借或贷	余额
02	01			承上页			平	000

图 7-2-201　待处理财产损溢

(三)登记负债类明细分类账及月末结账

1. 其他应付款(社会保险费)：北京科云股份有限公司会计人员登记其他应付款明细账及月末结账(月结的摘要为本月合计，见图 7-2-202)。

其他应付款

明细科目：社会保险费　　　　第27页 共100页

2019年 月	日	凭证 种类	号数	摘要	借方 亿千百十万千百十元角分	贷方 亿千百十万千百十元角分	借或贷	余额 亿千百十万千百十元角分
02	01			承前页			借	256500

图 7-2-202　其他应付款(社会保险费)

2. 其他应付款(住房公积金)：北京科云股份有限公司会计人员登记其他应付款明细账及月末结账(月结的摘要为本月合计，见图 7-2-203)。

其他应付款

明细科目：住房公积金　　　　第29页 共100页

2019年 月	日	凭证 种类	号数	摘要	借方 亿千百十万千百十元角分	贷方 亿千百十万千百十元角分	借或贷	余额 亿千百十万千百十元角分
02	01			承前页			借	456000

图 7-2-203　其他应付款(住房公积金)

3. 短期借款：北京科云股份有限公司会计人员登记短期借款明细账及月末结账(月结的摘要为本月合计，见图 7-2-204)。

短期借款

明细科目：中国工商银行　　　　第30页 共100页

2019年 月	日	凭证 种类	号数	摘要	借方 亿千百十万千百十元角分	贷方 亿千百十万千百十元角分	借或贷	余额 亿千百十万千百十元角分
01	01			上年结转		20000000	贷	20000000

图 7-2-204　短期借款

4. 应付利息：北京科云股份有限公司会计人员登记应付利息明细账及月末结账(月结

的摘要为本月合计，见图 7-2-205）。

应付利息

明细科目：中国工商银行　　　　第31页 共100页

2019年 月	日	凭证 种类	号数	摘要	借方	贷方	借或贷	余额
01	01			上年结转			平	000
01	31	记	037	计提利息		100000	贷	100000
01	31			本月合计		100000	贷	100000

图 7-2-205　应付利息

5. 应付股利：北京科云股份有限公司会计人员登记应付股利明细账及月末结账（月结的摘要为本月合计，见图 7-2-206）。

应付股利

明细科目：应付现金股利　　　　第32页 共100页

2019年 月	日	凭证 种类	号数	摘要	借方	贷方	借或贷	余额
01	01			上年结转		14452735	贷	14452735

图 7-2-206　应付股利

6. 应付账款（广州凯特股份有限公司）：北京科云股份有限公司会计人员登记应付账款明细账及月末结账（月结的摘要为本月合计，见图 7-2-207）。

应付账款

明细科目：广州凯特股份有限公司　　　　第33页 共100页

2019年 月	日	凭证 种类	号数	摘要	借方	贷方	借或贷	余额
02	01			期初余额			贷	1250000

图 7-2-207　应付账款

7. 预收账款(北京新源实业有限公司)：北京科云股份有限公司会计人员登记预收账款明细账及月末结账(月结的摘要为本月合计，见图 7-2-208)。

预收账款

明细科目：北京新源实业有限公司　　　　第34页 共100页

2019年 月	日	凭证 种类	凭证 号数	摘要	借方 亿千百十万千百十元角分	贷方 亿千百十万千百十元角分	借或贷	余额 亿千百十万千百十元角分
02	01			期初余额			平	000

图 7-2-208　预收账款

8. 应付职工薪酬(工资)：北京科云股份有限公司会计人员登记应付职工薪酬明细账及月末结账(月结的摘要为本月合计，见图 7-2-209)。

应付职工薪酬

明细科目：工资　　　　第35页 共100页

2019年 月	日	凭证 种类	凭证 号数	摘要	借方 亿千百十万千百十元角分	贷方 亿千百十万千百十元角分	借或贷	余额 亿千百十万千百十元角分
02	01			承前页			贷	8515000

图 7-2-209　应付职工薪酬(工资)

9. 应付职工薪酬(医疗保险)：北京科云股份有限公司会计人员登记应付职工薪酬明细账及月末结账(月结的摘要为本月合计，见图 7-2-210)。

应付职工薪酬

明细科目：医疗保险　　　　第37页 共100页

2019年 月	日	凭证 种类	凭证 号数	摘要	借方 亿千百十万千百十元角分	贷方 亿千百十万千百十元角分	借或贷	余额 亿千百十万千百十元角分
02	01			承前页			平	000

图 7-2-210　应付职工薪酬(医疗保险)

10. 应付职工薪酬(设定提存计划)：北京科云股份有限公司会计人员登记应付职工薪酬明细账及月末结账(月结的摘要为本月合计，见图7-2-211)。

应付职工薪酬

明细科目：设定提存计划　　　　第39页 共100页

2019年 月	日	凭证 种类	号数	摘要	借方	贷方	借或贷	余额
02	01			承前页			平	0 0 0

图7-2-211　应付职工薪酬(设定提存计划)

11. 应付职工薪酬(生育保险)：北京科云股份有限公司会计人员登记应付职工薪酬明细账及月末结账(月结的摘要为本月合计，见图7-2-212)。

应付职工薪酬

明细科目：生育保险　　　　第41页 共100页

2019年 月	日	凭证 种类	号数	摘要	借方	贷方	借或贷	余额
02	01			承前页			平	0 0 0

图7-2-212　应付职工薪酬(生育保险)

12. 应付职工薪酬(工伤保险)：北京科云股份有限公司会计人员登记应付职工薪酬明细账及月末结账(月结的摘要为本月合计，见图7-2-213)。

应付职工薪酬

明细科目：工伤保险　　　　第43页 共100页

2019年 月	日	凭证 种类	号数	摘要	借方	贷方	借或贷	余额
02	01			承前页			平	0 0 0

图7-2-213　应付职工薪酬(工伤保险)

13. 应付职工薪酬(住房公积金)：北京科云股份有限公司会计人员登记应付职工薪酬明细账及月末结账(月结的摘要为本月合计，见图7-2-214)。

应付职工薪酬

明细科目：住房公积金　　　　第45页 共100页

2019年 月	日	凭证 种类	号数	摘要	借方（亿千百十万千百十元角分）	贷方（亿千百十万千百十元角分）	借或贷	余额（亿千百十万千百十元角分）
02	01			承前页			平	000

图 7-2-214　应付职工薪酬(住房公积金)

14. 应付职工薪酬(福利费)：北京科云股份有限公司会计人员登记应付职工薪酬明细账及月末结账(月结的摘要为本月合计，见图 7-2-215)。

应付职工薪酬

明细科目：福利费　　　　第47页 共100页

2019年 月	日	凭证 种类	号数	摘要	借方（亿千百十万千百十元角分）	贷方（亿千百十万千百十元角分）	借或贷	余额（亿千百十万千百十元角分）
02	01			期初余额			平	000

图 7-2-215　应付职工薪酬(福利费)

15. 应交税费(销项税额)：北京科云股份有限公司会计人员登记应交税费明细账及月末结账(月结的摘要为本月合计，见图 7-2-216)。

应交税费

明细科目：应交增值税-销项税额　　　　第49页 共100页

2019年 月	日	凭证 种类	号数	摘要	借方（亿千百十万千百十元角分）	贷方（亿千百十万千百十元角分）	借或贷	余额（亿千百十万千百十元角分）
02	01			承前页			贷	4560000

图 7-2-216　应交税费(销项税额)

16. 应交税费(进项税额)：北京科云股份有限公司会计人员登记应交税费明细账及月末结账(月结的摘要为本月合计，见图 7-2-217)。

应交税费

明细科目：应交增值税-进项税额　　　　第51 页 共100页

2019年		凭证		摘要	借方											贷方											借或贷	余额										
月	日	种类	号数		亿	千	百	十	万	千	百	十	元	角	分	亿	千	百	十	万	千	百	十	元	角	分		亿	千	百	十	万	千	百	十	元	角	分
02	01			承前页																							借					1	1	2	1	2	8	0

图 7-2-217　应交税费(进项税额)

17. 应交税费(进项税额转出)：北京科云股份有限公司会计人员登记应交税费明细账及月末结账(月结的摘要为本月合计，见图 7-2-218)。

应交税费

明细科目：应交增值税-进项税额转出　　　　第53 页 共100页

2019年		凭证		摘要	借方											贷方											借或贷	余额										
月	日	种类	号数		亿	千	百	十	万	千	百	十	元	角	分	亿	千	百	十	万	千	百	十	元	角	分		亿	千	百	十	万	千	百	十	元	角	分
02	01			期初余额																							平									0	0	0

图 7-2-218　应交税费(进项税费转出)

18. 应交税费(转出未交增值税)：北京科云股份有限公司会计人员登记应交税费明细账及月末结账(月结的摘要为本月合计，见图 7-2-219)。

19. 应交税费(未交增值税)：北京科云股份有限公司会计人员登记应交税费明细账及月末结账(月结的摘要为本月合计，见图 7-2-220)。

20. 应交税费(应交城市维护建设税)：北京科云股份有限公司会计人员登记应交税费明细账及月末结账(月结的摘要为本月合计，见图 7-2-221)。

21. 应交税费(应交教育费附加)：北京科云股份有限公司会计人员登记应交税费明细账及月末结账(月结的摘要为本月合计，见图 7-2-222)。

应交税费

明细科目：应交增值税-转出未交增值税

第55页 共100页

2019年 月	日	凭证 种类	号数	摘要	借方	贷方	借或贷	余额
01	01			期初余额			平	000
01	31	记	045	计提本月未交增值税	3438720		借	3438720
01	31			本月合计	3438720		借	3438720

图 7-2-219 应交税费(转出未交增值税)

应交税费

明细科目：未交增值税

第57页 共100页

2019年 月	日	凭证 种类	号数	摘要	借方	贷方	借或贷	余额
01	01			期初余额		1045650	贷	1045650
01	31	记	017	缴纳上月未交增值税	1045650		平	000
01	31	记	044	计提本月未交增值税		3438720	贷	3438720
01	31			本月合计	1045650	3438720	贷	3438720

图 7-2-220 应交税费(未交增值税)

应交税费

明细科目：应交城市维护建设税

第59页 共100页

2019年 月	日	凭证 种类	号数	摘要	借方	贷方	借或贷	余额
01	01			期初余额		73200	贷	73200
01	31	记	015	缴纳城建税	73200		平	000
01	31	记	045	计提城建税		240710	贷	240710
01	31			本月合计	73200	240710	贷	240710

图 7-2-221 应交税费(应交城市维护建设税)

22. 应交税费(应交地方教育附加)：北京科云股份有限公司会计人员登记应交税费明细账及月末结账(月结的摘要为本月合计，见图 7-2-223)。

应交税费

明细科目：应交教育费附加　　　　第61页 共100页

2019年 月	日	凭证 种类	号数	摘要	借方	贷方	借或贷	余额
01	01			期初余额		31370	贷	31370
01	31	记	015	缴纳附加税	31370		平	000
01	31	记	045	计提附加税		103162	贷	103162
01	31			本月合计	31370	103162	贷	103162

图 7-2-222　应交税费(应交教育费附加)

应交税费

明细科目：应交地方教育附加　　　　第63页 共100页

2019年 月	日	凭证 种类	号数	摘要	借方	贷方	借或贷	余额
01	01			期初余额		20913	贷	20913
01	31	记	015	缴纳附加税	20913		平	000
01	31	记	045	计提附加税		68774	贷	68774
01	31			本月合计	20913	68774	贷	68774

图 7-2-223　应交税费(应交地方教育附加)

23. 应交税费(应交所得税)：北京科云股份有限公司会计人员登记应交税费明细账及月末结账(月结的摘要为本月合计，见图 7-2-224)。

24. 应交税费(应交个人所得税)：北京科云股份有限公司会计人员登记应交税费明细账及月末结账(月结的摘要为本月合计，见图 7-2-225)。

应交税费

明细科目：应交所得税　　　　第65页 共100页

2019年 月	日	凭证 种类	号数	摘要	借方	贷方	借或贷	余额
01	01			期初余额		988880	贷	988880
01	31	记	015	缴纳企业所得税	988880		平	000
01	31	记	045	计提本期企业所得税		1975497	贷	1975497
01	31			本月合计	988880	1975497	贷	1975497

图 7-2-224　应交税费(应交所得税)

应交税费

明细科目：应交个人所得税　　　　第67页 共100页

2019年 月	日	凭证 种类	号数	摘要	借方	贷方	借或贷	余额
01	01			期初余额			平	000
01	15	记	023	发放上月工资及年终奖金		122498	贷	122498
01	31			本月合计	000	122498	贷	122498

图 7-2-225　应交税费(应交个人所得税)

(四)登记所有者权益类明细分类账及月末结账

1. 股本(许建辉)：北京科云股份有限公司会计人员登记股本明细账及月末结账(月结摘要为本月合计，见图 7-2-226)。

2. 股本(郑智平)：北京科云股份有限公司会计人员登记股本明细账及月末结账(月结摘要为本月合计，见图 7-2-227)。

3. 盈余公积(法定盈余公积)：北京科云股份有限公司会计人员登记盈余公积明细账及月末结账(月结摘要为本月合计，见图 7-2-228)。

4. 本年利润：北京科云股份有限公司会计人员登记本年利润明细账及月末结账(月结摘要为本月合计，见图 7-2-229)。

股本

明细科目：许建辉　　　　第69页 共100页

2019年 月	日	凭证 种类	号数	摘要	借方	贷方	借或贷	余额
01	01			期初余额			贷	450000000

图 7-2-226　股本(许建辉)

股本

明细科目：郑智平　　　　第71页 共100页

2019年 月	日	凭证 种类	号数	摘要	借方	贷方	借或贷	余额
01	01			期初余额			贷	50000000

图 7-2-227　股本(郑智平)

盈余公积

明细科目：法定盈余公积　　　　第73页 共100页

2019年 月	日	凭证 种类	号数	摘要	借方	贷方	借或贷	余额
01	01			期初余额			贷	19669519

图 7-2-228　盈余公积(法定盈余公积)

本年利润

明细科目：　　　　　　　　　　　　　　第75页 共100页

2019年 月	日	凭证 种类	号数	摘要	借方	贷方	借或贷	余额
01	31	记	051	结转本期损益		285000.00	贷	285000.00
01	31	记	052	结转本期损益	205980.12		贷	79019.88
01	31	记	054	结转企业所得税	19754.97		贷	59264.91
01	31			本月合计	225735.09	285000.00	贷	59264.91

图 7-2-229　本年利润

5. 利润分配(未分配利润)：北京科云股份有限公司会计人员登记利润分配明细账及月末结账(月结摘要为本月合计，见图 7-2-230)。

利润分配

明细科目：未分配利润　　　　　　　　　　第77页 共100页

2019年 月	日	凭证 种类	号数	摘要	借方	贷方	借或贷	余额
01	01			期初余额			贷	2212451.66

图 7-2-230　利润分配(未分配利润)

(五)登记成本类明细分类账及月末结账

1. 生产成本(家用餐桌)：北京科云股份有限公司会计人员登记生产成本明细账及月末结账(月结摘要为本月合计，见图 7-2-231)。

2. 生产成本(办公桌)：北京科云股份有限公司会计人员登记生产成本明细账及月末结账(月结摘要为本月合计，见图 7-2-232)。

3. 制造费用(生产车间)：北京科云股份有限公司会计人员登记制造费用明细账及月末结账(月结摘要为本月合计，见图 7-2-233)。

分页：78 总页：100

生产成本 明细账

二级科目：基本生产成本-家用彡

2019年 月	日	凭单号	摘要	借方	贷方	借或贷	余额	(借)方金额分析 直接材料	直接人工	制造费用		
02	01		承上页			借	4953908	3116837	618164	1218907		

图 7-2-231　生产成本(家用餐桌)

分页：80 总页：100

生产成本 明细账

二级科目：基本生产成本-办公彡

2019年 月	日	凭单号	摘要	借方	贷方	借或贷	余额	(借)方金额分析 直接材料	直接人工	制造费用		
02	01		承上页			借	3133247	1622050	551650	959547		

图 7-2-232　生产成本(办公桌)

分页：82 总页：100

制造费用 明细账

二级科目：制造费用-办公桌

2019年 月	日	凭单号	摘要	借方	贷方	借或贷	余额	(借)方 福利费	房租费	工资	社会保险费	住房公积金	折旧费	无形资产摊销	电费	
02	01		承前页			平	000	000	000	000	000	000	000	000	000	

图 7-2-233　制造费用(生产车间)

(六)登记损益类明细分类账及月末结账

1. 主营业务收入(办公桌)：北京科云股份有限公司会计人员登记主营业务收入明细账及进行月末结账(月结摘要为本月合计，见图 7-2-234)。

主营业务收入

明细科目：办公桌　　　　第85 页 共100页

2019年 月	日	凭证 种类	号数	摘要	借方	贷方	借或贷	余额
02	01			承前页	13500000	13500000	平	000

图 7-2-234　主营业务收入(办公桌)

2. 主营业务收入(家用餐桌)：北京科云股份有限公司会计人员登记主营业务收入明细账及进行月末结账(月结摘要为本月合计，见图 7-2-235)。

主营业务收入

明细科目：家用餐桌　　　　第86 页 共100页

2019年 月	日	凭证 种类	号数	摘要	借方	贷方	借或贷	余额
02	01			承前页	15000000	15000000	平	000

图 7-2-235　主营业务收入(家用餐桌)

3. 主营业务成本(办公桌)：北京科云股份有限公司会计人员登记主营业务成本明细账及进行月末结账(月结摘要为本月合计，见图 7-2-236)。

4. 主营业务成本(家用餐桌)：北京科云股份有限公司会计人员登记主营业务收入明细账及进行月末结账(月结摘要为本月合计，见图 7-2-237)。

5. 税金及附加：北京科云股份有限公司会计人员登记税金及附加明细账及月末结账(月结摘要为本月合计，见图 7-2-238)。

主营业务成本

明细科目：办公桌

第88页 共100页

2019年 月	日	凭证 种类	号数	摘要	借方	贷方	借或贷	余额
02	01			承前页	74505.19	74505.19	平	0.00

图 7-2-236 主营业务成本(办公桌)

主营业务成本

明细科目：家用餐桌

第90页 共100页

2019年 月	日	凭证 种类	号数	摘要	借方	贷方	借或贷	余额
02	01			承前页	82783.55	82783.55	平	0.00

图 7-2-237 主营业务成本(家用餐桌)

税金及附加

明细科目：

第91页 共100页

2019年 月	日	凭证 种类	号数	摘要	借方	贷方	借或贷	余额
01	31	记	047	计提附加税	4126.46		借	4126.46
01	31	记	050	结转本期损益		4126.46	平	0.00
01	31			本月合计	4126.46	4126.46	平	0.00
01	31			本年累计	4126.46	4126.46	平	0.00

图 7-2-238 税金及附加

6. 管理费用：北京科云股份有限公司会计人员登记管理费用明细账及月末结账（月结摘要为本月合计，见图 7-2-239）。

分页：92 总页：100　　**管理费用** 明细账

二级科目：

2019年		凭单号	摘要	借方	贷方	借或贷	余额	（借）方								
月	日							办公费	业务招待费	修理费	福利费	房租费	工资	社会保险费	住房公积金	折旧费
02	01		承前页	3412736	3412736	平	000	000	000	000	000	000	000	000	000	000

图 7-2-239　管理费用

7. 销售费用：北京科云股份有限公司会计人员登记销售费用明细账及月末结账（月结摘要为本月合计，见图 7-2-240）。

分页：94 总页：100　　**销售费用** 明细账

二级科目：

2019年		凭单号	摘要	借方	贷方	借或贷	余额	（借）方							
月	日							广告费	运输费	福利费	房租费	工资	社会保险费	住房公积金	折旧费
02	01		承前页	913756	913756	平	000	000	000	000	000	000	000	000	000

图 7-2-240　销售费用

8. 财务费用：北京科云股份有限公司会计人员登记财务费用明细账及月末结账（月结摘要为本月合计，见图 7-2-241）。

分页：96 总页：100　　**财务费用** 明细账

二级科目：

2019年		凭单号	摘要	借方	贷方	借或贷	余额	（借）方						
月	日							手续费	利息费					
02	01		承前页	130000	130000	平	000	000	000					

图 7-2-241　财务费用

9. 所得税费用：北京科云股份有限公司会计人员登记所得税费用明细账及月末结账（月结的摘要为本月合计，见图 7-2-242）。

所得税费用

明细科目：　　　　　　　　　　　　　　　　　　　　第98 页 共100页

2019年 月	日	凭证 种类	凭证 号数	摘要	借方	贷方	借或贷	余额
01	31	记	051	计提本期企业所得税	1975497		借	1975497
01	31	记	052	结转企业所得税		1975497	平	000
01	31			本月合计	1975497	1975497	平	000
01	31			本年累计	1975497	1975497	平	000

图 7-2-242　所得税费用

（七）编制科目汇总表

编制科目汇总表：2019 年 2 月 28 日，北京科云股份有限公司会计人员编制科目汇总表（见图 7-2-243）。

科目汇总表

年　月　日至　月　日

编号:001　附件共 250 张

凭证号数：第 001 号至 054 号共 60 张；第　号至　号共　张；第　号至　号共　张

会计科目	总页	借方金额	贷方金额	会计科目	总页	借方金额	贷方金额
库存现金				制造费用			
银行存款				主营业务收入			
应收账款				主营业务成本			
预付账款				税金及附加			
其他应收款				销售费用			
在途物资				管理费用			
原材料							
库存商品							
周转材料							
累计摊销							
累计折旧							
待处理财产损溢							
应付职工薪酬							
应交税费							
应付账款							
应付利息							
其他应付款							
预收账款							
本年利润							
生产成本							
财务费用							
所得税费用							
合计				合计			

财务主管：　　记账：　　复核：　　制表：

图 7-2-243　科目汇总表

四、登记总账

(一) 登记资产类账户总账

1. 库存现金：2019 年 2 月 28 日，北京科云股份有限公司会计登记库存现金总账(登记本月合计数摘要是：本期发生额，见图 7-2-244)。

总分类账

会计科目：库存现金　　　　第 1 页 共 50 页

2019年 月	日	凭证 种类	号数	摘要	借方（亿千百十万千百十元角分）	贷方（亿千百十万千百十元角分）	借或贷	余额（亿千百十万千百十元角分）
01	01			期初余额			借	151862
01	31	汇字	001	本期发生额	3457850	3215922	借	393810
01	31			本年累计	3457850	3215922	借	393810

图 7-2-244　库存现金

2. 银行存款：2019 年 2 月 28 日，北京科云股份有限公司会计登记银行存款总账(登记本月合计数摘要是：本期发生额，见图 7-2-245)。

总分类账

会计科目：银行存款　　　　第 2 页 共 50 页

2019年 月	日	凭证 种类	号数	摘要	借方（亿千百十万千百十元角分）	贷方（亿千百十万千百十元角分）	借或贷	余额（亿千百十万千百十元角分）
01	01			期初余额			借	568686620
01	31	汇字	001	本期发生额	64524665	15012680	借	618198605
01	31			本年累计	64524665	15012680	借	618198605

图 7-2-245　银行存款总分类账

3. 应收账款：2019 年 2 月 28 日，北京科云股份有限公司会计登记应收账款总账（登记本月合计数摘要是：本期发生额，见图 7-2-246）。

总分类账

会计科目：应收账款　　　　第 3 页 共 50页

2019年 月	日	凭证 种类	号数	摘要	借方（亿千百十万千百十元角分）	贷方（亿千百十万千百十元角分）	借或贷	余额（亿千百十万千百十元角分）
01	01			期初余额			借	55501240
01	31	汇字	001	本期发生额	13054000	23365640	借	45189600
01	31			本年累计	13054000	23365640	借	45189600

图 7-2-246　应收账款总分类账

4. 预付账款：2019 年 2 月 28 日，北京科云股份有限公司会计登记预付账款总账（登记本月合计数摘要是：本期发生额，见图 7-2-247）。

总分类账

会计科目：预付账款　　　　第 4 页 共 50页

2019年 月	日	凭证 种类	号数	摘要	借方（亿千百十万千百十元角分）	贷方（亿千百十万千百十元角分）	借或贷	余额（亿千百十万千百十元角分）
01	01			期初余额			借	000
01	31	汇字	001	本期发生额	26100000	000	借	26100000
01	31			本年累计	26100000	000	借	26100000

图 7-2-247　预付账款总分类账

5. 其他应收款：2019 年 2 月 28 日，北京科云股份有限公司会计登记其他应收款总账（登记本月合计数摘要是：本期发生额，见图 7-2-248）。

总分类账

会计科目：其他应收款　　　　第 5 页 共 50 页

2019年 月	日	凭证 种类	号数	摘要	借方	贷方	借或贷	余额
02	01			期初余额			平	000

图 7-2-248　其他应收款总分类账

6. 在途物资：2019 年 2 月 28 日，北京科云股份有限公司会计登记在途物资总账（登记本月合计数摘要是：本期发生额，见图 7-2-249）。

总分类账

会计科目：在途物资　　　　第 6 页 共 50 页

2019年 月	日	凭证 种类	号数	摘要	借方	贷方	借或贷	余额
02	01			期初余额			平	000

图 7-2-249　在途物资总分类账

7. 原材料：2019 年 2 月 28 日，北京科云股份有限公司会计登记原材料总账（登记本月合计数摘要是：本期发生额，见图 7-2-250）。

8. 固定资产：2019 年 2 月 28 日，北京科云股份有限公司会计人员登记固定资产（登记本月合计数摘要是：本期发生额，见图 7-2-251）。

9. 无形资产：2019 年 2 月 28 日，北京科云股份有限公司会计人员登记无形资产（登记本月合计数摘要是：本期发生额，见图 7-2-252）。

总分类账

会计科目：原材料　　　　第 7 页 共 50页

2019年 月	日	凭证 种类	号数	摘要	借方	贷方	借或贷	余额
01	01			期初余额			借	25689000
01	31	汇字	001	本期发生额	2000000	17489000	借	10200000
01	31			本年累计	2000000	17489000	借	10200000

图 7-2-250　原材料总分类账

总分类账

会计科目：固定资产　　　　第 8 页 共 50页

2019年 月	日	凭证 种类	号数	摘要	借方	贷方	借或贷	余额
01	01			期初余额	113986000		借	113986000

图 7-2-251　固定资产总分类账

总分类账

会计科目：无形资产　　　　第 9 页 共 50页

2019年 月	日	凭证 种类	号数	摘要	借方	贷方	借或贷	余额
01	01			期初余额	5000000		借	5000000

图 7-2-252　无形资产总分类账

10. 库存商品：2019 年 2 月 28 日，北京科云股份有限公司会计登记库存商品总账（登记本月合计数摘要是：本期发生额，见图 7-2-253）。

总分类账

会计科目：库存商品　　　　第10页 共50页

2019年 月	日	凭证 种类	号数	摘要	借方	贷方	借或贷	余额
01	01			期初余额			借	153273.97
01	31	汇字	001	本期发生额	53999.97	157288.74	借	49985.20
01	31			本年累计	53999.97	157288.74	借	49985.20

图 7-2-253　库存商品总分类账

11. 周转材料：2019 年 2 月 28 日，北京科云股份有限公司会计登记周转材料总账（登记本月合计数摘要是：本期发生额，见图 7-2-254）。

总分类账

会计科目：周转材料　　　　第11页 共50页

2019年 月	日	凭证 种类	号数	摘要	借方	贷方	借或贷	余额
01	01			期初余额			借	240000.00
01	31	汇字	001	本期发生额		217918.00	借	22082.00
01	31			本年累计		217918.00	借	22082.00

图 7-2-254　周转材料总分类账

12. 累计摊销：2019 年 2 月 31 日，北京科云股份有限公司会计登记累计摊销总账（登记本月合计数摘要是：本期发生额，见图 7-2-255）。

13. 累计折旧：2019 年 2 月 28 日，北京科云股份有限公司会计登记累计折旧总账（登记本月合计数摘要是：本期发生额，见图 7-2-256）。

总分类账

会计科目：累计摊销　　　　第12页　共50页

2019年 月	日	凭证 种类	号数	摘要	借方	贷方	借或贷	余额
01	01			期初余额			贷	541671
01	31	汇字	001	本期发生额		41667	贷	583338
01	31			本年累计		41667	贷	583338

图 7-2-255　累计摊销总分类账

总分类账

会计科目：累计折旧　　　　第13页　共50页

2019年 月	日	凭证 种类	号数	摘要	借方	贷方	借或贷	余额
01	01			期初余额			贷	34501682
01	31	汇字	001	本期发生额		2881298	贷	37382980
01	31			本年累计		2881298	贷	37382980

图 7-2-256　累计折旧总分类账

14. 待处理财产损溢：2019 年 2 月 28 日，北京科云股份有限公司会计登记待处理财产损溢总账（登记本月合计数摘要是本期发生额，见图 7-2-257）。

总分类账

会计科目：待处理财产损溢　　　　第14页　共50页

2019年 月	日	凭证 种类	号数	摘要	借方	贷方	借或贷	余额
02	01			期初余额			平	000

图 7-2-257　待处理财产损溢总分类账

(二)登记负债类账户总账

1. 短期借款：2019 年 2 月 28 日，北京科云股份有限公司会计人员登记短期借款(登记本月合计数摘要是：本期发生额，见图 7-2-258)。

总分类账

会计科目：短期借款　　　　第15页 共50页

2019年 月	日	凭证 种类	号数	摘要	借方	贷方	借或贷	余额
01	01			期初余额	20000000		贷	20000000

图 7-2-258　短期借款总分类账

2. 应付股利：2019 年 2 月 28 日，北京科云股份有限公司会计人员登记应付股利(登记本月合计数摘要是：本期发生额，见图 7-2-259)。

总分类账

会计科目：应付股利　　　　第16页 共50页

2019年 月	日	凭证 种类	号数	摘要	借方	贷方	借或贷	余额
01	01			期初余额	14452735		贷	14452735

图 7-2-259　应付股利总分类账

3. 应付职工薪酬：2019 年 2 月 28 日，北京科云股份有限公司会计登记应付职工薪酬总账(登记本月合计数摘要是：本期发生额，见图 7-2-260)。

4. 应交税费：2019 年 2 月 28 日，北京科云股份有限公司会计登记应交税费总账(登记本月合计数摘要是：本期发生额，见图 7-2-261)。

5. 应付账款：2019 年 2 月 28 日，北京科云股份有限公司会计登记应付账款总账(登记本月合计数摘要是：本期发生额，见图 7-2-262)。

6. 应付利息：2019 年 2 月 28 日，北京科云股份有限公司会计登记应付利息总账(登记本月合计数摘要是：本期发生额，见图 7-2-263)。

总分类账

会计科目：应付职工薪酬　　　　第17页　共50页

2019年 月	日	凭证 种类	号数	摘要	借方	贷方	借或贷	余额
01	01			期初余额			贷	9599400
01	31	汇字	001	本期发生额	10619400	9535000	贷	8515000
01	31			本年累计	10619400	9535000	贷	8515000

图 7-2-260　应付职工薪酬总分类账

总分类账

会计科目：应交税费　　　　第18页　共50页

2019年 月	日	凭证 种类	号数	摘要	借方	贷方	借或贷	余额
01	01			期初余额			贷	1919302
01	31	汇字	001	本期发生额	5852963	9883022	贷	5949361
01	31			本年累计	5852963	9883022	贷	5949361

图 7-2-261　应交税费总分类账

总分类账

会计科目：应付账款　　　　第19页　共50页

2019年 月	日	凭证 种类	号数	摘要	借方	贷方	借或贷	余额
01	01			期初余额			贷	14914420
01	31	汇字	001	本期发生额	18254420	4590000	贷	1250000
01	31			本年累计	18254420	4590000	贷	1250000

图 7-2-262　应付账款总分类账

总分类账

会计科目：应付利息　　　　第20页　共50页

2019年 月	日	凭证 种类	号数	摘要	借方	贷方	借或贷	余额
01	31	汇字	001	本期发生额		100000	贷	100000
01	31			本年累计		100000	贷	100000

图 7-2-263　应付利息总分类账

7. 其他应付款：2019 年 2 月 28 日，北京科云股份有限公司会计人员登其他应付款总账（登记本月合计数摘要是：本期发生额，见图 7-2-264）。

总分类账

会计科目：其他应付款　　　　第21页　共50页

2019年 月	日	凭证 种类	号数	摘要	借方	贷方	借或贷	余额
01	01			期初余额			借	712500
01	31	汇字	001	本期发生额	712500	712500	借	712500
01	31			本年累计	712500	712500	借	712500

图 7-2-264　其他应付款总分类账

8. 预收账款：2019 年 2 月 28 日，北京科云股份有限公司会计人员登记预收账款（登记本月合计数摘要是：本期发生额，见图 7-2-265）。

总分类账

会计科目：预收账款　　　　第22页　共50页

2019年 月	日	凭证 种类	号数	摘要	借方	贷方	借或贷	余额
02	01			期初余额			平	000

图 7-2-265　预付账款总分类账

（三）登记所有者权益类账户总账

1. 股本：2019 年 2 月 28 日，北京科云股份有限公司会计登记股本总账（登记本月合计数摘要是：本期发生额，见图 7-2-266）。

总分类账

会计科目：股本　　　　第23页 共50页

2019年 月	日	凭证 种类	号数	摘要	借方	贷方	借或贷	余额
01	01			期初余额			贷	500000000

图 7-2-266　股本总分类账

2. 盈余公积：2019 年 2 月 28 日，北京科云股份有限公司会计登记盈余公积总账（登记本月合计数摘要是：本期发生额，见图 7-2-267）。

总分类账

会计科目：盈余公积　　　　第24页 共50页

2019年 月	日	凭证 种类	号数	摘要	借方	贷方	借或贷	余额
01	01			期初余额			贷	19669519

图 7-2-267　盈余公积总分类账

3. 本年利润：2019 年 2 月 28 日，北京科云股份有限公司会计登记本年利润总账（登记本月合计数摘要是：本期发生额，见图 7-2-268）。

总分类账

会计科目：本年利润　　　　第25页 共50页

2019年 月	日	凭证 种类	号数	摘要	借方	贷方	借或贷	余额
01	31	汇字	001	本期发生额	22573509	28500000	贷	5926491
01	31			本年累计	22573509	28500000	贷	5926491

图 7-2-268　本年利润总分类账

4. 利润分配：2019 年 2 月 28 日，北京科云股份有限公司会计登记利润分配总账(登记本月合计数摘要是：本期发生额，见图 7-2-269)。

总分类账

会计科目：利润分配　　　　第26页 共50页

2019年 月	日	凭证 种类	号数	摘要	借方	贷方	借或贷	余额
01	01			期初余额			贷	221245166

图 7-2-269　利润分配总分类账

(四)登记损益类账户总账

1. 主营业务收入：2019 年 2 月 28 日，北京科云股份有限公司会计登记主营业务收入总账(登记本月合计数摘要是：本期发生额，见图 7-2-270)。

总分类账

会计科目：主营业务收入　　　　第27页 共50页

2019年 月	日	凭证 种类	号数	摘要	借方	贷方	借或贷	余额
01	31	汇字	001	本期发生额	28500000	28500000	平	000
01	31			本年累计	28500000	28500000	平	000

图 7-2-270　主营业务收入总分类账

2. 主营业务成本：2019 年 2 月 28 日，北京科云股份有限公司会计登记主营业务成本总账(登记本月合计数摘要是：本期发生额，见图 7-2-271)。

3. 税金及附加：2019 年 2 月 28 日，北京科云股份有限公司会计登记税金及附加总账(登记本月合计数摘要是：本期发生额，见图 7-2-272)。

4. 销售费用：2019 年 2 月 28 日，北京科云股份有限公司会计登记销售费用总账(登记本月合计数摘要是：本期发生额，见图 7-2-273)。

5. 管理费用：2019 年 2 月 28 日，北京科云股份有限公司会计登记管理费用总账(登记本月合计数摘要是：本期发生额，见图 7-2-274)。

总分类账

会计科目：主营业务成本　　　　第28页　共50页

2019年 月	日	凭证 种类	号数	摘要	借方（亿千百十万千百十元角分）	贷方（亿千百十万千百十元角分）	借或贷	余额（亿千百十万千百十元角分）
01	31	汇字	001	本期发生额	15728874	15728874	平	000
01	31			本年累计	15728874	15728874	平	000

图 7-2-271　主营业务成本总分类账

总分类账

会计科目：税金及附加　　　　第36页　共50页

2019年 月	日	凭证 种类	号数	摘要	借方（亿千百十万千百十元角分）	贷方（亿千百十万千百十元角分）	借或贷	余额（亿千百十万千百十元角分）
01	31	汇字	001	本期发生额	412646	412646	平	000
01	31			本年累计	412646	412646	平	000

图 7-2-272　税金及附加总分类账

总分类账

会计科目：销售费用　　　　第38页　共50页

2019年 月	日	凭证 种类	号数	摘要	借方（亿千百十万千百十元角分）	贷方（亿千百十万千百十元角分）	借或贷	余额（亿千百十万千百十元角分）
01	31	汇字	001	本期发生额	913756	913756	平	000
01	31			本年累计	913756	913756	平	000

图 7-2-273　销售费用总分类账

总分类账

会计科目：管理费用　　　　第 40 页　共 50 页

2019年 月	日	凭证 种类	号数	摘要	借方	贷方	借或贷	余额
01	31	汇字	001	本期发生额	3412736	3412736	平	000
01	31			本年累计	3412736	3412736	平	000

图 7-2-274　管理费用总分类账

6. 财务费用：2019 年 2 月 28 日，北京科云股份有限公司会计登记财务费用总账（登记本月合计数摘要是：本期发生额，见图 7-2-275）。

总分类账

会计科目：财务费用　　　　第 42 页　共 50 页

2019年 月	日	凭证 种类	号数	摘要	借方	贷方	借或贷	余额
01	31	汇字	001	本期发生额	130000	130000	平	000
01	31			本年累计	130000	130000	平	000

图 7-2-275　财务费用总分类账

7. 所得税费用：2019 年 2 月 28 日，北京科云股份有限公司会计登记所得税费用总账（登记本月合计数摘要是：本期发生额，见图 7-2-276）。

总分类账

会计科目：所得税费用　　　　第 44 页　共 50 页

2019年 月	日	凭证 种类	号数	摘要	借方	贷方	借或贷	余额
01	31	汇字	001	本期发生额	1975497	1975497	平	000
01	31			本年累计	1975497	1975497	平	000

图 7-2-276　所得税费用总分类账

(五)登记成本类账户总账

1. 生产成本：2019 年 12 月 31 日，北京科云股份有限公司会计登记生产成本总账(登记本月合计数摘要是：本期发生额，见图 7-2-277)。

总分类账

会计科目：生产成本　　　　第46页 共50页

2019年 月	日	凭证 种类	号数	摘要	借方	贷方	借或贷	余额
01	01			期初余额			借	7789056
01	31	汇字	001	本期发生额	24545413	24247314	借	8087155
01	31			本年累计	24545413	24247314	借	8087155

图 7-2-277　生产成本总分类账

2. 制造费用：2019 年 12 月 31 日，北京科云股份有限公司会计登记制造费用总账(登记本月合计数摘要是：本期发生额，见图 7-2-278)。

总分类账

会计科目：制造费用　　　　第48页 共50页

2019年 月	日	凭证 种类	号数	摘要	借方	贷方	借或贷	余额
01	31	汇字	001	本期发生额	4509834	4509834	平	000
01	31			本年累计	4509834	4509834	平	000

图 7-2-278　制造费用总分类账

(六)编制试算平衡表校验总账

编制试算平衡表：根据科目汇总表编制试算平衡表(见表 7-2-3)，校验总账登记是否正确。

表 7-2-3　试算平衡表

科目代码	科目名称	期初余额		本期发生额		期末余额	
		借方	贷方	借方	贷方	借方	贷方
1001	库存现金	3938.10					
1002	银行存款	6181988.05					
1122	应收账款	451896.00					
1123	预付账款	261000.00					
1221	其他应收款						
1402	在途物资						
1403	原材料	102000.00					
1405	库存商品	49985.20					
1411	周转材料	22082.00					
1601	固定资产	1139860.00					
1602	累计折旧		373829.80				
1701	无形资产	50000.00					
1702	累计摊销		5833.38				
1901	待处理财产损溢						
2001	短期借款		200000.00				
2202	应付账款		13724.98				
2203	预收账款						
2211	应付职工薪酬		85150.00				
2221	应交税费		58268.63				
2231	应付利息		1000.00				
2232	应付股利		144527.35				
2241	其他应付款	7125.00					
4001	股本		5000000.00				
4101	盈余公积		196695.19				
4103	本年利润		59264.91				
4104	利润分配		2212451.66				
5001	生产成本	80871.55					
5101	制造费用						
6001	主营业务收入						

续表

科目代码	科目名称	期初余额		本期发生额		期末余额	
		借方	贷方	借方	贷方	借方	贷方
6401	主营业务成本						
6403	税金及附加						
6601	销售费用						
6602	管理费用						
6603	财务费用						
6801	所得税费用						
	合计	8350745.90	8350745.90				

审核：　　　　制表：

五、编制报表

(一) 编制资产负债表

2019 年 2 月 28 日，北京科云股份有限公司会计根据下列相关资料（见表 7-2-4、表 7-2-5）完成资产负债表的编制（期初余额为 1 月份月末余额）。

表 7-2-4　试算平衡表

科目代码	科目名称	期初余额		本期发生额		期末余额	
		借方	贷方	借方	贷方	借方	贷方
1001	库存现金	3938.10		80825.00	8670.00	76093.10	
1002	银行存款	6181988.05		362276.00	284373.36	6259890.69	
1122	应收账款	451896.00		184060.00	189896.00	446060.00	
1123	预付账款	261000.00		45000.00	254250.00	51750.00	
1221	其他应收款			825.00	825.00	0.00	
1402	在途物资			18000.00	18000.00	0.00	
1403	原材料	102000.00		243000.00	70600.00	277400.00	
1405	库存商品	49985.20		157443.00	165346.34	42081.86	
1411	周转材料	22082.00		0.00	240.00	21842.00	
1601	固定资产	1139860.00				1139860.00	
1602	累计折旧		373829.80	0.00	28812.98		402642.78
1701	无形资产	50000.00				50000.00	
1702	累计摊销		5833.38	0.00	416.67		6250.05
1901	待处理财产损溢			760.00	760.00	0.00	

续表

科目代码	科目名称	期初余额		本期发生额		期末余额	
		借方	贷方	借方	贷方	借方	贷方
2001	短期借款		200000.00				200000.00
2202	应付账款		12500.00	0.00	20340.00		32840.00
2203	预收账款			0.00	30000.00		30000.00
2211	应付职工薪酬		85150.00	110050.00	10880.00		83980.00
2221	应交税费		59493.61	98546.64	49612.04		10559.01
2231	应付利息		1000.00	0.00	1000.00		2000.00
2232	应付股利		144527.35	0.00			144527.35
2241	其他应付款	7125.00		7125.00	7125.00	7125.00	
4001	股本		5000000.00	0.00	0.00		5000000.00
4101	盈余公积		196695.19	0.00	0.00		196695.19
4103	本年利润		59264.91	257960.44	299907.97		101212.44
4104	利润分配		2212451.66	0.00	0.00		2212451.66
5001	生产成本	80871.55		130627.28	157443.00	54055.83	
5101	制造费用			39071.28	39071.28	0.00	
6001	主营业务收入			299907.97	299907.97		0.00
6401	主营业务成本			165346.34	165346.34	0.00	
6403	税金及附加			873.96	873.96	0.00	
6601	销售费用			21183.56	21183.56	0.00	
6602	管理费用			67048.81	67048.81	0.00	
6603	财务费用			1300.00	1300.00	0.00	
6801	所得税费用			2207.77	2207.77	0.00	
	合计	8350745.90	8350745.90	2293438.05	2293438.05	8423158.48	8423158.48

审核：吴浩　　　　　　　　　　　　　　　　　　　　制表：陈飞

表 7-2-5　资产负债表

会企 01 表

编制单位：北京科云股份有限公司　　　　2019 年 2 月 28 日　　　　单位：元

资产	期末余额	期初余额	负债及所有者权益	期末余额	期初余额
流动资产：			流动负责：		
货币资金		5688387.02	短期借款		
应收票据			应付票据		
应收账款		555012.40	应付账款		164467.18
预付款项			预收款项		

续表

资产	期末余额	期初余额	负债及所有者权益	期末余额	期初余额
其他应收款			应付职工薪酬		95994.00
存货		728054.53	应交税费		19193.02
一年内到期的非流动资产			其他应付款		137402.35
其他流动资产			一年内到期的非流动负债		
			其他流动负债		
流动资产合计		6971453.95	流动负债合计		417056.55
非流动资产：			非流动负债：		
长期应收款			长期借款		
长期股权投资			应付债券		
投资性房地产			长期应付款		
固定资产		794843.18	其他非流动负债		
在建工程			非流动负债合计		
无形资产		44583.29	负债合计		417056.55
开发支出			所有者权益(或股东权益)		
商誉			实收资本(或股本)		5000000.00
长期待摊费用			资本公积		
其他非流动资产			减：库存股		
非流动资产合计		839426.47	盈余公积		196695.19
			未分配利润		2197128.68
			所有者权益(或股东权益)合计		7393823.87
资产总计		7810880.42	负债和所有者权益(或股东权益)总计		7810880.42

单位负责人：　　　　财务负责人：　　　　审核：　　制表：

(二)编制利润表

2019年2月28日，北京科云股份有限公司会计根据下列相关资料(见表7-2-6、表7-2-7)完成利润表的编制。

表7-2-6　科目发生额表

单位：北京科云股份有限公司　　　　日期：2019年2月28日

科目代码	科目名称	本期发生额	
		借方	贷方
6001	主营业务收入	299907.97	299907.97
600101	办公桌	132000.00	132000.00

续表

科目代码	科目名称	本期发生额	
		借方	贷方
600102	家用餐桌	167907.97	167907.97
6401	主营业务成本	165346.34	165346.34
640101	办公桌	52700.00	52700.00
640102	家用餐桌	112646.34	112646.34
6403	税金及附加	873.96	873.96
6601	销售费用	21183.56	21183.56
660101	广告费	2000.00	2000.00
660102	运输费	2000.00	2000.00
660103	福利费	5046.00	5046.00
660104	房租费	400.00	400.00
660105	折旧费	2005.56	2005.56
660106	工资	8580.00	8580.00
660107	社会保险费	672.00	672.00
660108	住房公积金	480.00	480.00
6602	管理费用	67048.81	67048.81
660201	办公费	120.00	120.00
660202	业务招待费	800.00	800.00
660203	修理费	240.00	240.00
660204	福利费	8410.00	8410.00
660205	房租费	1500.00	1500.00
660206	折旧费	594.81	594.81
660207	工资	50200.00	50200.00
660208	社会保险费	3024.00	3024.00
660209	住房公积金	2160.00	2160.00
6603	财务费用	1300.00	1300.00
660301	手续费	300.00	300.00
660302	利息费	1000.00	1000.00
6801	所得税费用	2207.77	2207.77

表 7-2-7　利润表

会企 02 表

编制单位：北京科云股份有限公司　　2019 年 2 月 28 日　　单位：元

项　　目	本期金额	本年累计
一、营业收入		584600.01
减：营业成本		322635.08
税金及附加		5456.69
销售费用		35321.12
管理费用		95918.26
研发费用		
财务费用		2600.00
其中：利息费用		1000.00
利息收入		
加：其他收益		
投资收益(损失以“--”号填列)		
其中：公允价值变动收益(损失以“--”号填列)		
信用减值损失(损失以“--”号填列)		
资产减值损失(损失以“--”号填列)		
资产处置收益(损失以“--”号填列)		
二、营业利润(损失以“--”号填列)		122668.86
加：营业外收入		
减：营业外支出		
三、利润总额(损失以“--”号填列)		122668.86
减：所得税费用		6133.44
四、净利润(损失以“--”号填列)		11635.42
五、其他综合收益的税后净额		
六、综合收益总额		
七、每股收益		
(一)基本每股收益		
(二)稀释每股收益		

单位负责人：　　财务负责人：　　审核：　　制表：